Gabriele Borgdorf-Albers

Ruhepunkte

Hilfen gegen Stress

Ernst Klett Verlag
Stuttgart Düsseldorf Leipzig

»Ruhepunkte«
Hilfen gegen Stress
Handbuch

Gabriele Borgdorf-Albers

Bildnachweis:
Fotografie: Ulrike Klumpp (Freudenstadt)
Grafik: Ingrid Engel (Augsburg)

Titel: Mauritius (Stuttgart), Henryk T. Kaiser

MANDALAS DER VÖLKER von Susanne Schaadt, Droemer München, 1999, S. 122–127;
Mauritius, U-AT. (Stuttgart), S. 107 2. von oben;
Picture Press Life / Corbis (Hamburg), S. 26;
Picture Press Life / Widstrand (Hamburg), S. 113;
STOCK MARKET, Jose Luiz Pelaez (Düsseldorf), S. 100
STOCKFOOD, S.&P. Eising (München), S. 39;
TONY STONE IMAGES, Cosmo Condina (Hamburg), S. 11;
Sally Gall, S. 27; Marc Schlossmann, S. 30;
Bruce Ayres, S. 51, Darren Robb, S. 107, 1. von oben;
Dave Schiefelbein, S. 107, 3. von oben;
ZEFA, Damm (Düsseldorf), S. 107, 4. von oben

Gedruckt auf Papier, das aus chlorfrei gebleichtem Zellstoff hergestellt wurde.

1. Auflage A 1 5 4 3 2 1 | 2003 2002 2001 2000

Internetadresse: http://www.klett-verlag.de

Redaktion: Friedhelm Lampe, Manfred Ott
Mitarbeit: Redaktionsbüro Dr. Becker, Beckum
Layout, Umschlaggestaltung: Steffi und Katja Kassler
Druck: Messedruck Leipzig GmbH
Printed in Germany

ISBN 3-12-939852-x

Inhalt

Entspannen – eine Kunst? 5

Zur Einführung 7
Der Text zum Kurs 7
Die Teilnehmenden 8
Die Kursleitenden 9
Informationen für Programmplanende 10

Stress bewältigen 12

Stressforschung 12
Der salutogenetische Ansatz 14
Stressreaktion: Die körperliche Ebene 21
Stress: Der evolutionäre Sinn 24
Einige Strategien der Stressbewältigung 25
Ruhepunkte: Zeiten der Besinnung 26

Gesundheitsbildung an Volkshochschulen 28

Den Kurs »Ruhepunkte – Hilfen gegen Stress« leiten 30

»Wohlbefinden muss man erleben können« 30
In einer entspannten Atmosphäre lernen 32
Didaktische Leitideen 33
Zentrale Inhalte und Ziele im Überblick 34
Entspannte Stundenpläne 36

Die kleinen Dinge im Leben: Achtsam sein 37
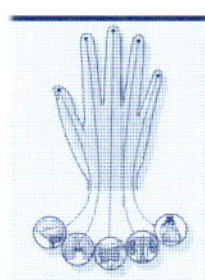
Auf einen Blick 37
Beschreibung der Kurseinheit 38
Gut zu wissen: Zusatzinformationen 42

Den inneren Entspannungskünstler wecken: Loslassen und entspannen 46

Auf einen Blick 46
Beschreibung der Kurseinheit 47
Gut zu wissen: Zusatzinformationen 52

Sich wohl fühlen im Körper: Sanftes Strecken und Dehnen 55
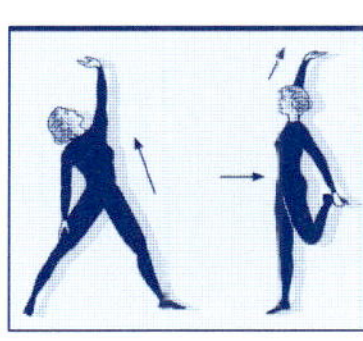
Auf einen Blick 55
Beschreibung der Kurseinheit 56
Gut zu wissen: Zusatzinformationen 65

Energie gewinnen – Ruhe bewahren: Den Atem als Verbündeten nutzen 67
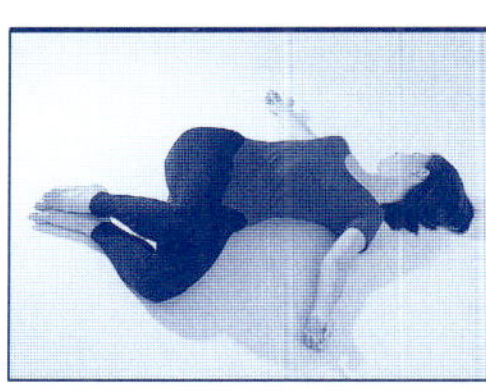
Auf einen Blick 67
Beschreibung der Kurseinheit 68
Gut zu wissen: Zusatzinformationen 76

80 **Ein Bild sagt mehr als 100 Worte: Vorstellungskraft entwickeln**
80 Auf einen Blick
81 Beschreibung der Kurseinheit
86 Gut zu wissen: Zusatzinformationen

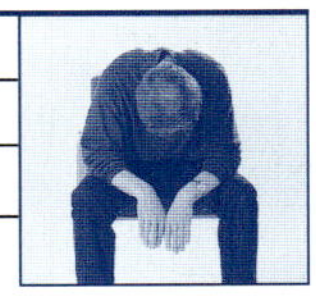

91 **Die Sichtweise verändern: Lösungsorientiert denken und handeln**
91 Auf einen Blick
92 Beschreibung der Kurseinheit
95 Gut zu wissen: Zusatzinformationen

99 **Verbindungen herstellen: Entspannt kommunizieren**
99 Auf einen Blick
100 Beschreibung der Kurseinheit
102 Gut zu wissen: Zusatzinformationen

106 **Innere Stille erfahren: Möglichkeiten der Meditation**
106 Auf einen Blick
107 Beschreibung der Kurseinheit
111 Gut zu wissen: Zusatzinformationen

114 **Service**
114 Fragebogen zum Kohärenzsinn
116 Stresslandkarte
118 Psychosomatik in Sprichworten
119 Arbeitsbogen: Die Sichtweise verändern
120 Übungsbeispiele für das Paraphrasieren
121 Initialsätze für Ich-Botschaften
122 Mandala-Kopiervorlagen

128 **Literaturtipps**

Entspannen – eine Kunst?

Zu allen Zeiten haben Menschen nach Möglichkeiten gesucht, Körper und Seele positiv zu beeinflussen. In den alten Kulturen gab und gibt es Methoden zur körperlichen und psychischen Entspannung mit hoher Wirksamkeit.
Die Yoga-Lehre aus Indien und die buddhistische Achtsamkeitspraxis sind Beispiele für traditionelle, jahrtausendealte Übungssysteme, die Entspannung im umfassenden Sinn lehren. Im Grunde wurzeln auch westliche Entspannungsmethoden in diesen uralten Lehren. Die im Gesundheitsbereich am meisten verbreiteten westlichen Entspannungsverfahren sind die »Progressive Muskelentspannung« und das »Autogene Training«. Anders als die östlichen Systeme wurzeln sie weniger tief in philosophischen oder religiösen Lebensformen, sondern wurden in diesem Jahrhundert punktgenau als Techniken der körperlichen und psychischen Entspannung entwickelt. Dies macht sie aber nicht von vorne herein geeigneter oder weniger geeignet.
Allen Entspannungsmethoden gemeinsam ist, dass sie, wenn sie regelmäßig geübt und in den Alltag integriert werden, die Belastungsfähigkeit erhöhen und zu einer gelassenen Lebenshaltung beitragen. Sie sind eine von mehreren Möglichkeiten, Stress zu bewältigen.

Stress ist ein natürlicher Bestandteil des Lebens, dem keiner entfliehen kann. Ob Stress schädigend wirkt oder nicht, hängt von der Fähigkeit des Organismus ab, sich den Stressoren anpassen zu können. Jeder Mensch verfügt über innere und äußere Ressourcen, um sich mit einer Vielzahl stets vorhandener Stressoren konstruktiv auseinanderzusetzen. Das gute Zusammenspiel dieser Kräfte ermöglicht es dem Einzelnen, mit den sich ständig ändernden Erfahrungen und Belastungen so umzugehen, dass der Stress keine schädigenden Auswirkungen hat. Um die Kraftquellen zu aktivieren und zu stärken, sind alle Übungen geeignet, die mit Achtsamkeit verbunden sind und die das Ziel haben, körperliches und seelisches Gleichgewicht zu erlangen.

Stress ist ein vielschichtiges Geschehen, das sich auf mehreren Ebenen gleichzeitig ereignet: auf der körperlichen, der psychischen und der sozialen Ebene. Stressbewältigung ist im Wesentlichen Spannungsbewältigung. Der Mensch, gemeint sind Körper, Gedanken und Gefühle, kann mit Hilfe verschiedener Methoden unterstützt werden, wieder ins Gleichgewicht zu kommen. Er kann darin gestärkt werden, Widerstandskräfte im Umgang mit Stress zu entwickeln. Es geht darum, Ressourcen freizusetzen, die darüber entscheiden, ob eine Stresssituation als Belastung oder eher als Herausforderung erlebt wird.

Die meisten Menschen im westlichen Kulturkreis müssen die Kunst der Entspannung erst wieder erlernen – andererseits ist Entspannen eine ganz natürliche Fähigkeit, die jeder Mensch in sich trägt.

Entspannungsmethoden wollen an diesem Potenzial anknüpfen, indem sie den »inneren Entspannungskünstler« wecken. Dann kann sich auch im hektischen Alltag Körperwohlgefühl einstellen und der Blick frei werden für meditative Momente.

Zentral für die Auslösung und Bewältigung von Stress sind nicht die äußeren Bedingungen, sondern wie diese interpretiert und bewertet werden. So entstehen Stress auslösende Gefühle wie z. B. Konkurrenz, Neid, Hass, übertriebener Ehrgeiz immer in der inneren Wirklichkeit eines Menschen. Entspannung weitet den Blick für alternative Wirklichkeitskonstruktionen, die dem in Stresssituationen vorherrschenden »Tunnelblick« entgegengesetzt sind. Die Fähigkeit, einen Perspektivenwechsel vornehmen zu können, trägt zu einer entspannten Kommunikation bei, weil so auch die Bedürfnisse der anderen wahrgenommen werden können. Der Bogen, den die Kunst der Entspannung schlägt, geht vom individuellen Wohlbefinden bis hin zu einer entspannten Atmosphäre.

Jedoch geschieht Entspannung nicht im Schnellverfahren und nicht auf Knopfdruck. Wenn die ersten Schritte getan sind, verbunden mit Geduld und Ausdauer, werden die wohltuenden Wirkungen bald spürbar. Der »innere Entspannungskünstler« zeigt sich dann auch im Alltag, vielleicht sogar, wenn er besonders gebraucht wird.

Achtsamkeit ist eine Basis der Stressbewältigung

Wer die Kunst der Entspannung beherrscht, besitzt den Schlüssel zu Gesundheit, Spannkraft und Seelenfrieden, denn Entspannung baut das ganze Wesen auf und weckt unglaubliche Energiereserven.
Aus dem Yoga

Entspannung hat viele Facetten; wenn man eine davon entdeckt, gerät der gesamte Diamant in den Blickwinkel. Es gibt eine Vielzahl von Entspannungsübungen und -methoden, die als Kurs- und Buchinhalte angeboten werden. Jeder Mensch kann die Methode finden, die zu ihm passt. Dazu will dieses Konzept beitragen. Es baut nicht auf einer Methode auf, sondern stellt unterschiedliche Wege vor, die zum gleichen Ziel führen können.

Im Alltag ist dies leicht nachvollziehbar: Manchmal ist es der meditative Augenblick, den sanften Wellen eines Gewässers zuzusehen und sie plätschern zu hören, der die Entspannung schafft. Manchmal ist es sinnvoller, sich eine körperliche Aufgabe zu geben, wie zum Beispiel einen Berg zu besteigen, um Abstand zu gewinnen. Manchmal ist es im Gespräch mit einer Freundin oder einem Freund das wunderbare Gefühl, verstanden zu werden. Ein »besser« oder »schlechter« gibt es nicht, auch nicht für den Rat, welche Methode der Entspannung nach einem anstrengenden Tag die beste ist: der Spaziergang oder lieber ein heißes Bad, ein schönes Buch, den Klängen der Musik zu lauschen oder sich über Tanzen und Malen Ausdruck zu verschaffen. Im Kurs geht es darum, grundlegende Prinzipien wirksamer Entspannungsmethoden erfahrbar zu machen und sie mit Techniken der Stressvermeidung, durch lösungsorientiertes Denken und Handeln sowie Strategien gelingender Kommunikation zu ergänzen.

Als Bild für den Kurs »Ruhepunkte – Hilfen gegen Stress« soll ein Haus dienen, dessen Räume alle miteinander verbunden sind. Die Kursteilnehmerinnen sind eingeladen, sich darin umzusehen, um herauszufinden, in welchem Raum sie sich besonders wohl fühlen. Schlüsselerlebnisse können vorkommen und neugierig machen auf unbekannte Räume.

Sie als Kursleiterin sind eingeladen, sich gemeinsam mit den Teilnehmerinnen auf eine Entdeckungsreise zu begeben, die den Schwerpunkt auf die Prinzipien der Entspannung legt, nicht auf die Methoden. Ihnen bleibt die Freiheit, im Buch vorgeschlagene Übungen gegen solche auszutauschen, die Ihnen vertrauter sind. Entscheidend ist, dass die verschiedenen Prinzipien deutlich werden.

Viel Spaß beim Ausprobieren!

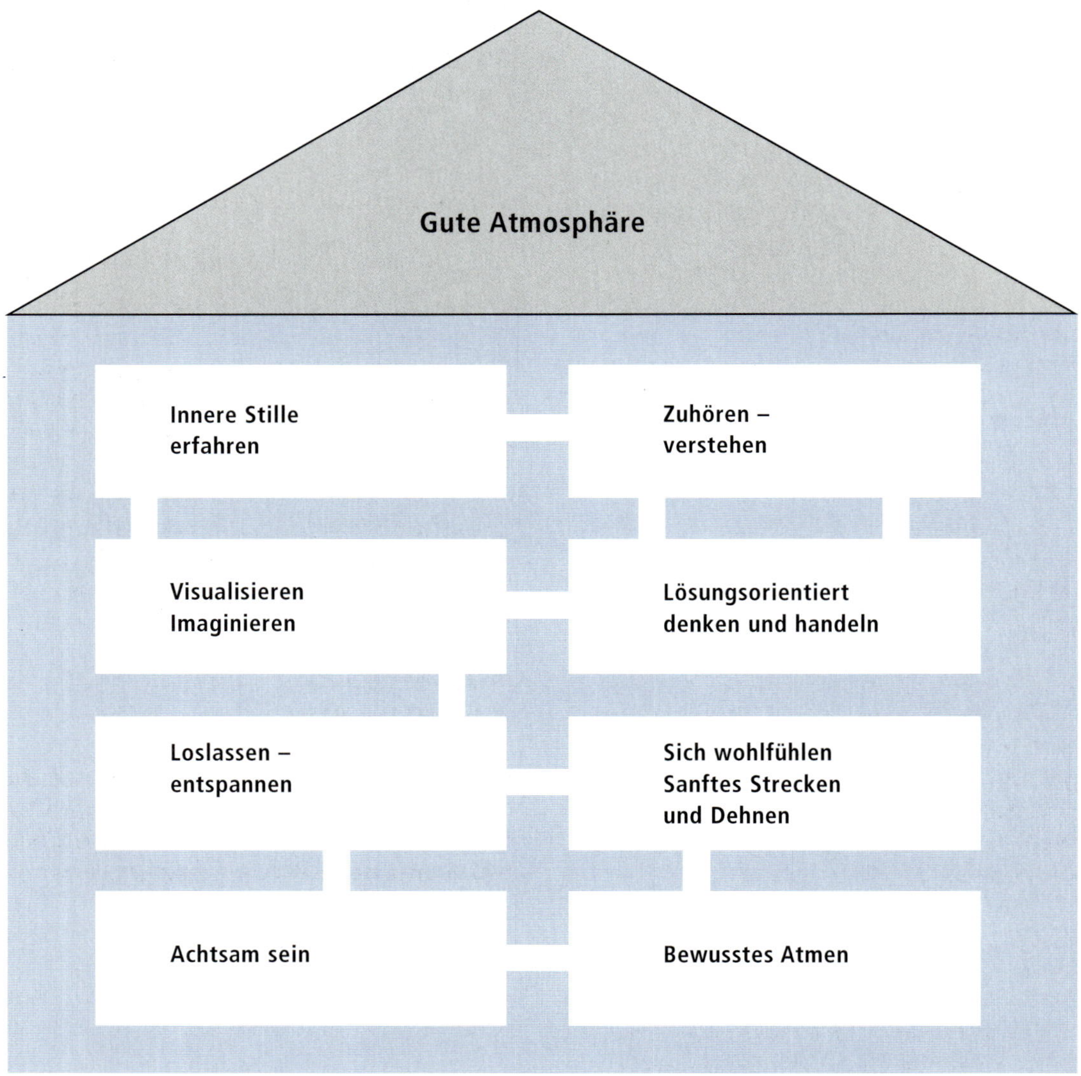

Zur Einführung

Der Text zum Kurs

Beispiel für den allgemeinen Abendkurs

Ruhepunkte – Hilfen gegen Stress

Gibst du jemandem einen Fisch, so nährt er sich einmal.
Lehrst du ihn fischen, so nährt er sich für immer.
Chinesisches Sprichwort

Sie können in diesem Kurs Möglichkeiten kennen lernen, aktiv etwas für Ihre Entspannung zu tun und mit Ihrem Stress grundsätzlich konstruktiver und gelassener umzugehen, als Sie es vielleicht bisher gewohnt sind. Nicht nur die bessere Bewältigung einzelner Stresssituationen wird angesprochen, sondern vor allem, wie es möglich ist, auch im hektischen Alltag den Punkt der inneren Balance zu bewahren und wiederzugewinnen. Im Austausch mit anderen können Sie neue Sichtweisen erlangen und Ihren eigenen Umgang mit Stress beleuchten. Sie lernen verschiedene Entspannungsmethoden kennen und können herausfinden, bei welchen Übungen Sie sich am wohlsten fühlen. Entdecken Sie Ihren ganz persönlichen Zugang zur Entspannung!

Zehn Abende mit je zwei Unterrichtsstunden
10 bis 16 Teilnehmerinnen

Ergänzend zu diesem Kurs können Sie das Kursbuch »Ruhepunkte – Hilfen gegen Stress«, Ernst Klett Verlag, ISBN 3-12-939851-1 mit vielen Anregungen, Tipps und zusätzlichen, genau erklärten Übungen erwerben.

Beispiel für einen Bildungsurlaub oder eine Gesundheitswoche

Ruhepunkte – Hilfen gegen Stress

Eine Woche lang lernen, Energie für den Alltag zu tanken!

Um den vielfältigen Anforderungen im Beruf und im Alltag gerecht werden zu können, sind ausreichende Energie und die Fähigkeit, sich entspannen zu können, eine wichtige Voraussetzung. Ruhepunkte setzen und Entspannungspausen einzulegen, eröffnet einen Zugang zu den inneren Ressourcen. Während dieser Woche können Sie unterschiedliche Entspannungsverfahren kennen lernen und zusätzliche Methoden ausprobieren, die zu einer entspannten Atmosphäre zu Hause, am Arbeitsplatz und in der Freizeit beitragen. Mit Hilfe unterschiedlicher Übungen erfahren Sie die vielseitige Wirkung von Entspannung und Sie erleben, wie sich dieses auch auf das Gruppengeschehen auswirkt.

Der Kurs umfasst 30 Unterrichtsstunden
10 bis 16 Teilnehmerinnen

Ergänzend zu diesem Kurs können Sie das Kursbuch »Ruhepunkte – Hilfen gegen Stress«, Ernst Klett Verlag, ISBN 3-12-939851-1 mit vielen Anregungen, Tipps und zusätzlichen, genau erklärten Übungen erwerben.

Beispiel für ein Wochenende

Ruhepunkte – Hilfen gegen Stress

Mit und ohne Kinder! Ein Wohlfühlwochenende in schöner Umgebung für Frauen, die mal ausspannen müssen.

Kinder, Küche und Karriere: Ist Ihnen manchmal alles zu viel? Sie brauchen einmal Abstand vom stressigen Alltag? Sie suchen nach neuen Wegen, besser als bisher mit Stress umzugehen? Im Austausch mit anderen können Sie in einer entspannten Atmosphäre die eigenen Kraftquellen entdecken und Energie tanken. Unter fachkundiger Anleitung lernen Sie Entspannungs- und Körperübungen kennen, die alle zum Wohlfühlen beitragen. Je nach Wetter finden einige Seminarteile im Freien statt. Kinderbetreuung kann auf Anfrage organisiert werden.

Freitagabend bis Sonntagmittag, 14 Unterrichtsstunden
10 bis 14 Teilnehmerinnen

Ergänzend zu diesem Kurs können Sie das Kursbuch »Ruhepunkte – Hilfen gegen Stress«, Ernst Klett Verlag, ISBN 3-12-939851-1 mit vielen Anregungen, Tipps und zusätzlichen, genau erklärten Übungen erwerben.

Beispiel für einen Einzelabend

Hilfen gegen Stress: Die Sichtweise verändern

Der meiste Stress entsteht im zwischenmenschlichen Bereich. Wenn jeder auf seiner Sicht beharrt, kommt es leicht zu stressbelasteten Situationen und einer angespannten Atmosphäre. Flexibilität im Umgang mit anderen kann über Perspektivenwechsel und das Umdeuten von Situationen und Verhaltensweisen trainiert werden. Wenn es gelingt, mit den Augen des anderen zu schauen, einmal ganz anders zu schauen, genauer hinzuschauen oder etwas mit Abstand zu betrachten, zeichnen sich neue Lösungen für festgefahrene Situationen ab. Entspannungsübungen werden unterstützend eingesetzt.

10 bis 12 Teilnehmerinnen
Ein Abend, vier Unterrichtsstunden
Voranmeldung notwendig.

Ergänzend zu diesem Kurs können Sie das Kursbuch »Ruhepunkte – Hilfen gegen Stress«, Ernst Klett Verlag, ISBN 3-12-939851-1 mit vielen Anregungen, Tipps und zusätzlichen, genau erklärten Übungen erwerben.

Die Teilnehmenden

In der heutigen Zeit ist nahezu jeder Stressbelastungen ausgesetzt, aber nicht jeder nimmt sich die Zeit zur Entspannung. Folgende Beweggründe können Menschen dazu veranlassen, einen Kurs zum Thema Stressbewältigung zu belegen:

- Es wird ein Weg gesucht, körperlich-seelische Entspannung zu finden.
- Die bisher praktizierten Strategien der Stressbewältigung reichen nicht mehr aus.
- Es besteht der Wunsch, in Stresssituationen mehr Gelassenheit zu wahren.
- Symptome wie Herzrhythmusstörungen, Schlafprobleme, erhöhter Blutdruck etc. werden als Signale verstanden, dem Alltagsstress etwas entgegenzusetzen.
- Es besteht der Wunsch und das Interesse, verschiedene Entspannungsmethoden kennen zu lernen.
- Es wird gezielt ein Weg gesucht, um z. B. mit Prüfungsstress effektiv umzugehen oder einen bevorstehenden Arbeitsplatzwechsel besser zu bewältigen.
- Es werden Informationen und Strategien gesucht für eine entspannte und stressfreie Kommunikation.

Das zentrale Anliegen aller Menschen, die einen Kurs zum Thema Stressbewältigung besuchen, besteht darin, die Gedanken zu beruhigen, »abschalten zu können«. Sie wünschen sich nicht nur, körperlich zu entspannen, sondern zu innerer Ruhe zu finden und körperlich-seelische Ausgeglichenheit zu erleben.

Aussagen von Kursteilnehmerinnen

Man hört dauernd etwas über neue Wege der Entspannung und ich möchte etwas für mich finden.

Ich bin im Schichtdienst tätig und kann nach der Nachtschicht überhaupt nicht abschalten und wälze mich stundenlang im Bett herum.

Ich bin nur noch am Drehen und habe das Gefühl, dass mir alles über den Kopf wächst.

Nach dem Sport fühle ich mich körperlich entspannt, aber dann geht es mit der Gedankenmühle los.

Die Arbeit selber macht mir keinen Stress – aber die Kollegen.

Ich funktioniere nur noch.

Ich möchte mir einfach etwas Gutes tun.

Wenn ich an meinem Schreibtisch sitze und für die Prüfung lerne, dreht sich mir alles im Kopf. Ich kann mich einfach nicht konzentrieren.

Ich mache mich oft selber verrückt. Ich wünsche mir, positiver an die Dinge herangehen zu können.

Bei uns im Krankenhaus wird es immer enger mit dem Personal, und der Umgang wird immer gereizter. Ich möchte mich davon nicht anstecken lassen.

Ich würde gerne eine Entspannungsmethode lernen, aber ich weiß nicht welche. Nur die Texte alleine, das sagt mir nichts.

Je nachdem, ob Sie in Ihrem Ausschreibungstext das Thema Entspannung oder das Thema Stressbewältigung betonen, erreichen sie wahrscheinlich eine etwas andere Zielgruppe. Das Anliegen, sich Gutes zu tun und Entspannungsmethoden kennen zu lernen, bewegt eher Frauen zur Teilnahme. Sie sind typischerweise zwischen 30 und 50 Jahre alt und gehen meist pfleglich mit ihrem Körper um. Sie besuchen zum Beispiel Kurse zu Yoga oder nehmen an einem Wohlfühlwochenende teil. Für sie ist es interessant, unterschiedliche Möglichkeiten kennen zu lernen, wie sie aktiv etwas für ihr Wohlbefinden tun können. Aber Frauen sind keine einheitliche Zielgruppe. Je nach Lebenssituation können sie recht unterschiedliche Erwartungen mitbringen.

Das Anliegen, Stress zu bewältigen, bewegt auch Männer zur Teilnahme. Sie haben vielleicht Schwierigkeiten, sich zu entspannen und werden gelegentlich auch von ihrem Arzt darauf angesprochen, mehr für ihre Entspannung zu tun. Sie nehmen zum Beispiel an Kursen über Autogenes Training teil oder werden über ein Angebot innerhalb der betrieblichen Gesundheitsförderung angesprochen. Für sie ist es besonders wichtig, die individuell passende Methode zu finden. Manchmal haben sie auch schon Erfahrungen mit einer Methode gemacht, die ihnen »nichts gebracht hat«. Damit ist die leidvolle Erfahrung gemeint, sich etwa beim Autogenen Training einfach nicht entspannen zu können, weil ihnen der für sie passende Zugang gefehlt hat. Aber auch Männer sind keine einheitliche Zielgruppe.

Es bietet sich an, das Kursprogramm in unterschiedlichen Zeitformen unterschiedlichen Zielgruppen anzubieten und passend zurecht zu schneiden: jungen Müttern am Vormittag oder am Wochenende, Berufstätigen in der Mittagspause oder am Abend, arbeitsplatznah oder weit weg vom Alltag, als konkrete Hilfe zur Bewältigung von belastenden Situationen oder einfach nur zum Wohlfühlen.

Dieses Konzept geht von der Idee aus, dass stressgeplagten Menschen weniger damit geholfen ist, die jeweils neueste Methode des Zeitmanagements zu erlernen – letztlich ist Zeit immer eine Frage der selbst gesetzten Prioritäten -, sondern mehr damit, Möglichkeiten körperlich zu erfahren, sich die notwendige Entspannung zu verschaffen und das Ruhebedürfnis des Organismus zu erkennen. Dies scheint insgesamt auch dem Interesse von Teilnehmenden eher zu entsprechen: Kurse zum Thema Stressbewältigung fallen schon mal wegen zu geringer Beteiligung aus, denn wer an seinen Stress erinnert wird, ist sofort davon überzeugt, keine Zeit zu haben. Kurse zum Thema Entspannung dagegen sind nachgefragt, denn sie versprechen das, wonach man sich am meisten sehnt.

Auch Erkenntnisse der Gesundheitspädagogik zeigen: Gesundheitsbildung muss mit unmittelbar erlebbarem Wohlbefinden verbunden sein. Das Versprechen, irgendwann in der Zukunft mehr Wohlbefinden zu erlangen, wenn man sein Verhalten in der Gegenwart ändert, trägt als Motivation nur kurz, zu kurz, um den gewünschten Erfolg zu bringen. Teilnehmerorientiert heißt hier also, entspannend und überwiegend körperorientiert. Daneben braucht das Gespräch, die soziale Komponente, nicht zu kurz zu kommen.

Die Kursleitenden

Kurse zum Thema Entspannung und Stressbewältigung werden sowohl von Diplom-Psychologinnen als auch von Kursleiterinnen im Bereich Entspannung/Bewegung/Körpererfahrung angeboten.

Es ist hilfreich, eine Ausbildung als Psychologin oder Pädagogin abgeschlossen zu haben oder sich anderweitig theoretisch und praktisch in einem psychosozialen Beruf intensiv damit befasst zu haben, wie Menschen mit sich und mit anderen umgehen, wie sie denken, handeln und fühlen und wie sich dies auf ihr Stresserleben auswirken kann.

Wer hier seine Kenntnisse erweitern möchte, kann sich sinnvoll mit Kommunikationstheorie – z. B. nach Schulz von Thun – oder mit den Ideen und Methoden systemischer Therapie beschäftigen.
Wichtig ist, ein Konzept im Kopf zu haben, was Stress eigentlich ist, wie er entsteht und wie damit umgegangen werden kann. Sehr hilfreich ist deshalb auch die genaue Beschäftigung mit der Stresstheorie von Lazarus und dem gesundheitswissenschaftlichen Ansatz der Salutogenese nach Aaron Antonovsky. Der fachliche Teil dieses Handbuches schafft Ihnen hier einen fundierten Einblick. Sie können dort Grundkenntnisse über psychosomatische Zusammenhänge erwarten und anwendungsbezogenes Wissen über adaptive und maladaptive Stressbewältigungsstrategien. Das Literaturverzeichnis hilft, weitere Anregungen zu finden.

Ihr Wissen über psychosomatische Zusammenhänge soll Sie nicht dazu verleiten, Teilnehmerinnen therapieren zu wollen. Ein Kurs ist eine Gelegenheit, viel über sich, über Stress, über Entspannung und Methoden zur Selbsthilfe zu lernen. Er bietet keine Gelegenheit, Kindheitserinnerungen aufzuarbeiten, Verhaltensmuster zu erklären, an verschüttete Gefühle zu gelangen oder ein neues Lebenskonzept zu entwerfen. Wenn Sie über große therapeutische Erfahrung verfügen, ist es Ihre Aufgabe darauf zu achten, sich nicht selbst dabei im Weg zu stehen, klare Grenzen zwischen Bildung und Therapie zu ziehen.

Das vorliegende Kursprogramm ist in erster Linie ein Übungsprogramm, um Wege der Entspannung, Selbstwahrnehmung, Körpersensibilisierung und positiver Selbstbeeinflussung aufzuzeigen. Es sollen sowohl grundlegende Prinzipien im konstruktiven Umgang mit Stress als auch Einblicke in unterschiedliche Entspannungsmethoden vermittelt werden. Dabei liegt der Schwerpunkt auf den konkret praktischen Erfahrungen in Form von Übungen, die einem bestimmten Übungssystem, z. B. dem Autogenen Training, angehören.

Um bei den Kursteilnehmerinnen die Entspannungsfähigkeit zu wecken und um sie zu einem Entspannungserlebnis zu führen, sind eigene Erfahrungen in therapeutisch wirksamer Entspannung notwendig.
Eine gute Voraussetzung für die Anleitung des Kurses ist eine Ausbildung in einem der vielen möglichen Übungssysteme. Da hier allenfalls ein Einstieg in eine Entspannungsmethode vermittelt werden kann und die Vertiefung in einem gesonderten Kurs erfolgen muss, ist eine solche Qualifikation zwar wünschenswert, aber nicht zwingend erforderlich.
Günstig ist es zum Beispiel, wenn Sie gelernt haben, Autogenes Training oder Progressive Muskelentspannung zu vermitteln oder eine Ausbildung als Yogalehrerin abgeschlossen haben.
In jedem Fall wird es nicht möglich sein, eine Ausbildung in jedem der angebotenen Verfahren zu haben. Wer hier glaubt, dazu lernen zu sollen, der kann sinnvoll Kurse in unterschiedlichen Entspannungsmethoden besuchen. So erfährt er oder sie nicht nur viel über die einzelnen Methoden, sondern kann sich gleichzeitig von Kolleginnen auch Anregungen holen, wie die Kurspraxis aussehen kann. Von diesem Handbuch können Sie erwarten, dass Ihnen die Grundprinzipien der vorgestellten Methoden erklärt werden und Aufbau und Ablauf von Übungseinheiten mit den Ansatzpunkten: Körper, Atmung, Konzentration, Gedanken detailliert dargestellt werden.

Wichtig sind praktische Erfahrungen im Anleiten von Kursen möglichst im Rahmen der Erwachsenenbildung, z. B. zu der Thematik Entspannung, Körperarbeit, Meditation. Noch besser ist es, wenn diese Erfahrungen im Rahmen von Fortbildung auch reflektiert wurden. Ist dies allerdings Ihr erster Versuch, Kurse anzuleiten, so können Sie in diesem Handbuch auf genaue Anleitungen und Hilfestellungen hoffen.

Freude im Umgang mit Menschen und die Motivation, bei sich und anderen »den inneren Entspannungskünstler« zu wecken und eine entspannte Atmosphäre zu schaffen, sind eine gute Basis.

Was Sie als Kursleitung brauchen	Was Sie vom Handbuch erwarten können
• Kenntnisse über die Art, wie Menschen denken, handeln und fühlen und wie sich dies auf das Stresserleben auswirkt • Sinnvoll ist der Abschluss eines entsprechenden Studiums oder Berufs	• Einführung in die Stressforschung, die Salutogenese, die Kommunikationstheorie und physiologische Stressreaktion • Literaturhinweise zum Weiterlernen
• Erfahrungen mit Entspannungsmethoden und Wissen über Wirkungszusammenhänge, ein Übungsrepertoire • Sinnvoll ist die Ausbildung in einer Entspannungsmethode	• Erklärungen zu den einzelnen Methoden • eine genaue Beschreibung möglicher Anleitungen • Motivation zum Ausprobieren
• Erfahrungen in der Erwachsenenbildung • Freude im Umgang mit Menschen	• Anleitungen zu einem möglichen Stundenaufbau • Tipps zum Umgang mit Gruppen • Anregungen zur Konzeption unterschiedlicher Kurse je nach Zielgruppe

Informationen für Programmplanende

Der Rahmen

Der Kurs »Ruhepunkte – Hilfen gegen Stress« ist im Rahmen des Kooperationsprojektes der Volkshochschulverbände mit dem Ernst Klett Verlag entstanden. Eine Bindung an die Durchführung an bestimmten Einrichtungen oder an die Teilnahme an Einführungsfortbildungen besteht nicht. Kursleitende erhalten neben dem Handbuch die Möglichkeit, an Informationsseminaren zum Konzept teilzunehmen. Für Teilnehmerinnen ist das VHS-Kursbuch (Ernst Klett Verlag, ISBN 3-12-939851-1) gedacht. Beide Bücher – für Teilnehmende und für Kursleitende – sind als Beitrag zum Qualitätsmanagement der Gesundheitsbildung und zur Attraktivitätssteigerung der Kurse gedacht.

Die Teilnehmerinnen

Es gibt keine besonderen Teilnahmevoraussetzungen. An dem Kurs können Männer und Frauen aller Altersstufen teilnehmen. Auf der anderen Seite ist es selbstverständlich, dass Menschen mit einer ausgeprägten, schwerwiegenden Stresssymptomatik ärztlicher und psychotherapeutischer Hilfe bedürfen. Trotzdem können auch diese in Absprache mit der behandelnden Person von diesem Kurs profitieren. Es bietet sich an, zielgruppengerecht unterschiedliche Kursformen in verschiedenen Zeitstrukturen zu organisieren.
Als zusätzliche Teilnehmergruppe kann an Personen gedacht werden, die aus beruflichen Gründen ein Interesse am Kennenlernen unterschiedlicher Entspannungsverfahren haben. Dieses Kursangebot kann hier als eine Art Orientierungskurs vor der Entscheidung zur Ausbildung in einer bestimmten Methode verstanden werden.

Die Kursleitung

Alle im Gesundheitsbereich tätigen Kursleiterinnen aus den Arbeitsfeldern Autogenes Training, Yoga, Meditation, körperorientierte Methoden wie Feldenkrais, integrales Entspannungstraining, Atemschulung, die den üblichen Qualitätskriterien entsprechen, können grundsätzlich den Kurs leiten. Eine Ausbildung in einem Entspannungsverfahren bzw. einer körperorientierten Methode ist wünschenswert, aber nicht Voraussetzung für die Durchführung des Kurses. Kursleitende mit einer abgeschlossenen Ausbildung in einem psychosozialen oder pädagogischen Beruf, z. B. Psychologinnen oder Pädagoginnen, sind besonders geeignet. Eine mögliche Kooperation mit Krankenkassen würde voraussetzen, dass die Kursleitenden Diplom-Psychologinnen oder Diplom-Pädagoginnen mit einer Zusatzausbildung in Verfahren der Stressbewältigung sind.

Die Ziele

»Ruhepunkte« will vermitteln, wie sich jemand selbst Pausen schaffen kann, Pausen zur aktiven Erholung und zur Reflexion eigener Strategien, Stress zu bewältigen. Es geht um die Vermittlung von Grundprinzipien und Methoden für einen konstruktiven Umgang mit Stress. Unterschiedliche Wege werden vorgestellt und Kriterien entwickelt, wie jemand herausfinden kann, welche Methode für ihn geeignet ist.

Die Inhalte

Schwerpunkt des Kurses ist die Durchführung von Entspannungsübungen nach dem Grundprinzip von »learning by doing«, d. h., einer handlungsorientierten Didaktik. Verschiedene Entspannungsmethoden und Prinzipien im Umgang mit Stress werden unter ganzheitlichen Gesichtspunkten erprobt. Neben den stärker körperorientierten Einheiten gibt es auch zwei Bausteine, in denen das Gespräch im Vordergrund steht. Die Inhalte des Kursbuches sind stärker auf die praktische Umsetzung der Übungen im Alltag angelegt. Im Kurs selbst sind neben der praktischen Erprobung der Übungen und der Vermittlung von theoretischem Hintergrundwissen kommunikative und interaktive Lerninhalte von Bedeutung.
Angesprochen werden folgende klassische Entspannungsverfahren: Autogenes Training und Progressive Muskelentspannung, Yoga und Atementspannung, Mediationsformen und Visualisierungsübungen. Zusätzliche Inhalte sind Kommunikation und positives Denken.
Es werden bewusst nicht die einzelnen Methoden selbst, sondern die dahinter stehenden Prinzipien der Entspannung zum Thema gemacht. Schon deshalb ist der Kurs weit mehr als eine Aneinanderreihung von »Schnupperangeboten« der einzelnen Methoden. Leitgedanke ist die Frage »Wie finde ich den für mich persönlich passenden Weg zur Entspannung und Stressbewältigung in der jeweiligen Situation heraus?«

Die Methoden

Im Vordergrund steht die Vermittlung von Übungen. In jeder Kurseinheit sind Phasen der Informationsvermittlung, der Selbsterfahrung, des Erfahrungsaustausches und der Reflexion wichtige methodische Elemente. Selbsterfahrung bezieht sich auf die Erfahrung der Methoden, weniger auf die Reflexion psychischer Muster des Denkens und Handelns.

Organisationsformen

Folgende Varianten sind möglich:

- der klassische Abendkurs mit 10 Treffen à 1 1/2 Unterrichtsstunden: Es sind 8 Kursbausteine entwickelt, die den nötigen Spielraum für die Gestaltung der 10 Treffen lassen.
- die Durchführung eines Wochenendseminars
- Teilkurse und Einzelabende
- die Durchführung eines einwöchigen Bildungsurlaubes entsprechend den Bildungsurlaubsgesetzen; alternativ ein einwöchiges Angebot einer aktiven Entspannung im »Gesundheitsurlaub«, evtl. auch in Kooperation mit einer Rehamed.-Einrichtung
- ein Angebot im Rahmen von Lehrerfortbildung oder von betrieblicher Gesundheitsförderung
- Denkbar sind auch Kurzangebote z. B. in der Mittagspause, um die Pause zur aktiven Entspannung zu nutzen, unmittelbar zum Beginn des Feierabends, um Abstand vom Alltag zu gewinnen, oder für Frühaufsteher, um den Tag gelassen beginnen zu können.

Möglich ist auch, die Überschriften der einzelnen Kapitel als Gliederungsprinzip der Kurse zu übernehmen, die sich als Vertiefung mit den jeweiligen Methoden befassen.

Der Raum

Die räumlichen Bedingungen sollten so gestaltet sein, dass ausreichend Platz für Bewegung vorhanden ist (etwa 60 qm groß). Der Raum muss gleichzeitig die Möglichkeit bieten, ohne Aufwand einen Stuhlkreis zu bilden. Wichtig ist, dass der Raum ausreichend beheizbar und gut zu lüften ist. Die Atmosphäre des Raumes soll selbst entspannend sein, d. h., nicht zu sehr wie ein Klassenraum wirken. Der Raum sollte in angenehmen, warmen Farben gehalten sein, veränderbares Licht bei indirekter Beleuchtung bieten und mit einer Musikanlage ausgestattet sein. Korkboden, Laminat oder ein weicherer Teppichboden wären z. B. gut geeignet.
Wenn Sie keine Möglichkeit haben, einen Raum für die Gesundheitsbildung einzurichten, muss entsprechend improvisiert werden, wie in allen anderen Kursen der Gesundheitsbildung auch. Welche Möglichkeiten haben Sie, mehr Ruhe und angenehme Ausstrahlung in einen normalen Klassenraum zu bringen?
Eine wünschenswerte Voraussetzung, die leider nicht in allen Einrichtungen gegeben ist, ist eine ruhige und störungsfreie Lage des Raumes. Günstig ist es außerdem, wenn eine Teeküche und Sanitäranlagen in der Nähe liegen.
Eine natürliche Umgebung bietet zusätzliche Möglichkeiten für die Durchführung der Übungen. Schön ist es, wenn sich je nach Wetter ein »drinnen oder draußen« ermöglichen lässt.

Die Medien

Benötigt werden Stühle, die eine aufrechte Sitzhaltung erlauben, Kissen, Meditationshocker, Decken oder Matten sowie Handtücher in verschiedenen Größen. Handtücher und möglichst auch Decken sollten aus hygienischen Gründen in jedem Fall von den Teilnehmerinnen selbst mitgebracht werden. Im Raum sollte ein Tageslichtschreiber vorhanden sein und Wandfläche zum Aufhängen von Plakaten.
Weiterhin werden Bilder und Postkarten, Moderationskarten, Arbeitsbögen und Informationsbögen (*vgl. Kursbausteine und Serviceteil, ab Seite 114*) benötigt.

Die Kosten

Neben der Kursgebühr und dem Kauf des Buches zum Kurs entstehen den Teilnehmerinnen keine weiteren Kosten.

Die Werbung

Einen günstigen Werbeeffekt kann die Entwicklung eines informativen Faltblattes haben, das in unterschiedlichen Einrichtungen wie Schulen, Büchereien oder anderen öffentlichen Einrichtungen wie Arztpraxen oder bei den Krankenkassen ausgelegt werden kann. Die Postkarten zum Konzept sind ein weiteres Werbemedium. Mit dem Stempel der Einrichtung versehen, können Sie nahezu überall ausgelegt werden: in der Anmeldung, in Kneipen oder Kinos oder an jedem öffentlichen Ort.

Einen Ort der Ruhe schaffen

Stressforschung

Stress scheint einer der am häufigsten benutzten Begriffe in einer Zeit zu sein, in der Worte wie »Muße«, »Besinnung« und »Gelassenheit« schon fast anachronistisch wirken.
Wer Gespräche am Rande mithört, sich mit Freunden und Bekannten unterhält, die Zeitung aufschlägt: Immer wieder ist von Stress die Rede. Wortschöpfungen wie Beziehungsstress, Weihnachtsstress, Freizeitstress, Urlaubsstress, Stressmanagement, Anti-Stresstraining, Stress-Watch – eine Uhr, die anzeigt, wann der Einzelne gestresst ist – und ein eigenes »Stress-Lexikon«, erschienen 1998, weisen auf die Allgegenwart und Bedeutsamkeit des Themas hin.

»Ich brauche Stress«, sagen die einen, »Ich mache mir meinen Stress selbst« die anderen. Wer sagt »Ich bin im Stress«, liegt sicher eher im Trend der Zeit, als einer, dessen Maxime lautet: »Ich bin ruhig und gelassen«.

Im Rahmen von Gesundheitsförderung ist die Frage nach dem eigenen Standpunkt, der eigenen Lebenshaltung die erste, die sich stellt, wenn es darum geht, anderen Menschen gesundheitsförderliche Aspekte näher zu bringen. Gehört Stress notwendigerweise zum Leben dazu? Wie wird Stress in anderen Kulturen erlebt und verarbeitet? Was haben die Menschen vor fünfzig Jahren gesagt, wenn sie »im Stress« waren, als es diesen Begriff noch nicht gab? Stress ist umgangssprachlich ein Sammelbegriff geworden für alles, was irgendwie als belastend empfunden wird. Es ist tatsächlich eine Überlegung wert, ob durch die häufige Benutzung dieses Wortes der Zustand nicht geradezu herbeigeredet wird.

Stress wird im Alltag oft verbunden mit Hektik, Geschwindigkeit und Pausenlosigkeit. Immer erreichbar zu sein, egal wie wichtig etwas ist, immer in Eile zu sein, als wäre Zeit etwas, was objektiv vorhanden ist und nicht auch von Menschen definiert, dies sind moderne Formen von Stress. Entschleunigung, Entspannung und die Ruhe, Ereignisse wachsen zu lassen, passen scheinbar nicht in die moderne Kultur.

Stress meint eigentlich noch mehr. Geprägt wurde der Begriff »Stress« von H. Selye, dem »Vater der Stressforschung«, in den fünfziger Jahren. Übersetzt bedeutet das Wort soviel wie Anspannung, Druck.

Allgemeine Definitionen von Stress lauten: »Stress ist eine Alarmreaktion des Körpers auf einen Stress auslösenden Reiz.« »Stress ist die physiologische und psychologische Reaktion des Individuums auf eine Anforderung.«

So wie der Begriff alltagssprachlich benutzt wird, ist nicht klar, ob Stress als Auslöser für eine Belastung gilt, oder ob der daraus resultierende Zustand damit gemeint ist. »Die Arbeit ist Stress« bedeutet, dass Stress der Auslöser ist, »Ich bin gestresst« hebt auf den Zustand ab.
Nach der Definition von Selye ist unter Stress der Zustand des Gestresstseins, die Wirkung Stress auslösender Reize, für die er den Begriff Stressoren einführte, zu verstehen. Laut Selye ist Stress ein natürlicher Bestandteil des Lebens, dem keiner entfliehen kann. Er definierte Stress als die nicht spezifische Reaktion des Organismus auf jegliche Form von Druck oder Anforderung.

Bei der Beschäftigung mit der Frage, warum Stress gesundheitsschädigend wirkt, hob Selye das Zusammenwirken innerer und äußerer Kräfte hervor und vertrat die Auffassung, dass Krankheiten aufgrund fehlgeschlagener Anpassungsversuche an belastende Umstände entstehen. Die Fähigkeit des gesamten Organismus, d. h. von Körper und Geist, auf Belastungen und Anforderungen mit allen verfügbaren Mitteln reagieren zu können, bezeichnet Selye als »Adaption«, die Fähigkeit zur Anpassung. Schon damals erkannte er, dass fehlgeschlagene Anpassungsversuche zu Krankheitsauslösern werden können, wie es beispielsweise bei sogenannten negativen »Stresskognitionen« – gemeint ist Stress auslösende Gedankentätigkeit – der Fall sein kann.

H. Selye hat als Erster die physiologischen Stressreaktionsprozesse systematisch untersucht und beschrieben; zuerst in Tierversuchen, später auch bei Menschen unter Berücksichtigung psychologischer Einflussgrößen.

Auch Seligmann, der bekannt wurde durch seine Untersuchungen über optimistische und pessimistische Lebenseinstellungen (»gelernte Hilflosigkeit«) hob hervor, dass nicht der potentielle Stressor ausschlaggebend dafür ist, ob der Einzelne Stress erfährt und ob dieser ihm schadet. Entscheidend ist auch nach seiner Auffassung, wie die Stressreize interpretiert werden und wie mit ihnen umgegangen wird. In Untersuchungen wurden die negativen Folgen von »erlernter Hilflosigkeit« aufgezeigt. Damit ist ein Zustand gemeint, in dem der Betroffene der Überzeugung ist, nichts ausrichten zu können. Laut Seligmann ist diese innere Haltung erlernt und kann auch wieder verlernt werden. Das bedeutet, dass die Einstellung, Anforderungen gewachsen zu sein, sich entwickeln lässt.

Lazarus, ein weiterer bekannter Stressforscher, und seine Mitarbeiter definieren Stress als eine Beziehung zwischen dem Individuum und seiner Umwelt, von der sich die betroffene Person überfordert oder bedroht fühlt. Stress ist damit nichts, was sich nur im Inneren eines Menschen abspielt, sondern etwas, das die Art von Menschen beschreibt, mit belastenden Bedingungen fertig zu werden. Diese Bedingungen können grundsätzlich körperlich, psychisch, sozial oder ökologisch sein. In einem umfassenden Sinn sind eine Umgebung voller Viren, dauerhafter Hunger, eine Zwangshaltung auf einem unpassenden Stuhl, ein unberechenbarer Chef oder Langeweile gleichermaßen Stressoren. Sie fordern die Person auf unterschiedlichen Ebenen und sind mit unterschiedlichen Mitteln bewältigbar.

Am Beispiel Umweltbelastung wird deutlich, dass solche Stressoren auf unterschiedlichen Ebenen wirken können. Es gibt eine eigene Forschungsrichtung, die sich ausschließlich mit der Wirkung der Umwelt auf die Psyche des Menschen beschäftigt. Sie beschreibt zum Beispiel, welche Art von Landschaften den höchsten Erholungswert hat. Sie thematisiert aber auch, wie die Angst vor Umweltbedrohungen unter bestimmten Umständen als Stressfaktor auf den Organismus ähnlich krank machend wirken kann wie die giftigen Substanzen der Umwelt selbst. Nach Hallman und Wandersman werden Umweltbedrohungen, wie zum Beispiel die Folgen eines Atomreaktorunfalls, unabhängig von der realen Gefahr langfristig als Stressfaktor wirken, wenn sie als für die eigene Person oder den engen sozialen Kontext als gesundheitsbedrohend wahrgenommen werden. Zum Stress trägt bei, wenn Unsicherheiten über Schutz und Schädigung bestehen und die Informationen widersprüchlich sind, wenn die Person die Gefahr nicht als stabil bewerten kann, wenn ein Kontrollverlust erlebt wird, die Ereignisse unvorhersehbar und nicht beeinflussbar erscheinen, d.h. wenn die betroffene Person keine Handlungsmöglichkeiten wahrnimmt. Verstärkt wird der Stress, wenn die Verursacher als fahrlässig und ihrer sozialen Umwelt gegenüber als gleichgültig bewertet werden, wenn die Verantwortlichen Schwächen bei der Problemlösung zeigen und wenn zusätzlich materielle oder ideelle Folgen erwartet werden oder soziale Ausgrenzungen drohen und wenn bereits im Vorfeld generelle Unzufriedenheit mit dem Leben festzustellen ist. Ökologische und psychosoziale Ebenen sind hier nur theoretisch voneinander zu trennen.

Lazarus unterscheidet zwischen einer emotionsorientierten und einer problemlösenden Bewältigungsstrategie. Beide Strategien können angemessen oder unangemessen sein. Mit dem Versuch der Problemlösung auf einen Stressor zu reagieren, der nicht beeinflussbar ist, ist genauso wenig effektiv, wie sich nur in Gelassenheit zu üben, wenn das Problem bewältigbar ist. Es ist also nicht das Ziel von Entspannungsverfahren, Probleme nicht mehr wahrzunehmen, sondern zwischen den Situationen unterscheiden zu lernen, in denen Handeln angesagt ist, und denen, in denen Gelassenheit benötigt wird. Um in einer stressigen Situation beides überhaupt voneinander unterscheiden zu können, sind »Ruhepunkte« nötig, Inseln des Innehaltens, Nachspürens und Nachdenkens in Gelassenheit, aktive Pausen oder auch kleine Inseln im Ozean des Alltags.

Dabei gilt es zu bedenken, dass es durchaus Stressoren gibt, die die Gesundheit bedrohen, aber als solche gar nicht erkannt werden, weil das Körpergefühl nicht ausreichend entwickelt ist. So kann der in modernen Industriegesellschaften vorherrschende Lebensrhythmus dazu führen, Körpersignale solange zu überhören, bis sie sich zu Krankheitssymptomen manifestieren. Andererseits können relativ »harmlose« Reize, wie eine konkurrierende Kollegin, eine heftige Stressreaktion auslösen, wenn diese als Bedrohung erlebt werden. Die Sensibilisierung für den eigenen Körper und Stress auslösende Anteile gewinnen hier an Bedeutung.

In Anbetracht der Vielfalt und Allgegenwart potenzieller Stressoren stellt sich damals wie heute die Frage: Wie kann es gelingen, mit Anforderungen und Veränderungen generell souveräner umzugehen, statt bei jedem neuen Stressor unter Druck zu geraten? An diese Fragestellung knüpft der salutogenetische Ansatz von Antonovsky an.

Frau S: Ein Fallbeispiel

Frau S. ist Anfang vierzig und seit einiger Zeit arbeitslos. Der Zusammenbruch des Betriebes, in dem sie lange Jahre gearbeitet hat, brach wie eine Naturkatastrophe über sie herein. Sie kann sich bis heute nicht erklären, wie dies möglich gewesen ist. Ihren bis dahin eigentlich ganz sympathischen Chef hatte sie in dieser Situation als fahrlässig, verlogen und gegenüber dem Schicksal seiner Mitarbeiter völlig gleichgültig empfunden. Ohne jede Vorwarnung kam dann die Katastrophe. So schwach, hilflos und chaotisch hatte sie ihren Arbeitgeber noch nie erlebt. Noch heute denkt sie darüber nach, wie dies möglich war und warum sie, die doch immer als die Bestinformierteste im ganzen Betrieb galt, nichts vorher geahnt hat. Hätte sie es verhindern können?

Seit der Arbeitslosigkeit ist ihre Gesundheit ziemlich angeschlagen. Nachts wälzt sie sich schlaflos im Bett und grübelt über ihre Zukunft. Morgens wacht sie völlig gerädert auf und fühlt sich von den vielen kleinen Dingen, die zu erledigen sind, irgendwie überfordert. Sie scheinen ihr nicht mehr bewältigbar. Die vielen Wartezeiten bei irgendwelchen Ämtern u.ä. werden ihr zur Qual. Die ewigen Geldsorgen belasten sie ebenso wie das Gefühl, dass sich nichts bewegt. So oft erkältet wie in dieser Zeit ist sie ihr ganzes Leben noch nicht gewesen. Abends fühlt sie sich dann völlig ausgelaugt und sitzt vor dem Fernseher, macht sich dabei aber selbst auch noch Vorwürfe, dass sie zu nichts Sinnvollerem mehr in der Lage ist. So kann es jedenfalls nicht mehr weitergehen.

Erster Schritt zur Veränderung: Für die nächsten Wartezeiten hat sie immer ein Buch in der Tasche. Das gibt ihr das Gefühl, ihre Zeit nicht sinnlos zu vertrödeln und hilft ihr, sich über die schlechte Organisation nicht aufzuregen. Anfangs war es ein Roman, der sie begleitet hat, nun ist es immer häufiger ein Fachbuch, denn sie hat sich eine neue Aufgabe gestellt.

Zweiter Schritt: Ihr Abendprogramm wird ab sofort anders gestaltet. Ein Abend der Woche bleibt Fernsehabend, schließlich gibt es keinen Grund, lieb gewordene Gewohnheiten zu ändern. Zwei Abende trifft sie sich mit Freunden oder ehemaligen Kollegen, um ihre sozialen Kontakte nicht zu verlieren.

Da sie auf das Geld achten muss, haben Besuche zu Hause die Kneipengänge ersetzt. Dabei hat sie festgestellt, dass es ihr Spaß macht, gelegentlich für andere zu kochen und aus einfachen Zutaten leckere Menüs zu kreieren. Ein Abend ist für ihr altes und neues Hobby, das Malen, reserviert. Drei Abende gehören der Bewegung: Je nach Wetter geht sie schwimmen, ausgedehnt spazieren oder macht ein paar Entspannungsübungen für sich zu Hause.

Dritter Schritt: Die Vormittage ohne Behördergänge nutzt sie, um eine Strategie zu entwickeln, wie es weiter geht. Zunächst hat sie auf einer Wandzeitung festgehalten, was ihre beruflichen Stärken sind und wo sie gerne dazulernen möchte. Systematisch hat sie in Stellenanzeigen analysiert, was gefordert ist und für sich daraus ein Lernprogramm entwickelt. Einiges kann sie über einen Nachmittagskurs an der VHS lernen, bei anderem sucht sie noch nach passenden Möglichkeiten. Der nächste Besuch beim Arbeitsamt ist mit einer langen Liste von Fragen und Forderungen verbunden, die ihre berufliche Zukunft betreffen. Im Hinterkopf hat sie eine Idee, ist sich aber noch nicht sicher, ob diese realisierbar ist ...

Der salutogenetische Ansatz

Es kommt darauf an, die richtige Frage zu stellen

Das Wort »Salutogenese« setzt sich aus dem lateinischen Begriff »sanus«, gesund, und dem griechischen Begriff für Ursprung, Entstehung, »Genesis«, zusammen. Das Konzept der Salutogenese hebt sich von dem in der Medizin vorherrschenden Modell der »Pathogenese« ab. »Pathos« kommt aus dem Griechischen und bedeutet »Krankheit, Leid, Schmerz«. Die Salutogenese versucht zu erklären, wie Menschen trotz belastender Bedingungen, trotz Stressoren, gesund bleiben.

Gesundheit wird als die Fähigkeit verstanden, kreativ mit sich und mit seiner Umwelt umzugehen.
Handbuch der Salutogenese, S. 1

Eine offene Grundhaltung, die Fragen aufwirft, statt fertige Antworten parat zu haben, ist der Schlüssel zu Kreativität und neuen Einsichten. Sinngemäß sagt Aaron Antonovsky, der den Begriff »Salutogenese« geprägt hat, dass in der Wissenschaft Fragen wichtiger sind als Antworten. Fragen stellen heißt Forschergeist entwickeln, eine Richtung einschlagen, eine Perspektive einnehmen. Er kritisiert einseitige Sichtweisen in Medizin und Gesundheitsforschung, die vorwiegend krank machende Faktoren und Lebensbedingungen im Blickwinkel haben und untersuchen. A. Antonovsky (1923-1994) fragt, auf eine Kurzformel gebracht, nicht danach, was krank macht, sondern welche Faktoren Gesundheit fördern.

Aus Israel stammend hat er sein Lebenswerk als Medizinsoziologe und Stressforscher der Frage gewidmet, wie es kommt, dass Menschen trotz widriger Lebensumstände relativ gesund bleiben bzw. ihre Gesundheit nach Erkrankung wieder erlangen. Wie kann ein Mensch unter den in Industriegesellschaften vorherrschenden Lebensbedingungen sich – trotzdem – wohl fühlen? Was kann er tun, um seine Gesundheit zu stärken? Was fördert seine Kreativität und sein Selbstvertrauen?

Ausgangspunkt von Antonovskys Forschung waren Frauen verschiedener ethnischer Gruppen in Israel in den Wechseljahren, die den Holocaust überlebt hatten. Dass einige von ihnen trotz ihrer extrem belastenden Lebensgeschichte – einige davon waren in einem Konzentrationslager inhaftiert gewesen – weitgehend gesund waren, war das erklärungsbedürftige Phänomen. Wie erwartet waren zwar die ehemals Inhaftierten gesundheitlich deutlich stärker belastet, aber immerhin 29% berichteten über eine relativ gute psychische Gesundheit.

Antonovskys Konzept der Salutogenese regt dazu an, Forschergeist, Experimentierfreudigkeit und Offenheit zu entwickeln für alles, was »den Fluss des Lebens« ausmacht.

Gleichgewicht – Ungleichgewicht

Antonovskys Denken ist beeinflusst von systemtheoretischen Überlegungen. Gesundheit ist kein normaler, passiver Zustand des Gleichgewichtes, sondern ein sich dynamisch regulierendes, ständig veränderndes, labiles Geschehen. Für Antonovsky ist das Grundprinzip menschlicher Existenz nicht Gleichgewicht und Gesundheit, sondern Ungleichgewicht und Leiden.

Der menschliche Organismus ist physikalisch gesehen der Kraft der Entropie ausgeliefert. Damit ist die Tendenz gemeint, sich auf einen Zustand immer größerer Unordnung hin zu bewegen. Bezogen auf den Gesundheitszustand bedeutet dies, dass der Verlust von Gesundheit ein natürlicher, stets gegenwärtiger Prozess ist und Gesundheit immer wieder aufgebaut werden muss.

Die Tatsache, dass bei jeder kleinen Wunde sofort die Selbstheilungskräfte des Organismus in Erscheinung treten, also ordnende Kräfte am Werk sind, scheint auf den ersten Blick schwer vereinbar mit dieser Auffassung zu sein. Dies ist sie aber nicht, denn die Systemtheorie besagt gerade, dass lebende Systeme über eine besondere Fähigkeit verfügen, die ihnen die Möglichkeit gibt, in einer Umgebung der Entropie innere Strukturen aufrechtzuerhalten. Sie schaffen sich eine Grenze zu ihrer Umwelt – die Membran einer einzelnen Zelle genauso wie die Haut eines Menschen –, die das Netz von Stoffwechselprozessen schützt, dessen Bestandteil sie selbst sind. Lebende Systeme sind ununterbrochen damit beschäftigt, die inneren Strukturen, die sie sich selbst geschaffen haben, zu erhalten und sich selbst zu heilen. Diese Fähigkeit, innen und außen zu unterscheiden, im Inneren andere Strukturen gelten zu lassen als im Äußeren, die Bausteine, aus denen etwas besteht, selbst zu erzeugen und sich selbst zu heilen, ist Kennzeichen des Lebendigen. Nur lebende Organismen schaffen es, aktiv und aufgrund eigener Entscheidungen, die Schwerkraft zu überwinden und einen Berg hinaufzugehen, statt ihn hinunterzurollen, auf einem Seil zu balancieren, gegen den Strom zu schwimmen, sich überhaupt in Bewegung aufrecht zu halten oder freiwillig eine Weile auf dem Kopf zu stehen. Sie schaffen eine gewisse Zeit lang das Wunder, trotz der Gesetze der Entropie gesund zu bleiben oder trotz extremer Belastungen nicht zusammenzubrechen. Die interessante Frage ist also die, was ihnen dabei helfen kann, sich selbst zu erhalten.

Der Systemiker Fritz B. Simon wählt in einem anderen Zusammenhang ein Beispiel, das die Möglichkeiten von Menschen beschreibt, als Systeme mit äußeren Bedingungen umzugehen: Wenn es nach einem Wettersturz kalt wird, ist diese Kälte selbstverständlich nicht beeinflussbar. Aber sie bestimmt nicht, ob Menschen je nach Situation, nach z. B. materiellen Möglichkeiten und Charakter einen Mantel anziehen, die Heizung höher stellen oder in den Süden fliegen. Wer allerdings keine dieser Ressourcen zur Verfügung hat oder sich beschaffen kann, läuft Gefahr, mindestens Frostbeulen zu erleiden. Die Kälte ist zwar Stressor, aber nicht die Ursache der Frostbeulen. Kälte kann genauso Wohlbefinden in Form der Möglichkeit, Ski zu fahren oder Schlittschuh zu laufen mit sich bringen, vorausgesetzt, Ressourcen wie eine warme Wohnung, warme Kleidung und heiße Getränke stehen zur Verfügung.

Gleichgewicht geben

Der von den Gestaltungspsychologen postulierten »Tendenz zur guten Gestalt«, liegt eine andere Sichtweise zugrunde, die aber ein ähnliches Phänomen beschreibt. In den über hundert Gestaltgesetzen wird eine ordnende Kraft beschrieben, die sowohl im psychischen als auch im physischen Bereich wirksam und überall in der Natur beobachtbar ist.

In der systemischen Familientherapie unterscheidet man zwischen einem erstarrten Gleichgewicht, das pathogen ist, weil es Veränderungen nicht mehr ausbalancieren kann und einem bewegten »Fließgleichgewicht«, das auf ein »gesundes« Familiensystem hindeutet.

Auch Antonovsky führt in seinem salutogenetischen Ansatz ein übergeordnetes Kriterium an, das er »Kohärenzgefühl« nennt. Es ist eine psychologische Einflussgröße, die pathogene und salutogene Kräfte, die in jedem Menschen jederzeit vorhanden sind, zugunsten von Gesundheit ausbalanciert.

Antonovsky sieht Gesundheit und Krankheit nicht als Gegensätze, sondern beschreibt sie als ein Kontinuum. Niemand ist zu einem bestimmten Zeitpunkt nur krank, ohne gleichzeitig auch gesunde, gesund machende Anteile in sich zu haben. Nur selten im Leben ist jemand andererseits auch nur gesund, ohne zugleich gegen Bakterien, Viren, Krebszellen, Schwäche oder Befindlichkeitsstörungen anzukämpfen. Für den Platz einer Person auf diesem Befindens-Kontinuum (health-ease – dis-ease) zu einem bestimmten Zeitpunkt ist ausschlaggebend, wie sie mit den psychosozialen, physischen und biochemischen Stressoren umgeht, die auf sie einwirken. Stressoren – sie können intern oder extern, körperlich oder ökologisch, psychisch oder sozial sein – sind nicht grundsätzlich krank machend. Sie bewirken einen Spannungszustand, der krank machende, gesunde oder neutrale Folgen haben kann.

Wie sie wirken, hängt davon ab, ob sie als herausfordernd oder belastend wahrgenommen werden und ob sie Gesundheitsressourcen mobilisieren können.
Es geht um das Verhältnis von Faktoren, die die Gesundheit fördern – Widerstandsquellen – und solchen, die sie behindern. Die Gesundheit einer Person ist davon abhängig, welche generellen Widerstandsquellen (GRR – Generell Resistance Resource) sie zur Verfügung hat. Solche Widerstandsquellen können körperlich, psychisch, d.h. emotional und kognitiv, sozial, d.h. kulturell, materiell oder Werte und Haltungen betreffend sein. Das Ausmaß, in dem die generellen Widerstandsquellen vorhanden sind, bestimmt auch das Maß, in dem spezifische Widerstandsquellen, d.h. Mittel oder Fähigkeiten zur Bewältigung einer konkreten Stresssituation zur Verfügung stehen.

Kohärenzgefühl

Der Schlüssel in Antonovskys Modell der Salutogenese, der Entstehung von Gesundheit, ist der Kohärenzsinn (»sense of coherence«), verständlicher mit »Empfinden von Zusammenhang« übersetzt. Er beschreibt eine subjektive Grundeinstellung, eine Lebenshaltung, die gesundheitsförderlich ist, in einer Umwelt voller potentieller Stressoren. Menschen mit einem stark ausgeprägten »Kohärenzgefühl« verfügen über eine erhöhte Widerstandskraft im Umgang mit Stress und werden deswegen weniger krank. Bei äußerlich vergleichbaren Bedingungen hängt es von dieser psychologischen Einflussgröße ab, ob jemand in der Lage ist, vorhandene Ressourcen zur Bewältigung von Stress und im Sinne von Gesundheit zu nutzen. Diese Handlungsorientierung ist die Voraussetzung dafür, dass Menschen in der Lage sind, ihre generellen Widerstandsquellen zu aktivieren.

Kohärenzsinn ist eine Grundorientierung, die das Ausmaß eines umfassenden, dauerhaften und gleichzeitig dynamischen Vertrauens darin ausdrückt, daß 1. die Stimuli aus der äußeren und inneren Umgebung im Laufe des Lebens strukturiert, vorhersehbar und erklärbar sind; 2. die Ressourcen verfügbar sind, um den durch die Stimuli gestellten Anforderungen gerecht zu werden und 3. die Anforderungen Herausforderungen sind, die ein inneres und äußeres Engagement lohnen. Ich habe diese drei Komponenten Verstehbarkeit (comprehensibility), Handhabbarkeit (manageability) und Sinnhaftigkeit (meaningfulness) genannt .
Antonovsky 1991, S. 127

Verstehbarkeit ist ein kognitiver Aspekt, Bewältigbarkeit ein pragmatischer, am Handeln orientierter Aspekt und die Sinnhaftigkeit ein emotionaler Aspekt. Alle drei Komponenten sind die Basis, eine Stressituation bzw. den Lebenskontext erfolgreich zu bewältigen.

Verstehbarkeit beschreibt die Erwartung bzw. Fähigkeit von Menschen, dass Reize auch als potenzielle Stressoren überschaubar, strukturierbar und vorhersagbar sind. Vereinfacht ausgedrückt: eine Art Gewissheit, auch Unbekanntes verstehen und einordnen zu können, im Gegensatz zu Erwartungshaltungen und Verarbeitungsmustern, die Verwirrung und Desorientierung auslösen.

Das Gefühl von Handhabbarkeit beschreibt das optimistische Vertrauen, aus eigener Kraft oder mit Unterstützung von außen Lebensaufgaben meistern zu können. Die Überzeugung eines Menschen, dass Schwierigkeiten grundsätzlich lösbar sind, nennt Antonovsky auch »instrumentelles Vertrauen«. Darunter ist zu verstehen, ob und in welchem Ausmaß ein Mensch vorhandene Hilfsquellen wahrnehmen und nutzen kann, die geeignet sind, Schwierigkeiten und Anforderungen zu bewältigen. Hilfsquellen oder Ressourcen können verinnerlicht sein, wie das sog. »Urvertrauen« *(vgl. Erikson)* oder von außen wahrgenommen werden: Familienmitglieder, Freunde, professionelle Helferinnen und Beraterinnen, aber auch der Glaube an eine höhere Macht gehören dazu. Jemand, dem die innere Überzeugung fehlt, dass Schwierigkeiten grundsätzlich lösbar sind, sieht sich Ereignissen eher hilflos ausgeliefert, mit dem Grundgefühl, doch nichts verändern zu können.

Das Lebensgefühl ist von den drei Komponenten, die das Kohärenzgefühl ausmachen, für Antonovsky die wichtigste. Unter Sinnhaftigkeit oder Bedeutsamkeit versteht er ein Grundgefühl, das mit der Überzeugung einhergeht, dass das Leben lebenswert und das eigene Tun von Bedeutung ist, dass Einsatz und Engagement sich lohnen. Er bezweifelt, ob die Komponenten »Verstehbarkeit« und »Handhabbarkeit« überhaupt in Richtung Gesundheit wirksam werden können, wenn die »Sinnhaftigkeit« als motivierende Kraft fehlt.

Man engagiert sich als Teilhaber desjenigen Prozesses, der das eigene Schicksal ebenso formt wie die täglichen Erfahrungen.
Handbuch der Salutogenese, S. 3

Antonovsky drückt damit ein Gefühl von Akzeptanz und Verbundenheit mit dem eigenen Tun und Dasein aus. Wenn in neueren Konzepten der Weltgesundheitsorganisation von einer spirituellen Dimension von Gesundheit die Rede ist, dann ist dieser Aspekt, einen Sinn im Leben zu sehen, gemeint. Dies kann auch religiöse Überzeugungen einschließen.

Ein gut ausgeprägtes Kohärenzgefühl zeigt sich insbesondere in einer hohen Anpassungsfähigkeit an Lebensereignisse, die die eigene Begrenztheit deutlich machen, wie Krieg, Verluste, Krankheiten. Im Unterschied zu psychologischen Konzepten, die das Moment der persönlichen Kontrolle besonders betonen, wird mit der Grundorientierung »Kohärenzgefühl« das Vertrauen hervorgehoben, sich dem Fluss des Lebens überlassen zu können. Dabei ist die Hilfe der anderen genauso von Bedeutung wie die eigene Kraft. Das Moment der »Machbarkeit« tritt zurück, zugunsten von Gegenseitigkeit und dem Grundgefühl, »loslassen« und vertrauen zu können.

Inwieweit der Kohärenzsinn veränderbar ist oder doch eine festgelegte Persönlichkeitseigenschaft, ist noch umstritten. Antonovsky selbst versteht ihn einerseits eher als in der Sozialisation erworbenes, festgelegtes Persönlichkeitsmerkmal, das sich bei Erwachsenen nur noch wenig verändert. Andererseits wählte er selbst den Begriff »dynamisch«, d. h., er macht selbst darauf aufmerksam, dass diese Grundeinstellung kontinuierlich mit neuen Lebenserfahrungen konfrontiert und von diesen beeinflusst wird. Das Empfinden von Kohärenz kann nach Antonovsky durch größere, radikal verändernde Lebensereignisse oder kleinere, kontinuierliche Alltagserlebnisse beeinträchtigt werden. Es lässt sich aber grundsätzlich durch entsprechende Erfahrungen auch fördern, und zwar durch langfristige Arbeit, nicht durch kurzfristige therapeutische Interventionen – sicher auch nicht in einem einzigen Kurs.

Antonovsky war es wichtig, sein Schlüsselkonzept »Kohärenzsinn« der Forschung und der Praxis zugänglich zu machen. Er entwickelte einen Fragebogen, der das Maß an Kohärenz bestimmt und gleichzeitig die drei Aspekte Verstehbarkeit, Bewältigbarkeit und Sinnhaftigkeit als einzelne Aspekte ebenfalls zuordnenbar macht. Je nachdem, wie stark oder wie schwach jeder der drei Aspekte ausgeprägt ist, lässt sich nach Antonovsky eine Aussage über die wahrscheinliche gesundheitliche Entwicklung machen. Theoretisch sind acht Typen beschreibbar, von denen manche statistisch nur selten existieren dürften. Es ist naheliegend, dass ein hohes Maß an Bewältigbarkeit stark mit einem hohen Maß an Verstehbarkeit zusammenhängt. Extreme Werte in jeder Kategorie sind eher als pathologisch zu werten, denn ein Mensch, der glaubt, die Welt sei immer erklärbar, immer bewältigbar und alles sei sinnvoll, ignoriert die Widersprüche der Wirklichkeit und leidet so ein Stück unter Realitätsverlust.

Die bisherigen Forschungen zum Kohärenzsinn sprechen im Ergebnis dafür, dass die drei Komponenten enger als erwartet miteinander zusammenhängen. Es scheint sich primär um ein Konzept zu handeln, nicht um drei Faktoren. Die Verbindungen zu der oben zitierten Vielzahl von Gesundheitskompetenzen liegen statistisch gesehen in der erwarteten Richtung. Die bisherigen Forschungsergebnisse lassen sich in etwa so zusammenfassen:

- Es gibt Belege für den negativen Zusammenhang zwischen Kohärenzsinn und dem Empfinden von Stress. Menschen mit einem hohen Kohärenzsinn scheinen über effektivere Bewältigungsstrategien zu verfügen.
- Der Zusammenhang zwischen Kohärenzsinn und der Abwesenheit von Krankheit ist nicht eindeutig. Die Korrelationen zwischen körperlicher Gesundheit und Kohärenzsinn sind in den einzelnen Untersuchungen teilweise widersprüchlich, teilweise schwach vorhanden. Der Bezug zu körperlicher Gesundheit ist nicht eindeutig. Allerdings sind die verschiedenen Studien recht unterschiedlich in ihren Bezugsgrößen, so dass sie sich nicht wirklich vergleichen lassen. Am ehesten wurden dann Zusammenhänge gefunden, wenn nicht nach objektiven Krankheitssymptomen gesucht wurde, sondern nach der subjektiven Befindlichkeit, der subjektiven Gesundheit, gefragt wurde. Dies entspricht durchaus dem Konzept der Salutogenese nach der Entstehung von (subjektiver) Gesundheit und nicht nach der Entstehung von (objektiv messbarer) Krankheit zu fragen.
- Der Zusammenhang mit psychischer Gesundheit ist demgegenüber eindeutig. Besonders enge negative Verbindungen gibt es zu Ängstlichkeit und Depressivität.

- Ein unmittelbarer Zusammenhang zwischen Gesundheitshandeln und Kohärenzsinn scheint nicht zu bestehen, allerdings ist auch hier teilweise etwas uneindeutig, nach welchem Konzept des Gesundheitshandelns geforscht wurde – dem der Vermeidung von Risikoverhalten oder der Sorge um die eigene Gesundheit. Die Forschungsergebnisse sind noch zu widersprüchlich.
- Der Kohärenzsinn scheint kulturunabhängig gemessen werden zu können. Inwieweit Geschlechtsunterschiede sich im Kohärenzsinn bemerkbar machen, ist nicht eindeutig. Auch hier sind die Ergebnisse zu widersprüchlich für eine Verallgemeinerung. Es gibt aber Hinweise für einen höheren Kohärenzsinn bei Männern. Mit dem Alter scheint der Kohärenzsinn allmählich zuzunehmen. Personen mit einem starken Kohärenzsinn tendieren umgekehrt zu einer positiven Einstellung zum Älterwerden und einer aktiven Lebensgestaltung. Der Kohärenzsinn hängt von der ökonomischen Situation und dem sozialen Netz ab, sagen einige Untersuchungen, andere widersprechen diesem Zusammenhang. Eine Eindeutigkeit der Ergebnisse ist nicht gegeben.

Das Kohärenzgefühl und die Verarbeitung von potenziellen Stressoren

Die innere Bewertung von Reizen – also, welche Bedeutung eine Person dem Reiz gibt – entscheidet darüber, ob der Organismus unter Spannung gerät und ob die Stressreaktion ausgelöst wird. Ein Beispiel: Geräuschverarbeitung. Wenn eine Person ihren Rasen mäht, stört sie das Geräusch des eigenen Rasenmähers kaum. Mäht dagegen ein Nachbar den Rasen während der Mittagsruhe, wird das gleiche Geräusch zum Störfaktor, wenn nicht sogar zum Stressor.

Antonovsky geht davon aus, dass Menschen mit einem gut ausgeprägten Kohärenzgefühl Reize eher neutral oder günstig bewerten und sich auch von Stressoren nicht bedroht fühlen. Er unterscheidet drei Bewertungsstufen bei der Reizverarbeitung:

- Neutral-primäre Bewertung 1: Personen mit einem hohen Kohärenzsinn bewerten Reiz eher neutral als Personen mit einem niedrigen Kohärenzsinn, die Reize eher als spannungserzeugend erleben.
- Primäre Bewertung 2: Auch wenn der Reiz als Stressor bewertet wird, ist eine Person mit hohem Kohärenzsinn in der Lage zu unterscheiden, ob der Reiz bedrohlich, günstig oder irrelevant ist. Im Falle günstig oder irrelevant wird der Stressor umdefiniert zum »Nicht-Stressor«.
- Primäre Bewertung 3: Selbst wenn der spannungserzeugende Stressor als potenziell bedrohlich definiert wird, fühlt sich eine Person mit hohem Kohärenzsinn nicht wirklich bedroht. Ihr grundlegendes Vertrauen, dass sie die Situation bewältigen wird, schützt sie

(Quelle: Antonovsky, Aaron: Gesundheitsforschung vs. Krankheitsforschung, 1993)

Pathogenetisches versus salutogenetisches Paradigma	
Annahmen über den »Normalzustand«	
Gesundheit als Abwesenheit von Krankheit Homöostase wird als Normalzustand angesehen.	Heterostase, also Ungleichgewicht und Leid sind inhärente Bestandteile menschlicher Existenz, ebenso wie der Tod.
Einteilung der Menschen bzgl. ihres Gesundheitsstatus	
Dichotome Einteilung gesund – krank	Kontinuum mit zwei Polen (wir sind alle teilweise gesund, teilweise krank)
Aufmerksamkeitsfokus und Handlungsimplikationen	
Beschäftigt sich mit Patienten, genauer mit Diagnosen und nur mit den Fakten, die in nachweisbarem Zusammenhang mit der Erkrankung stehen.	Beschäftigt sich mit allen Menschen; alle Aspekte von Wohlbefinden und Leiden, subjektive und objektive, werden erfragt.
Wichtige Wirkfaktoren	
Suche nach ätiologischen Risikofaktoren für spezifische Erkrankungen (physikalisch, mikrobiologisch, psychosozial).	Beschäftigung mit der gesamten »Geschichte« einer Person, d.h., nicht nur mit Risikofaktoren, sondern vor allem mit heilsamen Ressourcen.
Konsequenzen von Stressoren	
Stressor = gefährlicher Risikofaktor, der aus unserem Leben fernzuhalten ist. Konzentration auf die Kette Stressor – Stressreaktion – Krankheit.	Das Leben ist ständig von psychosozialen, mikrobiologischen u.a. Stressoren durchsetzt. Stressoren sind potenziell pathogen, aber auch potenziell gesundheitsfördernd.
Behandlungsziele von Leiden	
Suche nach spezifischen Behandlungen für spezifische Krankheiten = Suche nach der Wunderwaffe. Hoffnung (bei genügend Geld Forschung und Wunderwaffen) auf andauernde Gesundheit.	Der Kampf in Richtung Gesundheit ist permanent und nicht ganz erfolgreich. Fokussierung auf die gesund erhaltenden Faktoren, die es ermöglichen, so erfolgreich wie möglich mit den Bedrohungen des Lebens umzugehen

Personen mit einem stark ausgeprägten Kohärenzgefühl reagieren eher mit situationsangemessenen Gefühlen, die sich steuern lassen. Personen mit schwachem Kohärenzsinn reagieren eher mit schwer kontrollierbaren, diffusen Gefühlen, z. B. mit nackter Wut. Sie verlieren ihre Handlungsfähigkeit, weil ihnen das Vertrauen fehlt, dass die Probleme zu bewältigen sind.

Hoher Kohärenzsinn	Aha, da kommt eine Aufgabe auf mich zu.	Erst mal sehen, ob das für mich günstig, irrelevant oder eher bedrohlich ist	Ich kann damit fertig werden, wie mit allem anderen im Leben.
Reiz ➤	**Primäre ➤ Bewertung**	**Sekundäre ➤ Bewertung**	**Tertiäre Bewertung**
Niedriger Kohärenzsinn	Wieder etwas, was ich erledigen muss.	Das vermehrt meinen Stress.	Ich kann das einfach nicht mehr bewältigen.

Unterschiedliche Bewertungen

Spannungsbewältigung und Gesundheit

Indem wir einen Stressor bewältigen, lernen wir, daß das Leben weder zerstörerisch noch sinnlos ist.
Antonovsky 1979, S. 194

Grundsätzlich stimmt Antonovsky mit der Auffassung der Stressforschung überein, dass ein Übermaß an Stress, das in eine Daueranspannung mündet, die Gesundheit beeinträchtigt, wenn noch körperliche Schwachpunkte hinzukommen. Die Bewältigung von Spannungszuständen ist für Antonovsky die zentrale Aufgabe des Organismus, er spricht ihr eine gesundheitsfördernde und -erhaltende Wirkung zu. Eine erfolgreiche Spannungsbewältigung ist unter den gegebenen Bedingungen nicht immer möglich, Stressreaktionen und Belastungssituationen gehören zum Leben dazu. Jedoch haben Stress und Belastungen nicht zwangsläufig eine gesundheitsschädigende Wirkung, sie können sogar in der salutogenetischen Sichtweise gesundheitsförderlich sein. Stress wird erst zusammen mit anderen, die Gesundheit belastenden Faktoren, gesundheitsschwächend.

Da in Industrienationen Stressoren, die die Gesundheit direkt bedrohen, Hunger, Krieg, Nöte, Katastrophen usw., abgesehen von Ausnahmezuständen, weitgehend ausgeschaltet sind, rücken für Antonovsky psychosoziale Faktoren als potenzielle Stressoren in den Vordergrund. Er definiert Stressoren als *eine von innen oder außen kommende Anforderung an den Organismus, die sein Gleichgewicht stört und die zur Wiederherstellung des Gleichgewichtes eine nicht-automatische und nicht unmittelbar verfügbare, energieverbrauchende Handlung erfordert.*
Antonovsky 1979, S. 77
Hier wird das Kohärenzgefühl als regulierende Kraft bedeutsam.

Wie wirkt der »Kohärenzsinn« auf den Körper und das Gesundheitsverhalten?

Die Wirkung des Kohärenzempfindens auf den Organismus kann nach Antonovsky drei Wege beschreiten: über Regelkreise des Organismus, die von psychischen Faktoren mit beeinflusst sind, wie Immunsystem, Hormonsystem, Nervensystem; über das Gesundheitshandeln, weil Menschen mit hohem Kohärenzsinn offensichtlich mehr Gründe erkennen, auf sich zu achten, etwas für sich zu tun und das Gesundheitswesen in Anspruch zu nehmen; vor allem aber über Prozesse der Stressbewältigung. Menschen mit hohem Kohärenzsinn sind besser in der Lage, sich Möglichkeiten der Bewältigung zu schaffen. Der Kohärenzsinn mobilisiert vorhandene Ressourcen.

- Antonovsky nimmt an, dass der Kohärenzsinn wie ein Filter bei der Verarbeitung von Informationen wirkt. Gedankliche Prozesse, die maßgeblich sind, ob Situationen als gefährlich, neutral oder willkommen eingestuft werden, beeinflussen das vegetative Nervensystem und lösen entsprechende Körperreaktionen aus.
- Der Kohärenzsinn regt ressourcenorientiertes Denken und Handeln an. Der erfolgreiche Einsatz dieser Ressourcen reduziert Spannungen und führt zu Erfolgserlebnissen. Dies beeinflusst indirekt die physiologischen Systeme, die an der Stressverarbeitung beteiligt sind. Kurzfristige, physiologische Stressreaktionen sind nach Antonovskys Auffassung nicht gesundheitsschädigend, wenn sie durch eine anschließende Erholungsphase ausgeglichen werden. Er weist darauf hin, dass eine Schädigung erst dann entsteht, wenn die sich selbst regulierenden Prozesse des Systems gestört sind. Das wäre dann der Fall, wenn der rhythmische Wechsel von Anspannung und Entspannung nicht mehr stattfindet, so wie es den natürlichen Körperrhythmen entspricht. Ein Beispiel ist die Störung des »Schlaf-Wach-Rhythmus«.
- Antonovsky geht davon aus, dass Menschen mit einem hohen Kohärenzsinn sich gezielter für gesundheitsfördernde Maßnahmen und Verhaltensweisen entscheiden, z. B. dass sie sich gesünder ernähren und rechtzeitig einen Arzt aufsuchen. Außerdem nimmt er an, dass Menschen mit einem hohen Kohärenzsinn eher in der Lage sind, gesundheitsschädigende Verhaltensweisen zu vermeiden.

Antonovsky sieht seine Annahmen über die Wirkungsweise des Kohärenzgefühls auf die Gesundheit durch die Forschungsergebnisse der »Psychoneuroimmunologie« bestätigt: Das komplexe Zusammenspiel von Gedanken, Vorstellungen und Gefühlen einerseits und Nerven-, Hormon- und Immunsystem andererseits in seiner Auswirkung auf die Organsysteme ist bei diesem jungen Forschungszweig Untersuchungsgegenstand. Vereinfacht ausgedrückt steckt dahinter die Auffassung: Gedanken können heilen oder krank machen.

Widerstandsfähigkeit gegenüber externen Belastungen

Das Persönlichkeitskonzept »Hardiness«, von Susanne Kobasa (1979) entwickelt, ist ein anderer salutogenetischer Versuch, ein Persönlichkeitsmerkmal in Verbindung mit Gesundheit zu beschreiben, das zum Kohärenzsinn einige Ähnlichkeiten hat. »Hardiness« lässt sich mit »Widerstandsfähigkeit«, auch mit »Zähigkeit« oder »Kühnheit« übersetzen. Es soll die Widerstandsfähigkeit eines Menschen gegenüber externen Belastungen kennzeichnen, den Mut, sich Veränderungen im Leben auch zu stellen. Solche Menschen sind resistent gegen die negativen Wirkungen von Stress und entwickeln in der Folge keine körperlichen Symptome. Dieser Persönlichkeitsstil entwickelt sich in der Auseinandersetzung des Menschen mit seiner Umwelt, ist also ständig auch veränderbar.

Widerstandsfähigkeit umfasst drei Aspekte:

- Kontrolle (Control) als Gegensatz zu Machtlosigkeit und Hilflosigkeit, der Einfluss, den man auszuüben gedenkt. Man fühlt sich verantwortlich, ein vielfältiges Repertoire an Stressbewältigungsmöglichkeiten aufzubauen. Man ist bereit, seine Angelegenheiten zu regeln.
- Engagement (Commitment), eine starke emotional beteiligte Aktivität in verschiedenen Lebensbereichen und mit anderen Personen. Menschen mit diesen Merkmalen sind neugierig, sie investieren viel in ihr eigenes Handeln und ihre sozialen Beziehungen, ihre Bemühungen sind durch Aktivität und Annäherung gekennzeichnet. Voraussetzung für Commitment ist wahrscheinlich interpersonales Vertrauen. Nach Meinung von Antonovsky ist sein Konzept der Sinnhaftigkeit und Bedeutsamkeit im Kohärenzsinn mit Kobasas Konzept des Engagements identisch.
- Herausforderung (Challenge): Veränderungen werden primär als positiv erlebt und nicht als Bedrohung interpretiert. Dahinter steckt die Überzeugung, dass Lernen und Veränderung der persönlichen Entwicklung dienlich sind. Stabilität wird in diesem Konzept weniger berücksichtigt, weil primär die Art betrachtet wird, auf Veränderungen zu reagieren. Der gesundheitliche Wert stabiler Lebensbedingungen wird aber nicht grundsätzlich in Frage gestellt.

Widerstandsfähigkeit meint damit insgesamt, gegenüber sich selbst und anderen verantwortlich zu handeln und das Leben als Herausforderung zu begreifen.

Lebensbedingungen bestimmen die Widerstandsfähigkeit nicht. Einige Menschen haben diese mehr als andere. Lebensbedingungen beeinflussen andererseits die Widerstandsfähigkeit. Menschen, die z. B. von Langzeitarbeitslosigkeit betroffen sind oder Krieg erleben, haben allen Grund, Veränderungen als Bedrohung zu erleben, verlieren möglicherweise interpersonales Vertrauen oder erleben Kontrollverlust. Es ist nicht verwunderlich, dass sie solche Bedingungen als Stress erleben. Es ist eine besondere Leistung, in solchen Situationen noch ausreichend Widerstandsfähigkeit zu behalten.

»Wir sind nun mal soziale Wesen« – ein Interview

Interviewerin: Frau M., Sie sind Expertin auf dem Gebiet der Gesundheitspsychologie und haben sich mit dem Gebiet der Stressbewältigung intensiv beschäftigt. Wenn man sich damit auseinandersetzt, so muss man doch feststellen, dass die Chancen über Lernprozesse hier zu Veränderungen zu kommen, irgendwie recht begrenzt sind. Ist es so, dass man Gesundheitskompetenzen wie Kohärenzsinn oder Widerstandsfähigkeit hat oder nicht hat und als Erwachsener sich daran nicht mehr viel ändert?

Frau M.: Das kommt ein wenig darauf an, was man unter Lernen versteht. Wir denken ja meist nur daran, dass Lernen das ist, was in der Schule stattfindet und nicht das, was im Alltag ganz nebenbei passiert. Ich weiß nicht, ob Ihnen das Konzept des *»Empowerment«* vertraut ist. Kurz gesagt geht es dabei darum, dass Menschen lernen, auch in einer Phase des Mangels ihre Stärken zu sehen und zu entwickeln. Charles Kieffer hat am Beispiel einer sozialen Bewegung in den USA einmal beobachtet, wie ein solcher Prozess des Empowerment sich fast nebenbei ereignet hat. Der soziale Kontext, die Gruppe, spielte da eine ganz entscheidende Rolle. Kieffer hat beobachtet, dass die Veränderung von einem Gefühl der Machtlosigkeit zu einem Gefühl, auf Entscheidungen Einfluss zu haben, sich in vier Schritten vollzieht, die nicht immer genau nacheinander verlaufen müssen. Es beginnt meist damit, dass in einem oft einschneidenden und schmerzhaften Prozess ein Bruch oder eine Bedrohung einer als zentral erfahrenen Alltagsidentität erlebt wird. Das kann zum Beispiel plötzliche Arbeitslosigkeit sein oder der Ehepartner lässt sich scheiden oder man stellt fest, dass das Grundstück, auf dem das Einfamilienhaus steht, durch Altlasten verseucht ist. Bisher hat man sich um Politik nicht gekümmert, aber ein unbesorgtes und integriertes Leben geführt. Jetzt ist plötzlich alles anders, die Veränderung wird wie ein Schock erlebt. Alltägliche Routinen werden in Frage gestellt. Bisherige Glaubenssätze werden in Frage gestellt, eigene Möglichkeiten erkundet. Das ist ein möglicher Ausgangspunkt für Lernprozesse, manchmal organisierte, manchmal zufällig und nebenbei entstehende. Nach dieser ersten Phase ebben spontane Aktivitäten ab. Man hat zu einer neuen Routine, einer neuer Normalität zurückgefunden, manchmal einer sehr Stress belasteten, krank machenden Normalität. Eine Gruppe Gleichbetroffener kann aber jetzt dazu beitragen, darin nicht zu verharren, sondern verborgene Fähigkeiten zu entdecken. Plötzlich machen die Menschen jetzt etwas, was sie noch nie getan haben. Nach den ersten tastenden Versuchen erfahren neu erworbene Fähigkeiten nach einiger Zeit eine Stabilisierung und werden teilweise zu Routine. Die Fähigkeiten werden in den Alltag integriert. Die Menschen müssen jetzt damit fertig werden, dass sie sich verändert und weiterentwickelt haben und müssen dies in ihr soziales Umfeld integrieren. Das bedeutet manchmal auch, sich von Menschen weg zu entwickeln, die einem wichtig waren. Dies kann bisweilen ein schmerzhafter, trauriger Prozess sein. In der vierten Phase schließlich ist eine gewisse Sicherheit in der Anwendung der neuen Kompetenzen erreicht. Sie werden auch auf andere Lebensbereiche angewandt. Eine solche Entwicklung muss man als Lernprozess beschreiben.

Interviewerin: Das klingt so, als ob Kursleitende dabei keine Aufgabe mehr haben?

Frau M: In dem klassischen Sinn vielleicht nicht. Es ist sicher sinnlos, einen solchen Prozess über Faktenwissen oder gute Ratschläge beeinflussen zu wollen. Aber Kieffer beschreibt auch, dass vor allem in der zweiten Phase die Rolle eines Mentors oder einer *Mentorin* sehr wichtig sein kann. Er fördert die Entdeckung verborgener Fähigkeiten, ermutigt zu selbstständigem Handeln und unterstützt Erfahrungen in bisher unbekannten Handlungsfeldern. Wie das im Rahmen eines Kurses aussieht, das müssen Sie vielleicht eher beurteilen, davon verstehen Sie mehr als ich.

Interviewerin: Überraschend ist ja in dem, was Sie hier berichten, dass Sie der Gruppe Gleichgesinnter so eine wichtige Funktion geben. Habe ich das richtig verstanden?

Frau M: Ja sicher, wir sind nun mal soziale Wesen und keine Einzelpersonen. Das, was man in einer Gruppe *voneinander lernen* kann, ist ein oftmals ungehobener Schatz. Sehen Sie, wenn jemand einen Rat haben möchte, wie er Stress besser bewältigen kann, dann ist doch die erste Frage die, was diese Person bisher in ihrem Leben vielleicht schon mal an Strategien entwickelt hat, Stress zu bewältigen, die ganz hilfreich waren. Dabei hat es wenig Sinn, sich lange mit dem aufzuhalten, was sich als nicht günstige Strategie gezeigt hat. Damit tritt man nur in eine Gedankenmühle, in der man eh schon ist und kreist wie der Hamster im Rad: Ich kann das nicht, das ist mir alles zu viel, ich schaffe das nicht... Also ist es besser zu fragen: Wann gab es mal etwas, das geklappt hat? Kann man diese Strategie eventuell einfach noch mal nutzen? Um die Anzahl der Möglichkeiten zu erweitern, die zur Verfügung steht, ist die zweite Frage die, was machen andere, um mit ihrem Stress fertig zu werden. Also beginnt man von der Gruppe zu lernen: Aha, der macht das und die was anderes, auch nicht schlecht. Wie wäre es, wenn ich davon einfach mal was ausprobieren würde? Wichtig ist nur, dass jeder das als persönliche Strategie erzählt und der Ratsuchende dann gefragt wird: Welche der Strategien könntest du dir am ehesten vorstellen, einfach mal auszuprobieren? Bei jeder einzelnen findet er vielleicht Gründe, sie für sich zu verwerfen, aber eine einzelne von vielen mal zu probieren, dagegen kann man eigentlich keinen Einwand haben. Besser ist es, zunächst bei dieser einen zu bleiben und sich nicht zu viel vorzunehmen. Allerdings – ein gewisses Maß an Kohärenzsinn ist bestimmt nötig, um überhaupt etwas verändern zu wollen.

Interviewerin: Sie haben in einem anderen Zusammenhang mal gesagt, dass soziale Unterstützung Menschen auch kränker machen kann, statt ihnen Stress zu nehmen. Was ist damit gemeint?

Frau M: Nun, *soziale Unterstützung,* englisch »social support«, ist ja ein wichtiger Fachbegriff innerhalb der Stressforschung bzw. der Bewältigungsforschung. Wir wissen viel über die positiven Wirkungen. Wir wissen zum Beispiel:

- Das Vorhandensein menschlicher Unterstützungssysteme hat belastungsunspezifisch gesundheitsfördernde und ich-stärkende Wirkung.
- Soziale Unterstützung verhindert Belastungen, die durch Isolation entstehen und wirkt so präventiv. Sie puffert belastungsspezifisch die gesundheitlichen Auswirkungen von Stress ab.
- Belastungen werden insgesamt bereits seltener als Stress wahrgenommen.
- Soziale Unterstützung hilft Krankheit leichter zu bewältigen.

Wichtig scheint dabei zu sein, dass Menschen daran glauben, im Zweifelsfall soziale Unterstützung zur Verfügung zu haben, aber selbst entscheiden können, ob und wann sie sie in Anspruch nehmen wollen.

Nun ist aber auch klar geworden, dass nicht angemessene Formen sozialer Unterstützung dazu beitragen können, Menschen unselbstständig zu machen und ihnen Fähigkeiten zu nehmen, die sie eigentlich haben. Das ist gewissermaßen das Gegenteil von Empowerment. Am Beispiel der Pflege kann man das gut erklären. Stellen Sie sich vor, Sie haben den Arm gebrochen. Natürlich sind Sie dankbar, dass Sie ordentlich versorgt werden und Hilfe für die täglichen Dinge wie Essen, Waschen etc. bekommen. Nun stellen Sie sich vor, sie werden täglich gefüttert und gewaschen. Nicht nur, dass einem als erwachsenen Menschen dies irgendwie peinlich sein kann. Dabei lernen sie, dass sie im Moment nicht in der Lage sind, sich selbst zu helfen. Welcher Stress, wenn sie aus dem Krankenhaus entlassen werden! Besser ist doch, gezeigt zu bekommen, wie man sich auch mit einem gebrochenen Arm selbst helfen kann und die Hilfe von außen auf das zu beschränken, was unbedingt notwendig ist. Das macht es im Übrigen auch zu Hause leichter, den

Nachbarn zu fragen, ob er bei den wenigen Dingen hilft, die man nicht selber schaffen kann. Soziale Unterstützung gibt es schließlich dann eher, wenn der Nachbar den Eindruck hat, dass ich an meiner augenblicklichen Lage nicht selber schuld bin, dass er sich nur vorübergehend engagieren muss und dass ich versuche, mir selbst zu helfen. Dass man so etwas auch richtig kommunizieren muss, ist bereits erforscht.

Interviewerin: Gibt es dabei eigentlich auch Unterschiede zwischen Männern und Frauen?

Frau M: Frauen berichten über mehr, intimere und stabilere Sozialbeziehungen, Männer über viele oberflächliche Bekanntschaften. Frauen suchen soziale Unterstützung hauptsächlich bei Freundinnen, Männer bei Ehefrauen. Frauen erleben den Stress nahe stehender Personen als eigenen Stress. Männer geben mehr instrumentelle Unterstützung, also: Auto reparieren, Frauen zusätzlich auch Hilfe zur Selbsthilfe. Frauen stellen mehr soziale Unterstützung bereit als Männer und mehr als sie selbst bekommen. Daraus entsteht ein Defizit, das auch dazu führt, dass Frauen mehr professionelle Unterstützung suchen. Armut und Alter verstärken dieses Defizit.

Interviewerin: Verständlich, dass Frauen da in Stress geraten! Frau M., ich danke Ihnen für dieses Gespräch.

Stressreaktion: Die körperliche Ebene

Spürbare Veränderung

Stresserleben führt zu spürbaren körperlichen Veränderungen: Der Muskeltonus verhärtet sich, die Atmung wird flacher und kürzer, der Puls wird beschleunigt, das Temperaturempfinden verändert sich. Hinter diesen spürbaren Veränderungen stehen vor allem hormonelle Veränderungen, die bei Dauerstress Ursache für die Entstehung von Krankheit sind.

Klinische Studien kommen zu dem Schluss, dass gestresste Personen über vermehrte Krankheitssymptome berichten und mehr medizinische Hilfe in Anspruch nehmen. Die Infektionsanfälligkeit der oberen Luftwege und Erkältungskrankheiten nehmen mit dem Ausmaß des berichteten psychischen Stresses zu. Im Tierexperiment ist bisher in einigen Studien belegt, dass zwischen Stress, verminderter Immunfunktion und Tumorverbreitung ein Zusammenhang besteht. Lungenmetastasen breiten sich schneller und intensiver aus. Umgekehrt konnte bei Patienten mit malignem Melanom (Hautkrebs) und bei Brustkrebspatientinnen eine postoperative psychologische Intervention zu einer Verbesserung der Befindlichkeit und des Problemlöseverhaltens führen. Dies ging mit einer Erhöhung von spezifischen Abwehrzellen einher. Die Brustkrebspatientinnen hatten eine verdoppelte Überlebensrate nach zehn Jahren.

Wie lässt sich diese Wirkung körperlich erklären? Bei Belastungen wird ein sehr komplexes psychoneuroendokrines System aktiviert. Drei seiner Achsen sind bisher nachgewiesen:

- die Kampf- oder Fluchtreaktion im Katecholamin-System
- die Unterlegenheitsreaktion im Cortisol-System
- die Muskelversorgung im Testosteronsystem.

Man nimmt an, dass weitere Hormone, z. B. der Schilddrüse, zusätzlich einbezogen sind.

Kampf- oder Fluchtreaktion

Bereits seit Ende der zwanziger Jahre ist bekannt, wie der Organismus auf eine wahrgenommene Belastung oder Bedrohung physiologisch reagiert. Damit es möglich ist, angesichts einer Gefahr körperliche Bereitschaft zum Kampf oder zur Flucht zu realisieren, werden die Katecholamine Adrenalin und Noradrenalin ausgeschüttet. Dadurch wird eine kurzfristige Erhöhung der Belastbarkeit erreicht. Als kurzfristige Reaktion ist dies außerordentlich sinnvoll, langfristig als Dauerzustand aufrechterhalten, führt dies allerdings zu einer Beeinträchtigung wichtiger regenerativer Funktionen.

Generell lässt sich zwischen einem sympathischen und einem parasympathischen oder vagotonen Grundtonus im Organismus unterscheiden. Der Wechsel zwischen beiden garantiert Leistungsfähigkeit einerseits und Regenerationsfähigkeit andererseits. Sind die Regenerationsprozesse dauerhaft beeinträchtigt, können Selbstheilungsmechanismen nicht ausreichend erfolgen.

Die Ausschüttung des Hormons Adrenalin aus dem Nebennierenmark in das Blut hat eine sympathikotone Wirkung, d. h.:

- Die Durchblutung der Herz- und Skelettmuskulatur wird verbessert. Die Gefäße der Haut, der Schleimhaut und der Nieren verengen sich hingegen. Auch die Venen verengen sich.
- Atmung und Herzschlagfrequenz steigern sich. Systolischer Druck und Herzminutenvolumen werden erhöht. Die Bronchien werden weit gestellt.
- Die Zahl der roten Blutkörperchen nimmt zu.
- Die Leber setzt mehr Zucker für die Muskeln frei. Zucker- und Fettstoffwechsel verändern sich insgesamt. Der Sauerstoffverbrauch erhöht sich.
- Die Ansprechbarkeit auf Sinnesreize erhöht sich.

Eingeschränkt werden alle Funktionen, die im Augenblick der Flucht nicht von unmittelbarem Nutzen sind. Das trifft vor allem die gesamte Funktion des Magen-Darm-Traktes, die sexuelle Erregbarkeit und das Wachstum.

Bei einem dauerhaften Stresszustand passt sich der Organismus nicht an, sondern schüttet unvermindert eine überhöhte Menge an Adrenalin aus. Die Liste der Nebenwirkungen einer pharmazeutischen Gabe von Adrenalin hat Ähnlichkeit mit typischen Stresssymptomen: Angst, Unruhe, Herzklopfen, Rhythmusstörungen im Herzen, vorübergehender Verschluss von Herzkranzgefäßen (Angina pectoris), Kopfschmerzen, Schlaflosigkeit, Schwindel und Blässe.

Der Neurotransmitter Noradrenalin wird zum Teil ebenfalls in der Nebennierenrinde, zum größeren Teil aber im so genannten »blauen Kern« produziert. Das ist eine Gruppe grauer Zellen im Übergang vom Gehirn zum Rückenmark. Die ganz genaue Funktion ist noch nicht in allen Einzelheiten bekannt, aber man weiß, dass Noradrenalin die Hirnareale beeinflusst, die für die Steuerung von Emotionen und Verhalten verantwortlich sind. Es scheint auch auf kognitive Prozesse wie Aufmerksamkeit und Gedächtnis zu wirken.

Während man früher ausschließlich die psychosomatischen Erkrankungen des Herz-Kreislauf-Systems in Zusammenhang mit dieser Art der Kampf- oder Fluchtreaktion brachte, vermutet man heute, dass es hier auch deutliche Zusammenhänge zu immunologischen Prozessen gibt.

Entspannungsverfahren wie Autogenes Training und Progressive Muskelentspannung setzen vor allem auf die Regulierung der Adrenalinausschüttung und die damit verbundene Umschaltung auf eine vagotone Grundspannung. So wird zum Beispiel im Autogenen Training mit der Schwereübung eine Abnahme des muskulären Tonus angestrebt, mit der Wärmeübung eine Erweiterung der Blutgefäße der Haut und mit der Ruheübung eine Entspannungsreaktion, die auch die Schlafbereitschaft erhöht. Regelmäßig angewandt, ist dies in jedem Fall sinnvoll, um eine Reihe von krank machenden Dauerwirkungen zu stoppen. Ein Einfluss auf das Cortisolsystem bedarf ergänzender Strategien.

Sympathikus		Parasympathikus
Leistungsreaktion (ergotrop) Stress Wachzustand		Entspannungsreaktion (trophotrop) Erholung Schlafbereitschaft
Stärker ansprechbar Wach, aber auch überreizt	**Sinne**	Reduziertere Ansprechbarkeit
Aktiv verstärkte Ausscheidung (feuchte Hände)	**Schweißdrüsen**	Passiv verminderte Ausscheidung
Zunahme der Sauerstoffaufnahme Sauerstoffverbrauch erhöht Bronchien werden weit gestellt	**Atmung**	Abnahme der Sauerstoffaufnahme Sauerstoffverbrauch erniedrigt Bronchien werden eng gestellt
Frequenz- und Kraftzunahme	**Herzmuskel**	Frequenz- und Kraftabnahme
Aktive Erweiterung (erhöhte Durchblutung zur Leistungssteigerung)	**Blutgefäße von Herz- und Skelettmuskulatur**	Passive Verengung (weniger Bedarf)
Passive Verminderung (Mundtrockenheit)	**Speicheldrüsen**	Aktive Zunahme (Wasser im Munde)
Abnahme der Verdauungstätigkeit	**Magen-Darm**	Zunahme der Verdauungstätigkeit (Wärme- und Bewegungsgefühl, Magenknurren)
Allgemein erhöht	**Stoffwechsel Leber, Fett, Insulin etc.**	Passiv erniedrigt
Zunahme der Grundspannung (Lagebewusstsein)	**Skelett-Muskulatur**	Abnahme der Grundspannung (Schwere, kein Lagebewusstsein)
Aktive Verengung (blass werden)	**Blutgefäße von Haut, Schleimhaut und Nieren**	Passive Erweiterung (Wärmegefühl)

Aktivitätsmuster des vegetativen (autonomen) Nervensystems

Die Unterlegenheitsreaktion

Die Kampf- oder Fluchtreaktion stimmt auf eine aktive Form der Stressbewältigung ein, egal ob diese dann auch erfolgt. Das Cortisolsystem ist eher für die passive Stressreaktion zuständig. Es reguliert Reaktionen, die sich aus Situationen der Handlungsunfähigkeit, Hilflosigkeit und der Erwartungsunsicherheit ergeben. Im Tierreich wäre das der Reaktion eines im Revierkampf unterlegenen Tieres vergleichbar. Bei Menschen ist dies wahrscheinlich am ehesten mit Unterlegenheitsgefühlen, dem Eindruck ungerechter Behandlung, dem Leiden an belastenden Hierarchiestrukturen und gestörten Kommunikationsmustern, dem Eindruck von Einflusslosigkeit und Ohnmacht vergleichbar. In solchen Situationen wird vermehrt Cortisol aus der Nebennierenrinde ausgeschüttet.

Die direkten und indirekten Wirkungen sind vielfältig:

- Kurzfristig wird der Blutdruck konstant gehalten, auch wenn sich die Gefäße erweitern. Langfristig kommt es zu Bluthochdruck.
- Proteine und Aminosäuren werden abgebaut, die Konzentration von Eiweißbausteinen im Blut erhöht sich entsprechend, die Heilung von möglichen Gewebsschäden wird so beschleunigt. Die Eiweißsynthese im Bindegewebe, in der Haut, in den Muskeln und den Lymphknoten wird gehemmt. Langfristig führt dies zu Muskelschwund und einer eingeschränkten Funktion von Haut (Atrophie) und Bindegewebe. Das Kollagen verändert sich. Bei Kindern wird das Wachstum verlangsamt.
- Die Aufnahme von Glucose in die Zelle wird gehemmt, die Bereitstellung im Blut erhöht, das heißt, der Blutzuckerspiegel erhöht sich. In der Folge erhöht sich die Ausschüttung von Insulin, um den Blutzuckerspiegel abzubauen. Langfristig kann es zu einem relativen Insulinmangel kommen. Die Neigung zu Diabetes könnte u.U. verstärkt werden.
- Entzündungsreaktionen und Fieber werden abgemildert. Langfristig führt dies zu einer schlechteren Heilungschance von Infektionen. Die Immunabwehr wird stark beeinträchtigt, die Lymphozytenbildung gehemmt. Langfristig kommt es zur Schädigung der immunrelevanten Organe. Die Infektionsanfälligkeit wird erhöht.
- Die Einlagerung von Kalzium in den Knochen wird beeinträchtigt. Die Neigung zu Osteoporose könnte so u.U. verstärkt werden. Der Wasser- und Mineralhaushalt wird insgesamt gestört.

- Die Entstehung von Magen-Darm-Geschwüren ist nicht ausgeschlossen.
- Der Fettstoffwechsel wird beeinträchtigt.
- Die Fruchtbarkeit wird reduziert – im Tierreich erhalten rangniedrigere Tiere meist nicht die Chance zur Fortpflanzung.
- Emotion und Motivation werden verändert. Kurzfristig entsteht eine euphorische Stimmungslage. Langfristig können Furchtreaktionen entstehen. Der Schlafrhythmus wird erheblich beeinträchtigt. Es entsteht Ruhelosigkeit und erhöhte motorische Aktivität. Bei einem plötzlichen Abfall des Cortisolspiegels können depressive Verstimmungen entstehen. Um dies zu vermeiden, werden erneut Stresssituationen gesucht.

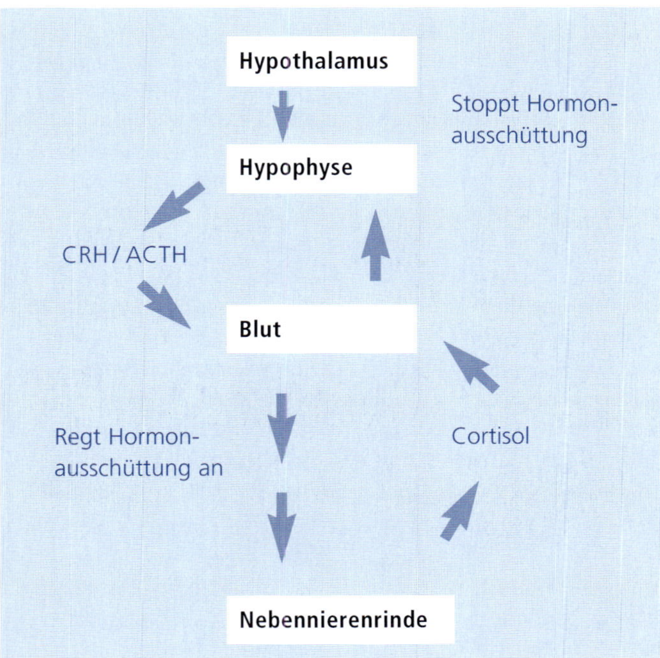

Vereinfachtes Schema hormoneller Rückkopplung

Die Ausschüttung von Cortisol wird ausgehend vom oben erwähnten »blauen Kern« über Hypothalamus und Hypophyse gesteuert. Dort werden Hormone ausgeschüttet (CRH und ACTH), die in der Nebennierenrinde die Ausschüttung von Cortisol bewirken. Hypothalamus und Hypophyse besitzen ihrerseits Rezeptoren für Cortisol, so dass ein erhöhter Cortisolspiegel eine geringere Produktion des Corticotroping-Releasing-Hormons (CRH) bewirkt.
Aus Tierversuchen ist bekannt, dass der Abbau des Cortisolspiegels bei rangniedrigeren, in Kampf unterlegenen Tieren langsamer erfolgt. Ob es vergleichbare Reaktionen bei Menschen gibt, ist nicht bekannt.
Diese Rückkopplungsschleifen sind insofern interessant, als die Hormone der Hypophyse weitere Wirkungen haben.

Zum Beispiel weiß man, dass ACTH die selektive Aufmerksamkeit erhöht und eine biologische Voraussetzung zum Lernverhalten darstellen könnte. Es ist somit möglich, dass ein erhöhter Cortisolspiegel nach der Stresssituation indirekt die Lernfähigkeit beeinträchtigt und Auswirkungen auf das gesamte Hormonsystem hat, während in der Stresssituation selbst durch Ausschüttung von ACTH bis zum Zehnfachen der Norm die selektive Aufmerksamkeit enorm erhöht wird.

Die Liste dieser Wirkungen zeigt, dass im Kontext von Entspannung und Stressbewältigung der Umgang mit Unterlegenheitsreaktionen stärker als bisher bedacht werden muss. »Reframing«, d. h., Umdeutungen von Situationen als erfolgreich oder herausfordernd, können hier hilfreich sein. Voraussichtlich bringen Erfahrungen des Wohlbefindens und des Selbstwertes, verbunden mit einer Achtsamkeit gegenüber der eigenen Person hier auch hormonelle Gegenreaktionen, die den erhöhten Cortisolspiegel senken könnten. Physiologisch nachgewiesen sind sie bisher nicht.

Muskelspiel durch Testosteron

Das männliche Geschlechtshormon Testosteron wird hauptsächlich in den Hoden gebildet, in geringem Umfang auch in der Nebennierenrinde. Beträgt der tägliche Ausstoß bei einem Mann etwa 8 mg, so ist dies bei der Frau ein Wert von nur 0,3 mg.

Unter Stress sinkt der Testosteronspiegel beträchtlich. Im Tierversuch ließ sich allerdings eine differenzierte Ausschüttung zeigen. Während bei Rangkämpfen von Pavianen der Testosteronspiegel der dominanten Tiere zunächst anstieg und erst nach einer Stunde unter das Ausgangsniveau zurückfiel, ging er bei den unterlegenen Tieren sofort zurück. Dominante Tiere erlebten eine aktive Stressbewältigung, in der die Ausschüttung von Adrenalin und Noradrenalin überwog und zeigten ein für das Testosteron typisches aggressiv-dominantes Verhalten. Der biologische Sinn der Hormonausschüttung besteht darin, die Versorgung der Muskulatur mit Glucose und damit die Erfolgswahrscheinlichkeit der Auseinandersetzung zu verbessern. Auf Dauer werden so außerdem Muskeln aufgebaut. Die unterlegenen Tiere erlebten eher passiven, vom Cortisol dominierten Stress.

Experimentelle Untersuchungen lieferten Hinweise darauf, dass ähnliche hormonelle Vorgänge bei Menschen bestehen könnten.

Es scheint somit physiologisch insgesamt sinnvoll, zwischen den Auswirkungen passiver und aktiver Stressbelastung zu unterscheiden, wobei beide Formen als Dauerstress erhebliche gesundheitliche Nachteile mit sich bringen. Entspannungsangebote müssen beiden Stresstypen gerecht werden.

Stress: Der evolutionäre Sinn

Lange ist man davon ausgegangen, dass die körperlichen Stressreaktionen im Adrenalinsystem ein Überbleibsel aus der Frühgeschichte der Menschheit sind, in der Menschen angesichts eines potenziell gefährlichen Tieres nur zwischen Flucht – wenn sie selbst drohten, Beute zu werden – oder Angriff – wenn sie Beute machen wollten – wählen konnten. Diese Flucht- oder Angriffsreaktionen passten sich bedauerlicherweise nicht an die Lebensumstände der heutigen Zeit an, in der Stresssituationen nur selten durch körperliche Reaktionen wie Weglaufen oder gewalttätige Auseinandersetzung bewältigt werden können. Nach dieser Theorie hätten die körperlichen Vorgänge bei Stress ihren Sinn verloren. Stress zu vermeiden wäre aus gesundheitlicher Sicht der Idealzustand.
Egal, ob man nun den Traum vom stressfreien Leben als Schlaraffenland oder als Albtraum empfinden mag – neuere Theorien sehen im Stress einen anderen evolutionären Sinn: Stress ist die Voraussetzung für Veränderung und damit für Wachstum der Spezies ebenso wie der Person (*Quelle: Gerhard Hüther, Der Traum vom stressfreien Leben, Spektrum der Wissenschaft. Dossier Stress 3/99, Seiten 6–11*)

Organismen sind Systeme, die sich mit ihrer Umwelt auseinandersetzen. Jedes System verfügt über eine Reihe von Mechanismen, die es in die Lage versetzen, auf Änderungen der Umwelt mit Schutzmechanismen zu reagieren. Sie gewährleisten ein ungehindertes Ablaufen systeminterner Prozesse: Die Hautfarbe kann sich je nach Sonneneinstrahlung verändern und so mehr oder weniger UV-Strahlen in tiefere Hautschichten vordringen lassen, wenn man ihr die Zeit gibt, dies zu tun. Bei verstärkter Beanspruchung verdickt sich die Haut. Je nach körperlicher Belastung werden Atmung und Puls beschleunigt oder verlangsamt. Auch psychische Systeme, d. h., Gedanken und Gefühle von Menschen, kennen solche Anpassungsreaktionen, die es ermöglichen, von der Umwelt möglichst unbehelligt zu bleiben: Die Aufmerksamkeit selektiert störende Vorgänge, die als nicht bedrohlich wahrgenommen werden. Unangenehme Gefühle oder Ereignisse verdrängt man, um sich damit nicht weiter befassen zu müssen. Solche Anpassungsmechanismen werden immer dann aktiviert, wenn die Störungen der Außenwelt relativ gering sind und die Belastung kontrollierbar ist. Selbst kompliziertere Lernvorgänge wie zum Beispiel die gerade eben im Stehen und Gehen mühsam erworbene Fähigkeit, das Gleichgewicht aufrechtzuerhalten, auch auf dem Rad fahrend beibehalten zu können, sind solche Adaptionsprozesse.

Mit der Häufigkeit solcher Anpassungsprozesse lernt das System möglichst effizent und schnell zu reagieren. Bei der Wiederholung gleichartiger Belastungen entsteht so eine Spezialisierung, die Reaktion wird zu einer nicht weiter bemerkenswerten Routine. Mit dieser Spezialisierung geht andererseits einher, dass die Reaktionsfähigkeit des Systems auf andere, seltene Störungen deutlich nachlässt. Im Netzwerk der Nervenverbindungen des Gehirns haben die Verbindungen, die häufig genutzt werden, die größte Chance, genutzt zu werden. Nicht genutzte Verbindungen dagegen werden immer schwerer neu zu knüpfen und zu festigen sein. Treten nun Störungen der Außenwelt ein, die nicht in das übliche Reaktionsmuster passen, wird die innere Ordnung des Systems massiv gestört, Stress entsteht. Nur durch unspezifische Notfall-Reaktionen kann die innere Ordnung eine Weile beibehalten werden. Dann destabilisiert sich das System. Diese Destabilisierung ist die Voraussetzung für die Neuorganisation des Systems.

In der Anthroposophie zum Beispiel wird die Auffassung vertreten, dass Kinderkrankheiten wie Masern oder Mumps ganz wesentlich zur körperlichen und psychischen Entwicklung des Kindes beitragen. Sie beobachten nach dem Überstehen der Krankheit einen deutlichen Wachstums- und Entwicklungsschub, der anders nur verzögert oder weniger vollständig erfolgt wäre. Solche in der Medizin bisher völlig unbestätigten Theorien erhalten durch die moderne Sicht von Stress als Medium der Evolution eine neue Plausibilität.

In der Evolutionstheore geht man inzwischen davon aus, dass Stressreaktionen zum Selektionsprozess der Evolution beitragen: Diejenigen Systeme erweisen sich als überlebensfähig, die auf vielschichtige und unvorhersehbare Änderungen der Außenwelt flexibel mit Neuorganisation interner Vorgänge reagieren können und dabei größere und lernfähigere Gehirne entstehen lassen können. Vereinfacht gesagt handelt es sich dabei um die Eigenschaft von Gehirnen, bei Anforderungen, für die ihnen kein Bewältigungsmuster zur Verfügung steht, schnell etablierte Regelkreise und Nervennetzverbindungen zu stören und frei assoziativ neue Verbindungen auszuprobieren. Durch dieses Ausprobieren neuer Verknüpfungen suchen sie nach neuen Lösungen. Durch Stress bedingte Erkrankungen und durch Stress bedingte Unfruchtbarkeit – die Nebenwirkungen hormoneller Notfallreaktionen, wenn sie auf Dauer gebraucht werden – gaben anderen Systemen wenig Überlebenschancen.

Hormone sind aber nicht nur bei Notfallreaktionen ausschlaggebend, sondern steuern auch die Neuorganisation der Prozesse im Gehirn. Noradrenalin, dessen Wirkung in der Stressreaktion lange Zeit eher übersehen wurde, wirkt direkt auf die Nervenzellen und die sie ernährende Umgebung. Es steuert das Wachstum der Äste der Nervenzellen und ihre Verknüpfung mit anderen Nervenzellen. Die synaptischen Verschaltungen, die für die neue Problemlösung benötigt werden, können so ausprobiert und bei Erfolg stabilisiert werden. Möglicherweise hängt auch die erst kürzlich entdeckte Fähigkeit von Gehirnen, selbst im Erwachsenenalter neue Nervenzellen entstehen zu lassen, mit dem Noradrenalin zusammen.

In der Psyche des Menschen scheinen es vor allem tiefgreifende Konflikte, die nicht selten mit dem Erleben von Ohnmacht und Hilflosigkeit einhergehen, zu sein, die psychisches Wachstum ermöglichen. Ohne kontrollierbaren Stress wäre es nicht möglich, Erfahrungen in das Handeln einfließen zu lassen. Ohne unkontrollierbaren Stress wäre es nicht möglich, eingefahrene Formen des Denkens und Handelns zu verlassen, um neue Wege der Bewältigung auszuprobieren. Menschen wachsen also tatsächlich mit ihren Aufgaben. Ganz neu ist diese Art zu denken allerdings nicht. Jean Piaget (1930, 1950) hatte bereits auf solch unterschiedliche Lernprozesse hingewiesen: das Beibehalten ähnlicher Verhaltensmuster und die Neuorganisation des Verhaltens.

Einige Strategien der Stressbewältigung

Sich auf das Wesentliche konzentrieren

Ist Ihre Wohnung so vollgestopft wie Ihr Terminkalender? Entlasten Sie beides. Jeder Gegenstand, den man besitzt, will gepflegt sein und belastet das eigene Zeitbudget. Ob beim Blick in den Kleiderschrank, über den Schreibtisch, auf die Nippes im Regal oder die ungenutzten Konsumgeräte, es sind die kleinen, nicht wirklich wichtigen Dinge, die Sie beengen. Was nutzen Sie regelmäßig? Was brauchen Sie nur gelegentlich? Was besitzen Sie eigentlich nur, weil es theoretisch denkbar ist, dass Sie es irgendwann einmal noch mal gebrauchen könnten? Nur scheinbar bleibt im Alltag für das Ausmisten keine Zeit mehr. Die Stunden, die Sie in das Entrümpeln der Wohnung oder Ihres Büros investieren, sind gewonnene Stunden Ihrer Lebensqualität. Es befreit von überflüssigem Ballast. Egal, ob es um Gebrauchswerte oder Erinnerungswerte geht: Mehr vom Gleichen erhöht den Wert meistens nicht. Es ist nicht nur eine Frage der reinen Ästhetik, dass die traditionellen Wohnungen in Japan eher leer und übersichtlich wirken. In der Kultur des Zen hat jeder Gegenstand seine Bedeutung und Ordnung ist ein wesentliches Prinzip der Achtsamkeit.
Noch besser, wenn Sie schon beim Einkauf darüber nachdenken, was Sie wirklich brauchen. Die wenigen Dinge im Leben, die wirklich wichtig sind, können dann mit mehr Sorgfalt ausgewählt werden und tragen zur Entspannung bei. Für den Terminkalender gilt Ähnliches. Nicht immer haben Sie die Wahl, ob Sie einen Termin wirklich wahrnehmen müssen, aber öfter, als man auf den ersten Blick denkt. Was nicht wenigstens die Dringlichkeitskategorie B hat, ist meist auch ganz verzichtbar. Dies geht aber nur, wenn Sie sich selbst nicht für unersetzbar halten. »Managen« lässt sich Zeit dagegen nur schwer. Jeder Versuch, mit Planung mehr Ordnung in den Alltag zu schaffen, führt irgendwann zum Eingeständnis, dass das Leben doch irgendwie anders ist als der Plan.

Entspannung genießen

Ein interessantes Buch lesen, Musik hören, spazieren gehen, Sport betreiben, mit den Kindern spielen, Yoga praktizieren oder meditieren: Welches die für Sie passende Methode der Entspannung ist, ist letztlich individuelle Angelegenheit. Die entscheidende Frage ist, ob es gelingt, angemessene Formen der Entspannung für sich zu finden, ein Verhaltensrepertoire, das situationsangemessen variiert werden kann. Den Strom der Alltagsgedanken unterbrechen kann ein mitreißender Film genauso wie ein interessantes Hobby.
Sinnvoll ist es allerdings, in den Phasen der Entspannung auch darauf zu achten, dass den körperlichen Bedürfnissen nach Ausgleich zu Alltagshaltungen ebenfalls Rechnung getragen werden kann. Wer den Arbeitstag über am PC sitzt und zur Entspannung Computerspiele praktiziert, trägt vielleicht auch zum Stressabbau bei. Dem Bedürfnis nach Bewegung und Ausgleich würde ein langer Spaziergang, der es ermöglicht, den Blick weit schweifen zu lassen, besser entsprechen. Allen Entspannungsmethoden ist in jedem Fall eines gemeinsam: Sie brauchen Zeit, Muße und Regelmäßigkeit. Herbert Benson (*Psychologie heute compact, Nr. 4/ 99, S. 35*) beschreibt vier Schritte, eine Entspannungsreaktion auszulösen: Still sitzen. Die Augen schließen. Ein Wort, einen Gedanken, einen Ton, ein Gebet immer wiederholen. Andere Gedanken kommen und gehen lassen und zum Meditationswort zurückkehren. Dies ist zumindest eine Möglichkeit der Entspannung.

Dem Leben einen Sinn geben

Langeweile und Hektik können nahe beieinander liegen. Ihre Gemeinsamkeit ist, dass Kriterien fehlen, Wichtiges von Unwichtigem zu unterscheiden und das Ziel im Leben verloren gegangen ist.
Das Erleben von Zeit ist paradox: Wenn sich wenig ereignet und das Leben in gleichförmigen Bahnen abläuft, zieht sich die Zeit scheinbar endlos dahin. Im Rückblick erschient gerade diese Phase aber als besonders kurz, als nahezu gar nicht dagewesen. Diese Gleichförmigkeit kann auch aus Routinen endloser Ketten von Terminen und Aktivitäten entstehen. Ereignet sich viel Neues, dann rast die Zeit geradezu. Im Rückblick erscheint die Zeit dann aber als ausgesprochen lang und intensiv. Mit dem Zeitparadox lässt sich spielen: Einen Nachmittag lang Plätzchen zu backen oder Sauna zu genießen, sich Zeit zu nehmen, nichts zu tun, kann das Zeitempfinden verändern.
Sinn stiftende Ereignisse und Aktivitäten bleiben auch im Rückblick noch als wesentlich erhalten und verlängern subjektiv die Zeit. Soziales, kulturelles oder ökologisches Engagement sind dafür Beispiele. Auch das Gestalten eines Gartens, die Sorge um ein Haustier oder aber die Auseinandersetzung mit religiösen oder philosophischen Fragen kann ähnlich Sinn stiftend sein. Wer nicht für die Arbeit alleine lebt, wird auch nicht so schnell von ihr vereinnahmt. Die Stress auslösenden Dinge erscheinen dann plötzlich belanglos. Noch einen anderen Vorteil haben eigene Aktivitäten: Sie machen glücklich. Mehr oder weniger dauerhaft als glücklich empfinden sich nämlich nur Menschen, die sich selbst als Urheber ihres Glückes empfinden können, die ihr Glück gewissermaßen verdient haben. Roy Baumeister (*Psychologie heute compact, Nr. 4/ 99, S. 92*) identifiziert drei Pfeiler der Sinnkonstruktion:

- Das Leben ist sinnvoll, wenn es darin Ziele gibt.
- Das Leben ist sinnvoll, wenn es von festen Wertvorstellungen geprägt ist.
- Das Leben ist sinnvoll, wenn Menschen das Gefühl haben, wertvoll und wichtig zu sein.

Mit anderen in Frieden leben

Vorgesetzte sind meistens unfähig, Kollegen grundsätzlich faul. Ehepartner haben ihren eigenen Kopf und Kinder machen irgendwann sowieso, was sie wollen. Nichts ist anstrengender, als Menschen verändern zu wollen, die an Veränderung kein Interesse haben. Was können Sie selbst an Situationen ändern, die sie unerträglich finden? Was tragen Sie eher dazu bei, die Situation aufrechtzuerhalten? Können Sie sich unangenehmen Situationen entziehen? Können Sie Nervensägen mit ein wenig Humor die Zähne ziehen? Macht können Menschen nur dann ausüben, wenn man sie ihnen gibt. Zuhören lernen und Vermeidbares von Unvermeidbarem zu unterscheiden, kann den Stress erheblich reduzieren. Ein gut trainiertes Kommunikationsverhalten lässt Stress erst gar nicht entstehen.

Ruhepunkte: Zeiten der Besinnung

Wichtiges von Unwichtigem unterscheiden

Zeitdruck ist in industriellen Gesellschaften einer der häufigsten Stressfaktoren. Immer in Eile zu sein, erscheint als Bestätigung der eigenen Wichtigkeit. Alles ist wichtig, alles muss sofort sein, überall muss man dabei sein. Ein Ziel von Stressbewältigung ist, zu lernen, sich Zeit zu nehmen, Augenblicke der Ruhe zu genießen, gelassener zu werden, »auch mal alle Fünfe gerade sein zu lassen«, vor der nächsten Tat erst einmal auszuatmen und vor allem zu entscheiden, wann was wichtig ist, wann die Zeit der Geschwindigkeit und wann die Zeit der Ruhe sein kann. Mit der Zeit durch den Tag zu fließen, anstatt gegen sie anzukämpfen oder hinter ihr herzujagen *(vgl. Kabat-Zinn)*, ist auch im hektischen Alltag möglich, wenn es einen inneren Bezugspunkt gibt, ein Zentrum. Körperlich-seelisches Gleichgewicht-zentriert-Sein stellt sich nicht von alleine ein. Um das Potenzial der inneren Kräfte zu entfalten, braucht es Zeit: Ruhepunkte, die es möglich machen, sich als stiller Beobachter der inneren und äußeren Vorgänge zu erleben, der Denk- und Verhaltensweisen. Meditative Momente, in denen der Blick frei wird für das Besondere im Alltäglichen. Ruhige Zeiten, um den Körper zu spüren, um in Fühlung mit der Atmung zu sein, sich für sich selbst zu sensibilisieren.

Die Sprache des Körpers verstehen lernen, den Übergang von Spannung in Anspannung zu merken, Entspannung fühlen zu können, sich dafür Zeit zu nehmen, steigert das Wohlbefinden und die Widerstandskräfte im Umgang mit Stress. Die Wahrnehmung und Beobachtung der sich ständig verändernden Gedanken und Gefühle in Zeiten der Selbstbesinnung, der Reflexion und Entspannung und bei meditativen Übungen hilft, Unterscheidungsvermögen zu entwickeln – das Wichtige vom Unwichtigen zu trennen.

Potenzielle Stressoren können von einem »geschulten Geist«, der klar und ruhig ist, bereits beim ersten Gedankenimpuls (*Stufe der primären Bewertung, s. Seite 17*) erkannt und entschärft werden. Sich ständig verändernde Bedingungen erfordern innere und äußere Flexibilität. Körperlich-seelische Entspannung ist die Voraussetzung, damit im beweglichen Zustand der Innenwendung der Weg zum imaginativen, assoziativen Denken frei wird. Unter Nutzung der rechten Hirnhemisphäre wird der Blick für kreative Problemlösungen geöffnet. In Ruhe- und Besinnungsphasen kann der Eigenrhythmus ohne fremde Taktgeber gelebt und erfahren werden, können sich die Sinne von einer lauten, reizüberfluteten Umwelt erholen.

Neben den inneren Ressourcen sind im salutogenetischen Denken äußere Ressourcen wie Freundschaften, Familienzugehörigkeit, kollegialer Zusammenhalt, die alle auf Gegenseitigkeit beruhen, von entscheidender Bedeutung im Umgang mit Stress. Um Verbindungen herzustellen, Zusammengehörigkeit zu erleben, sich gegenseitig zu helfen, braucht es Zeit. Ruhepunkte sind in diesem Sinn auch Zeiten des Zuhörens und Verstehens, der Begegnung und der Freude am Zusammensein – in einer entspannten Atmosphäre.

Einfach nur das Dasein genießen

Das Grundgefühl von Sinnhaftigkeit und Zusammenhang im Leben, so wie es dem vom Antonovsky beschriebenen Konstrukt »Kohärenzgefühl« entspricht, lässt sich stärken und entwickeln. Es stellt sich dann ein, wenn Körper und Seele im Gleichgewicht sind. Dazu braucht es Zeiten des Besinnens und des Fühlens.

Der persönliche Umgang mit Stress

Jeder Mensch hat seine persönliche Art, mit Stress umzugehen. Manchen Menschen gelingt es, auch unter schwierigen Umständen, die Dinge von verschiedenen Seiten aus zu betrachten. Sie verstehen es, trotz aller Widrigkeiten dem Tag, der Stunde, den Ereignissen etwas Gutes abzugewinnen. Sie nutzen die vorhandenen Nischen, um zu entspannen, zu genießen, die »Batterie wieder aufzuladen«.

Viele Menschen leiden jedoch unter Stress, haben Stress bedingte Symptome, und suchen nach konkreten Hilfen, mit denen sie sich entlasten können. In Kursen zum Thema Stressbewältigung und Entspannung wird immer wieder deutlich, dass den Teilnehmerinnen gar nicht bewusst ist, dass sie selber mit relativ wenig Aufwand viel für ihre Gesundheit tun können, wenn sie bereit dazu sind, täglich etwas Zeit dafür zu investieren.

Im Rahmen des vorliegenden Kursprogramms zum Thema Stressbewältigung ist jede Teilnehmerin Expertin in eigener Sache: Selbsterforschung und Selbstbeobachtung gehören dazu, um den eigenen Stress auslösenden Anteilen auf die Spur zu kommen und automatisierte Denk- und Verhaltensmuster, die der Gesundheit abträglich sind, allmählich zu erkennen und durch gesundheitsförderliche Bewältigungsstrategien zu ersetzen.

In einer Stresssituation Ruhe zu bewahren, der Versuchung, unbedacht zu reagieren, nicht nachzugeben, das heißt, bewusst handeln. Die Fähigkeit, zentriert zu bleiben, sich vom Strudel der Ereignisse nicht mitreißen zu lassen, sowohl die Belastung in einer Situation zu erkennen als auch die vorhandenen Lösungsmöglichkeiten zu sehen – dies wird über Übungen entwickelt, die Achtsamkeit und Konzentration stärken.

Im vorliegenden Kursprogramm sollen die Teilnehmerinnen sowohl Einblicke in Methoden erhalten als auch grundlegende Prinzipien und Techniken kennen lernen, die alle dazu beitragen, die selbstregulativen Prozesse des Organismus zu stärken und eine erfolgreiche Spannungsbewältigung zu unterstützen. Die »Kursbausteine« gehören alle zu dem gleichen Haus, dessen Fundament die Wahrnehmung ist, die Fähigkeit, achtsam mit sich, anderen und der Natur umzugehen. Die Teilnehmerinnen sind eingeladen, sich in den einzelnen Räumen umzusehen, sich darin aufzuhalten und herauszufinden, wo sie sich besonders wohl fühlen. »Schlüsselerlebnisse« können vorkommen und neugierig auf unbekannte Räume machen.

Innere Ressourcen aktivieren

Gibst Du jemandem einen Fisch,
ernährt er sich einmal,
lehrst Du ihn fischen,
so ernährt er sich für immer.
Chinesische Weisheit

Für den konstruktiven Umgang mit Stress gibt es kein Patentrezept. Stressoren werden von verschiedenen Personen unterschiedlich erlebt und verarbeitet. Ob ein Reiz zum Stressor wird, zeigt sich erst an dessen Wirkung. Auf der Grundlage der älteren und neuen Stressforschung wird hier davon ausgegangen, dass die innere Verarbeitung von Stressoren, die Art und Weise, wie der Einzelne auf potenzielle Stressreize reagiert, darüber entscheidet, ob und wie viel Stress diese Person erlebt.

Wäre es möglich, innerhalb eines einzelnen Kurses Gesundheitskompetenzen wie Kohärenzsinn oder Widerstandsfähigkeit zu entwickeln und zu fördern, wären Sie aufgerufen, dies zu tun. Veränderungen in solche Richtungen gehen aber nur kleinschrittig. Versteht man Gesundheit als ein Gleichgewicht zwischen Anforderungen und Ressourcen, so zielt dieser Kurs einfach nur darauf, potenziell das Maß der Ressourcen ein Stück zu erhöhen und ein Stück mehr Wohlbefinden zu schaffen. Gelingt dies wenigstens gelegentlich, wäre schon viel erreicht.

»Wie wird man in einem Fluss mit Stromschnellen, Strudeln und anderen potenziellen Gefahren ein guter Schwimmer?« fragt Antonovsky. »Welche Möglichkeiten gibt es, in einer Umgebung, die reich an potenziellen Stressoren ist, sich den Gegebenheiten so anzupassen, dass gesundheitsfördernde Faktoren dabei nicht aus dem Blickfeld geraten?« hieße die Übersetzung dieser Metapher. Angesichts drohender Probleme wie Arbeitslosigkeit, Rationalisierungen, Konkurrenz- und Leistungsdruck an vielen Arbeitsplätzen und Arbeitsbedingungen, die den natürlichen Rhythmen entgegengesetzt sind, ist es für viele Menschen nicht gerade einfach, in Stresssituationen eine Herausforderung zu sehen und in den Stromschnellen des Lebens nicht unterzugehen.
Hinzu kommt eine Vielzahl neuer Reizquellen durch die rasante Verbreitung elektronischer Medien, so dass immer mehr Reize in immer kürzerer Zeit verarbeitet werden müssen. Jedoch trägt jeder Mensch ein Potenzial in sich, das ihn befähigt, auch unter sich ständig verändernden Bedingungen Ruhe und Gelassenheit zu bewahren und flexibel zu reagieren. Diese »inneren Hilfsquellen« zu aktivieren, die es erleichtern, wieder ins Gleichgewicht zu kommen, ist Ziel des vorliegenden Kursprogramms.

Selbst, wenn äußerlich an einer belastenden Lebenssituation nichts zu verändern ist, so verfügt doch jeder Mensch über innere Ressourcen, die aktiviert werden können, um Energie zu gewinnen und Spannungen abzubauen.

Wie wird man in einem Fluss mit potenziellen Gefahren ein guter Schwimmer?

Körperlich gesehen scheint es gesundheitlich sinnvoll zu sein, den Rhythmen von Spannung und Entspannung, Bewegung und Ruhe, Wachheit und Schlaf, Kontinuität und Veränderung zu entsprechen. Wird im Alltag nur die eine Seite betont, ist es als Sofortprogramm sinnvoll, Möglichkeiten zu üben, der anderen Seite zu ihrem Recht zu verhelfen.

So gesehen sind Entspannungsmethoden Handlungsmöglichkeiten zur Selbsthilfe im Alltag. Damit ist die Entstehung von Stress noch nicht sofort verhindert, aber ein Kreislauf immer neu aus Spannung entstehender Spannung durchbrochen.

Gesundheitsbildung an Volkshochschulen

Warum interessieren sich Menschen für Gesundheit?

Gesundheit besitzt für viele Menschen einen hohen Stellenwert. Die Motive für die Beschäftigung mit Gesundheitsfragen sind verschiedenartig. Ausschlaggebend sind unter anderem Wünsche nach

- Leistungsfähigkeit,
- körperlicher Fitness,
- Schönheit und
- Wohlbefinden.

Je nach individueller Lebenslage und eigenem Gesundheitsverständnis kann der Zugang von Menschen zur Gesundheit recht unterschiedlich sein. Erst im Laufe der Beschäftigung damit werden Zusammenhänge zwischen Bewegung und Entspannung, Ernährung und Körpererfahrung deutlich.

Was lässt sich an Gesundheit lernen?

Bildung kann niemanden gesund machen, obwohl statistisch gesehen die Chance, lange gesund zu bleiben, mit höherem Bildungsstand steigt. Gesundheitsbildung selbst kann Gesundheitsbewusstsein vermitteln und Möglichkeiten aufzeigen, sich selbst etwas Gutes zu tun. Eine Möglichkeit, Gesundheitsbewusstsein etwas genauer zu definieren, beschreibt Peter Paulus:

- Vernetztes Wissen über körperliche, seelische, soziale und ökologische Zusammenhänge von Gesundheit: Gesundheitsratschläge bleiben nicht isoliert bestehen, sondern verbinden sich zu einem sinnmachenden Lebensmotto.
- Die Überzeugung, selbst etwas zur Gesundheit beitragen zu können, Möglichkeiten haben, so zu handeln, dass sich mehr Wohlbefinden einstellt: Gesundheit wird nicht schicksalhaft von aussen bestimmt, ist aber auch nicht erzwingbar.
- Respekt und Achtung im Umgang mit sich selbst und seiner Körperlichkeit, im Umgang mit anderen und mit der Natur: Gesundheit ist nicht etwas, was gegen andere, sondern gemeinsam mit anderen entwickelt werden kann.

Was verstehen Volkshochschulen unter Gesundheit?

Je nach kultureller Herkunft, Alter, Geschlecht, ihrer sozialen Lage und ihren Vorerfahrungen mit Krankheit verstehen Menschen Unterschiedliches unter Gesundheit. Professionelle Definitionen von Gesundheit sind so verschieden wie die von Laien. Übereinstimmend wird heute aber gesehen, dass Gesundheit nicht nur körperliche, sondern auch seelische, soziale und ökologische Aspekte umfasst. Gesundheit entspricht einer Balance zwischen Anforderungen an eine Person und Ressourcen, die sie zur Bewältigung hat. Reichen die Ressourcen aus, bleibt der Mensch gesund, reichen sie nicht, wird er krank. Arbeitslosigkeit oder schwierige Arbeitsbedingungen, Wohnsituationen und umgebende Umwelt, die genetische Disposition und das eigene Verhalten, alles kann zu Gesundheit oder Krankheit beitragen. Gesundheitlichen Schutz können ganz unterschiedliche Dinge bieten, wie z. B.

- ein starkes Immunsystem zu haben,
- ausreichend zu schlafen,
- einen Sinn im Leben zu finden,
- Vertrauen in sich selbst und in die Zukunft zu haben,
- sich unterstützender sozialer Bindungen gewiss zu sein.

So wird Gesundheit zu einer täglich neu zu meisternden Aufgabe.

Welches Konzept steht hinter der Gesundheitsbildung?

Grundlage der Planung und Durchführung von Angeboten ist der »Rahmenplan Gesundheitsbildung an Volkshochschulen« von 1984, ergänzt durch weitere qualitätssichernde Veröffentlichungen. Absicht der Gesundheitsbildung an Volkshochschulen ist es, ein lebendiges Forum für gesundheitsbezogene Interessen der Menschen zu bieten.

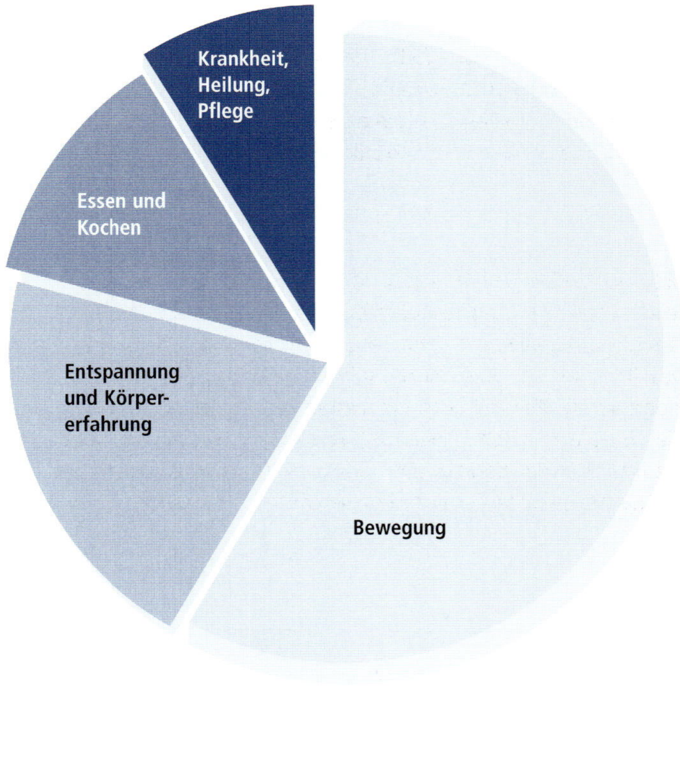

Was Teilnehmende in der Gesundheitsbildung interessiert

Was Gesundheitsbildung ist

- Sie versteht Gesundheit und Krankheit in fließenden Übergängen als Prozess, der zum Leben gehört.
- Sie bietet Menschen die Möglichkeit, den für sie persönlich passenden Weg zu finden.
- Sie hilft, unterschiedliche Ursachen für mögliche Erkrankungen erkennen zu können.
- In der Gesundheitsbildung an Volkshochschulen wird freiwillig, gemeinsam und selbstständig gelernt.
- Sie will mehr Selbstbestimmung über Gesundheit ermöglichen und dazu befähigen, auf Lebensbedingungen Einfluss nehmen zu können.
- Sie hat zum Ziel, die Handlungschancen von Menschen in gesundheitlichen Belangen zu erweitern und zu verbessern.
- Gelernt wird mit allen Sinnen. Es geht um Lernmöglichkeiten im Denken, im Handeln und im Fühlen.
- Sie verbindet Lernen mit dem Alltag und der eigenen Lebenswelt. Sie ist konkret und praxisnah.
- Sie setzt bei den subjektiven Erfahrungen und Lerninteressen der Gruppe an und fördert ein Bewusstsein für die Mitwelt.

Was Gesundheitsbildung nicht ist

- Gesundheitsbildung grenzt Krankheit oder Kranke nicht aus.
- Sie gibt niemandem die Schuld an Krankheit.
- Sie wendet sich gegen fremdgesetzte Normen für Gesundheit und Krankheit.
- Sie gibt keine Heilsversprechen.
- Gesundheitsbildung geht über Information und Aufklärung hinaus. Sie ist nicht Erziehung, weil Gesundheit anderen nicht beigebracht werden kann.
- Sie will nicht belehren, sondern Erfahrungsräume schaffen
- Sie setzt keine unerfüllbaren Ansprüche und schafft keine zusätzlichen Belastungen.
- Sie zielt nicht nur auf die eigene Person, sondern auch auf die sozialen und natürlichen Lebensbedingungen.

Mit über 100 000 Kursen und mehr als eineinhalb Millionen Teilnehmerinnen und Teilnehmern leisten Volkshochschulen einen wichtigen Beitrag zur Gesundheitsförderung.
Das Angebot der Volkshochschulen besteht flächendeckend und wohnortnah. Es wird besonders intensiv von Frauen genutzt. Vielfältigste Themen sind in der Gesundheitsbildung sinnvoll. Die Erfahrung zeigt aber, dass sich die Unterschiedlichkeit der Motive auf wenige Bereiche konzentriert. Im Vordergrund stehen der Wunsch nach Bewegung und nach Entspannung, die Neugierde auf Botschaften aus anderen Kulturen und aus dem eigenen Körper, das Bedürfnis nach Rezepten und Handlungsalternativen. Praxis und Wohlbefinden sind die tragenden Säulen.

Wie wird in der Gesundheitsbildung gelernt?

Jedes Thema erfordert ein spezifisch passendes Vorgehen. Dennoch hat sich gezeigt, dass manche Methoden für die Anliegen der Gesundheitsbildung besser geeignet sind als andere. Will man, dass die Inhalte auch im Alltag umgesetzt werden können, so ist ein handlungsorientiertes Vorgehen sinnvoller als reine Informationsvermittlung. Für die Gesundheitsbildung an Volkshochschulen typische Methoden sind deshalb:

- Wahrnehmungsorientiertes Lernen ermöglicht Erfahrungen mit den sechs Sinnen, dem Sehen, Hören, Schmecken, Riechen, Tasten, dem Gleichgewichtssinn und dem Bewegungssinn – soweit das Thema dies zulässt.
- Soziales Lernen meint das Miteinander der Gruppe für Lernprozesse zu nutzen, die Unterschiedlichkeit von Sichtweisen und Lösungswegen für Lernprozesse nutzbar zu machen. Auch Sichtweisen anderer Kulturen sind hierfür interessant.
- Biographisches Lernen meint die eigene Lebensgeschichte, die Lebenserfahrungen und den individuellen Alltag mit einzubeziehen, ohne dass Teilnehmende mehr über sich selbst erzählen müssen als sie möchten.
- Salutogenes Lernen fragt nicht so sehr nach den Defiziten und gesundheitlichen Risiken, sondern mehr nach den Fähigkeiten und Stärken gesund zu bleiben. Dies erfordert manchmal einen Perspektivwechsel der Sichtweisen, ein Umdenken.
- Handlungsorientiertes Lernen stellt das Ausprobieren einer neuen Möglichkeit sich zu bewegen, zu entspannen, zu ernähren, zu kommunizieren in den Vordergrund. Nur so ist die Voraussetzung geschaffen, dass das eine oder andere davon im Alltag umgesetzt wird.

Wie arbeitet die Institution?

Volkshochschulen arbeiten im öffentlichen Auftrag. Sie sind weder ideologischen noch kommerziellen Interessen unterworfen. Als kommunale Einrichtungen berücksichtigen sie örtliche Wünsche und Bedingungen.

Volkshochschulen und ihre Verbände bemühen sich gemeinsam um Qualität. Regional und bundesweit findet ein ständiger professioneller Austausch pädagogisch Planender und Unterrichtender statt, der durch Fortbildung, Beratung und Materialien für Planung und Durchführung unterstützt wird. Kurskonzepte und Lernmaterialien sind ein Teil davon.

»Wohlbefinden muss man erleben können«

Interviewerin: Gerlinde, du bist seit fast zehn Jahren Kursleiterin in Entspannungsmethoden und hast dich von der Orientierung an einzelnen Methoden, soweit ich das verstanden habe, ziemlich unabhängig gemacht. Wie kommt das?

Gerlinde: Ich habe damals damit angefangen, Kurse im Autogenen Training zu geben, eine Methode, die ich in einigen Fällen immer noch hervorragend finde. In meiner Ausbildung damals hatte ich nicht sehr viel darüber gelernt, wie man Menschen eigentlich Entspannung vermittelt. Mein erster Kurs war ein ziemlicher Flop. Etwa die Hälfte der Teilnehmenden hatte extreme Probleme mit der Anwendung der Methode, so wie ich sie gelernt hatte. Bei einigen begann es schon mit dem Problem, sich in dem Klassenraum auf einer Bodenmatte auf den Rücken zu legen, was ich, ehrlich gesagt, auch verstehen kann. Ich war dann ziemlich verzweifelt und habe gedacht, es liegt an mir. Mir fehlt irgendein Trick, eine angeborene pädagogische Fähigkeit oder so was. Also habe ich erst einmal Kurse von Kollegen besucht. Einer war dabei, der hat mit einer fast hypnotisierenden Stimme Menschen in Entspannung gesprochen. Er kam gut an, seine Kurse waren immer voll, jedes Semester mit den gleichen Teilnehmenden. Bis zu sechzig Menschen lagen da in einer Turnhalle Matte hinter Matte.

Interviewerin: Ein bisschen so, als würde man eine gut gemachte Entspannungs-CD auflegen? Etwa *Du bist vollkommen entspannt?*

Gerlinde: Ganz genau. Ehrlich gesagt, entsprach das nicht meinen recht ehrgeizigen Vorstellungen. Ich hatte den Anspruch, dass die Leute etwas für sich selbst und ihren Alltag mit nach Hause nehmen sollten, dass sie etwas bei mir lernen und nicht einfach nur von mir abhängig werden. Also habe ich weiter gesucht. Ein anderer hat sich ganz viel Mühe damit gegeben, die Situation des Nicht-Liegen-Könnens zum Thema zu machen. Er hat statt Autogenem Training mit Wahrnehmungsübungen im Liegen angefangen. Dauernd wurde man da mit Fragen konfrontiert wie »Ist dir die Lage noch bequem? Was kannst du tun, um sie dir bequemer zu machen?« Mir war dies alles ein bisschen fremd, aber es hat mich auf eine Idee gebracht.
Im Nachhinein muss ich auch sagen, dass mir dort erst wirklich deutlich geworden ist, wie wichtig die Sprache ist, wenn man mit Entspannungsübungen, überhaupt, wenn man mit Körperübungen arbeitet. Damals war ich noch irritiert, weil ich das nicht als die reine Methode empfand und der Kurs schließlich »Autogenes Training« hieß und nicht »Wahrnehmen und entspannen«. Dann habe ich angefangen, Progressive Muskelentspannung als zweite Methode zu lernen, um denen ein Angebot zu machen, die mit Autogenem Training nicht zurecht kommen. Das war sehr hilfreich, aber es hat mich mit der Frage konfrontiert, was denn für wen die beste Methode ist. Meine Lehrer konnten mir darauf immer keine Antwort geben, die mich richtig zufrieden gestellt hat und ich wollte doch alles perfekt machen. Ich habe ziemlich lange gebraucht, bis ich gemerkt habe, dass gar nicht ich das für die Teilnehmenden entscheiden muss, sondern die Teilnehmenden lernen können, es für sich selbst zu entscheiden. Dann war meine Neugierde geweckt, ich wollte alle möglichen Methoden kennen lernen und mein Kurs wurde immer mehr zu einer Entdeckungsreise durch die Welt der Entspannung und zu einem Training *Wie finde ich heraus, was mir gut tut.* Ich habe immer nach der Essenz der Methode gesucht, den Prinzipien von Entspannung. Übrigens habe ich selbst auf diesem Weg erfahren, dass die Methoden zwischen Ost und West gar nicht so unterschiedlich sind, dass es auch in unserer Kultur eine Entsprechung zu den östlichen Meditationsformen gibt.

Interviewerin: Wie vermittelst du, worauf es ankommt?

Gerlinde: Die Teilnehmerinnen und Teilnehmer müssen einfach die Erfahrung machen, dass ihnen etwas gut tut. Wohlbefinden muss man erleben können, sofort erleben können. Es hat keinen Zweck, vermitteln zu wollen, dass man sich irgendwann später gut fühlen könnte, wenn man nur täglich sein Autogenes Training übt und im Übrigen sein Leben auf den Kopf stellt. Das kann kein Mensch durchhalten. Man braucht die Erfahrung, dass es etwas gibt, womit man sich Entspannung verschaffen kann, wenn es wichtig ist. Kein Mensch geht immer nur entspannt durchs Leben. Aber sich den Ruhepunkt schaffen zu können, den man wirklich braucht, diese Erfahrung muss man machen, um immer dann darauf zurückzukommen, wenn man möchte. Diese Erfahrung, die kann man in diesem Kurs machen, die einen stärker bei der Progressiven Muskelentspannung, die anderen stärker bei einer Atemübung, die dritten bei einer Yogaübung. Schließlich geht es eben im Kern nicht darum, eine Methode perfekt zu beherrschen, sondern sich selbst helfen zu können.
Ich glaube, das ist in der Gesundheitsbildung insgesamt sehr, sehr wichtig, dass wir aufhören, Menschen zu versprechen, dass sie sich irgendwann einmal, wenn sie so und so lange die oder jene Übung durchführen oder irgendein Verhalten ändern – rauchen, essen oder weniger stressigen Alltag planen – dass sie sich dann später irgendwann einmal wohl fühlen.
Das motiviert nur kurz, aber nicht dauerhaft. Das Wohlbefinden als Ziel der Gesundheitsbildung, das muss man erleben können und zwar sofort.

Interviewerin: Du hast vorhin angedeutet, dass du nicht in Turnhallen mit aufgereihten Matten arbeitest, warum?

Gerlinde: Die Menschen, die in einen Kurs gehen, sind durchaus neugierig darauf, wer da sonst noch ist und wollen miteinander auch ins Gespräch kommen. Sie wollen nicht zwangsbefreundet sein und auch keine Lebensgeschichten wildfremder Menschen hören oder ihr Innerstes ausbreiten. Aber ein bisschen nachbarschaftlicher Kontakt, ein bisschen menschliche Wärme, das Gefühl, dass sie nicht die einzigen Menschen auf der Welt sind, die mal etwas für ihre Entspannung tun wollen und mal sagen dürfen, dass ihnen etwas schwer fällt, das trägt zum Wohlfühlen bei. Also sitzen oder liegen sie im Kreis, sehen, wer da noch ist, werden davon animiert, auch mal was zu erzählen und vor allem, fühlen sich sicher genug, auch mal loslassen zu können. Im Grunde ist das total einfach, aus einer zufälligen Zusammenstellung von Menschen eine Gruppe zu machen. Man muss einfach nur allen das Gefühl geben, dass sie hier ihren Platz haben, so wie sie sind. Für mich ist das übrigens auch leichter. Wenn ich um Rat gefragt werde, dann gebe ich die Frage immer erst mal in die Gruppe. Das ist viel besser und schützt vor Versuchen, Menschen therapieren zu wollen.

Interviewerin: Was ist nach deiner Sicht der größte Fehler, den man als Kursleiterin in Entspannungsverfahren machen kann?

Gerlinde: Den größten Fehler? Das weiß ich nicht so genau. Ich habe mal erlebt, wie ein Kursleiter körperlich eingegriffen hat und eine Teilnehmerin in eine Lage gezogen hat, von der er glaubte, dass sie für sie entspannender ist. Das fand ich schon ziemlich schlimm. Sicher gut gemeint, aber nicht zumutbar. Man muss sich das mal vorstellen: Man liegt auf dem Rücken in einer vertrauensvollen Position, irgendwie ja auch ausgeliefert und schutzbedürftig. Da geht ein Kursleiter durch den Raum und stellt sich vor einen hin. Aus der Rückenlage heraus ist eine stehende Person ja ein Riese. Eigentlich ist schon das eine Situation, in der man aufspringen möchte und sich vor den Kursleiter stellen, um eine gleichrangige Ausgangsposition zu haben. Dann wird der aus seiner übermächtigen Position heraus auch noch handgreiflich, ohne zu fragen. Das ist ein körperlicher Übergriff, den die Teilnehmerin wohl auch so empfunden hat, jedenfalls kam sie nicht wieder.

Interviewerin: Vor einiger Zeit haben sich Volkshochschulleiter über die Gefährlichkeit von Entspannungsmethoden ziemlich viel Gedanken gemacht. Damals gab es noch die Forderung, dass möglichst nur Ärzte solche Kurse geben sollten. Siehst du die Risiken? Hast du selbst solche Situationen erlebt?

Gerlinde: Wenn man mit Menschen nicht gut umgeht, gibt es überall Risiken. Die Idee, dass Entspannungsverfahren da besondere Risiken mit sich bringen können, konnte ich allerdings noch nie nachvollziehen. Grundsätzlich sind Ärzte weder bessere noch schlechtere Kursleiterinnen. Eine Situation, in der sie als Ärzte gebraucht werden, darf in einem Kurs gar nicht erst entstehen. Wenn du mich nach den schwarzen Seiten meiner eigenen Tätigkeit fragst: Ja, als ich noch nicht so viele Erfahrungen hatte, gab es so etwas. Ich hatte mich an eine Fantasiereise gewagt und nicht gewusst, dass eine Teilnehmerin erhebliche psychische Probleme hatte. Ich hatte etwas Mühe, sie aus der Fantasie zurückzuholen. Dass ich ein schönes Bild vorgegeben hatte, eine Wiese mit Blumen – für Allergiker übrigens ein entsetzliches Bild, wie ich inzwischen weiß – nutzte nichts. Sie selbst sah sich auf einer ausgebrannten Steppe mit Stacheldraht um sich herum und fühlte sich gefangen in diesem Bild. Es gelang mir schließlich, mit ihr in Augenkontakt zu kommen und sie zum Mit-den-Füßen-Stampfen und Fäuste-Ballen und -Öffnen zu überreden. Es war letztlich alles in Ordnung, aber ganz ehrlich, den Schreck habe ich nie vergessen. Seitdem bin ich mit Fantasiereisen und vorgestellten Bildern etwas vorsichtiger. Ich fordere immer auf, das Bild sofort zu verlassen und sich ein anderes zu suchen, wenn es nicht völlig angenehm ist. Wichtig ist ja auch, dass man gar nicht erst in eine Situation gerät, in der man sich so intensiv um eine Person kümmern muss. Schließlich ist die Gruppe auch noch da. Wenn eine Person ein Problem hat, ist gleichzeitig die Frage, ob nicht die Gruppe ein Problem damit hat, dass eine Person ein Problem hat. Ich habe aber keine Co-Kursleiterin, die sich dann um die Gruppe kümmern kann.

Interviewerin: Kann man sich davor schützen? Nützt es etwas, im Ausschreibungstext darauf zu verweisen, dass man nicht therapeutisch arbeitet oder Ähnliches?

Gerlinde: Man kann sich durch die Praxis schützen, mehr bei den konkreten Körpererfahrungen bleiben und die Aufmerksamkeit immer wieder konkret auf den Körper lenken. Mit Vorstellungen arbeite ich nur in Gruppen, in denen ich sicher bin, dass es da keine Probleme gibt. Seit damals habe ich nie wieder eine schwierige Situation dieser Art erlebt. Mit solchen Sprüchen wie »*Therapieerwartungen kann nicht entsprochen werden*« schützt man sich, glaube ich, nicht. Das weckt doch erst die Fantasie, dass es um so was Ähnliches gehen könnte. Wer psychisch wirklich Hilfe braucht, der sieht dies selbst ja nicht unbedingt so, greift aber gleichzeitig vielleicht nach jedem Strohhalm. Ich finde es besser, im Text auf alle Formulierungen zu verzichten, die wie Versprechen aussehen könnten: heil werden, Stress in den Griff kriegen, körperlich und seelisch ganz werden und sowas. Lieber konkret formulieren, was man denn eigentlich in dem einen Kurs erreichen kann.

Interviewerin: Dir geht es ja letztlich um »Hilfen gegen Stress«, aber du nennst deinen Kurs nicht »Stressbewältigung«, sondern »Entspannung«. Warum?

Gerlinde: Das ist kein Etikettenschwindel, weil es tatsächlich um das Erlernen unterschiedlicher Entspannungsverfahren geht, nur dass die in einem größeren Kontext eingebunden sind. Mit dem Titel »Stressbewältigung« würde ich persönlich nicht gerne arbeiten. Ich habe vorhin ja schon gesagt, dass mir die Sprache sehr wichtig ist, weil sie auf uns wirkt. Wenn jemand an einem Stressbewältigungsseminar teilnimmt, muss er ja erst einmal zugeben, dass er Stress hat. Dann muss er aber auch noch den Stress bewältigen wollen und sich eingestehen, dass er das nicht allein kann. Das könnte von der Teilnahme abhalten. Entspannung dagegen ist Wohlbefinden, »Wellness«, und das ist wie Fitness ja Trend, dafür kann man sich Zeit nehmen. Das ist aber noch nicht alles. Wenn ich in einen Kurs zum Thema Stress gehe, dann habe ich Stress im Kopf. Das prägt meine Gedanken. Ich neige dazu, im Kurs sofort zu erzählen, dass ich Stress habe. Ich bin ständig mit Stress beschäftigt und mache mir Stress mit meinem Stress. Ich bin gefangen in meiner eigenen Wortwahl. Der erste Schritt zur Veränderung wäre doch schon der, nach den anderen Seiten zu schauen, denen, in denen ich es mir gut gehen lassen kann, Muße und Ruhe habe. »Ruhepunkte« gefällt mir da eigentlich ganz gut.

Interviewerin: Dann bleibt mir jetzt nur noch, dir auch weiterhin viel Erfolg, Ruhe und Gelassenheit in deiner Arbeit zu wünschen!

In einer entspannten Atmosphäre lernen

Je bewusster wir uns der gegenseitigen Abhängigkeit von Gedanken, Gefühlen und Handlungen sowie deren Konsequenzen werden, desto effektiver können wir den Hindernissen und Herausforderungen und dem Stress in unserem Leben begegnen.
J. Kabat-Zinn

Entspannung ist eine Ressource, die vorhanden ist – sie muss nur geweckt und gestärkt werden. Es ist Aufgabe der Kursleitung, Wege aufzuzeigen, wie dies geschehen kann.

Kleine Kinder sind in der Regel noch in der Lage, sich Wissen spielerisch anzueignen. Sie haben Forschergeist, sind offen für neue Erfahrungen und unbelastet von Erwartungen und Erfolgsdruck. Auch Erwachsenen tut es gut, ohne Leistungsdruck und mit nicht allzu hohen Erwartungen zu lernen. Gerade beim Üben von Entspannungsmethoden ist eine Haltung, die Kabat-Zinn mit »den Geist des Anfängers bewahren« umschreibt, von Nutzen. Er meint damit eine innere Einstellung von Offenheit und Bereitschaft, alles so zu sehen, als wäre es das erste Mal.

Experimentierfreudigkeit und Offenheit haben eine gute Chance, sich einzustellen, wenn möglichst vielfältige eigene Erfahrungen gemacht werden können. Dazu gehören beispielsweise spürbare Veränderungen, die sich beim Ausführen der Übungen einstellen:

- das Gefühl, tiefer durchatmen zu können
- ein wohliges Körpergefühl
- Gedankenberuhigung
- Veränderungen im psychischen Bereich.

Es können Aha-Erlebnisse vorkommen, wenn die Erfahrung gemacht wird, dass Vorstellungen Körperreaktionen auslösen und völlig andere Sichtweisen der anderen Teilnehmerinnen am eigenen Weltbild rütteln.

All diese Erfahrungen regen die Neugier an und den Wunsch, mehr über Entspannungsmethoden und Spannungsbewältigung erfahren zu wollen. In einer solchen Atmosphäre wird die Motivation geweckt, die Übungen im Alltag auszuprobieren, einen weiteren Kurs zur Vertiefung zu belegen, sich mehr Zeit zu nehmen für Entspannung im Alltag.

Die Aufgabe der Kursleiterin besteht darin, systematisch Schritte zu vermitteln, die zum Entspannungserlebnis führen, das auf verschiedenen Wegen erreicht werden kann. Je vielfältiger die Angebote sind, die sie machen können, desto größer ist die Chance, dass die Teilnehmerinnen ihren eigenen Weg der Entspannung entdecken. Dies kann durchaus auch innerhalb einer Methode geschehen. So gibt es z. B. mehrere Ansatzpunkte, wie das Autogene Training vermittelt werden kann.

Entspannung und Achtsamkeit gehören zusammen. Es gibt keine Entspannung »auf Knopfdruck« und keine Entspannung im Schnellverfahren. Entspannung ist ein Entwicklungsprozess, den die Kursleitung anregen kann. Wenn es der Kursleitung gelingt, für eine Atmosphäre zu sorgen, in der sich Offenheit und Vertrauen einstellen, breitet sich Entspannung fast von alleine aus.

Was Teilnehmerinnen sagen
Äußerungen während eines Bildungsurlaubes zum Thema Stress

Ich weiß jetzt, dass ich mich mit der Atmung beruhigen kann und mir die Atmung hilft, einen Übergang zur nächsten Situation zu schaffen.
Mitarbeiter von DaimlerChrysler

Meine Freundin macht seit zwei Jahren Yoga. Ich habe Lust bekommen, mit ihr zusammen Yoga zu machen.
Mitarbeiter von DaimlerChrysler

Mein Mann hat mir gesagt, dass ich diese Woche viel geduldiger mit ihm und den Kindern bin.
Krankenschwester

Ich singe die ganze Woche schon.
Mann aus Kirgisien

Ich habe die Yogaübungen mit meinen Kindern zusammen gemacht. Wir hatten viel Spaß dabei.
Sozialarbeiter

Die Hände werden ja tatsächlich warm.
Technische Angestellte

Früher dachte ich immer, das sei alles Humbug.
Das klappt ja tatsächlich mit der Entspannung.
Hafenarbeiter

Seit dem letzten Bildungsurlaub lege ich mich nach der Arbeit immer 10 Minuten hin. Das bringt tatsächlich was.
Kranführer

Seitdem ich mehrere Bildungsurlaube in Entspannung und Körpererfahrung gemacht habe, achte ich viel mehr auf meine Haltung und habe weniger Rückenschmerzen seitdem.
Ärztin

Es bleibt doch jedesmal etwas hängen.
Krankenschwester

Didaktische Leitideen

Sich selbst zur Expertin machen

Jede Teilnehmerin ist eigene Expertin in Sachen Stressbewältigung, da Stressoren ganz unterschiedlich wirken. Im Rahmen des vorliegenden Kursprogrammes sollen die Teilnehmerinnen angeregt werden, zwischen adaptiven, der Gesundheit zuträglichen Bewältigungsstrategien und maladaptiven, der Gesundheit abträglichen Bewältigungsstrategien zu unterscheiden. Vereinfacht ausgedrückt lautet die Frage: Wie kann ich meine Gesundheit stärken?
In den vorliegenden »Kursbausteinen« werden sowohl unterschiedliche Methoden vorgestellt als auch Grundprinzipien, die alle als Ansatzpunkte für eine konstruktive Stressbewältigung dienen können. Sie zielen im Sinne von Gesundheitsförderung darauf ab, die Selbstheilungskräfte zu stärken und Hilfen zur Selbsthilfe aufzuzeigen. Die Teilnehmerinnen sollen die Erfahrung machen können, dass Spannungsbewältigung ein aktiver Vorgang ist, den sie selber steuern können, indem sie körperlich-seelische Vorgänge erforschen und beeinflussen.

Genügend Zeit und Raum geben

Menschen, die einen Kurs belegen, indem sie Hilfen im Umgang mit Stress suchen, stehen fast immer unter Zeitdruck. In den Kursstunden sollen sie die Erfahrung machen können, dass genügend Zeit und Raum vorhanden ist, Zeit für Entspannung, Gespräche, Kontakt und Austausch. Kurzum, die Teilnehmerinnen sollen sich in einer entspannten Atmosphäre wohl fühlen. Für die Kursleiterin bedeutet dies, dass sie genügend Zeit zur Verfügung stellen muss, damit Ruhe und Entspannung sich entfalten können und kein Widerspruch zu den zu vermittelnden Inhalten entsteht. Es versteht sich von selbst, dass die Übungen niemals auf die Schnelle oder gar unter Zeitdruck durchgeführt werden dürfen, damit der Stundenplan eingehalten wird. Auch sollte genügend Zeit für Erfahrungsaustausch und Kontakte vorhanden sein, damit sich die in der Gruppe vorhandenen Ressourcen entfalten können.

Über Körpererfahrung zur Entspannung

Die Übungen sollen so angeleitet werden, dass viel Raum für eigene Erfahrungen bleibt. Die Körperwahrnehmung ist hier mehr eine »Körperspürung«, bei der die Gedanken möglichst ausgeschaltet werden sollen. Die Teilnehmerinnen sollen bei der »Körperspürung« ihrer eigenen Fährte folgen können, ohne vorstrukturierende Fragen, die vonseiten der Kursleitung den Intellekt und das Nachdenken anregen.
Stattdessen soll die Erfahrung von Stille vermittelt werden. Pausen, in denen Stille eintritt, sind eine Wohltat für die an der Reizverarbeitung beteiligten Organe. Stille lässt Raum für die Entdeckung der eigenen Innenwelt.

Erkenntnis beginnt mit Erfahrung

Die Teilnehmerinnen sollen möglichst viele praktische Erfahrungen in Form von Übungen machen können. Das heißt nicht, dass über Achtsamkeit, Entspannung, Körpergefühl, »aktives Zuhören«, die tiefe Bauchatmung und wie Vorstellungen den Körper beeinflussen, nicht auch theoretisches Wissen vermittelt werden soll. Jedoch kann die eigene Erfahrung niemals dadurch ersetzt werden. Erst, wenn die Übungen erlebt und gespürt werden, kann jede sich ein persönliches Urteil bilden, ob sie sich von einer Methode angesprochen fühlt und was Wohlbefinden ausgelöst hat. Für viele Menschen ist es ein »Aha-Erlebnis«, wenn sie Erfahrungen machen, dass der Körper auf Vorstellungen reagiert und sie damit Einfluss nehmen können auf ihre Gesundheit. Auch das Entspannungserlebnis ist für manche Kursteilnehmerin neu und überraschend. In diesem Sinne sollen die Übungen auch ein wenig neugierig machen und dazu anregen, sie in den Alltag zu integrieren.

In der Gruppe soziale Kontakte fördern

Der soziale Kontakt und Austausch in der Gruppe, die gemeinsamen Erfahrungen bei den Übungen, die wachsende Vertrautheit, können von der Kursleitung genutzt werden, um das Moment der gegenseitigen Unterstützung zu fördern. Zu hören, dass andere Menschen auch Stress haben, und wie sie damit umgehen, relativiert die eigenen Probleme, das gemeinsame Ziel verbindet. Gesprächsrunden, in denen jede zu Wort kommt lassen Stress als etwas Vielschichtiges erscheinen und wecken Verständnis für anders geartete Lebenszusammenhänge.

Prozessorientiert arbeiten

Die Gruppenleitung sollte sich an den Bedürfnissen und Möglichkeiten der Teilnehmerinnen orientieren und davon leiten lassen. Wenn z. B. ein reger Erfahrungsaustausch zustande kommt, sind die dabei möglichen Erkenntnisse und Gefühle für die Teilnehmerinnen vielleicht bedeutsamer als ein geplanter Vortrag. Flexibilität und Einfühlungsvermögen sind erforderlich, damit das Alltagswissen der Teilnehmerinnen in einem lebendigen Dialog mit dem Fachwissen der Kursleitung zusammenfließen kann.

Glaubwürdig bleiben

Stressbewältigung ist im Wesentlichen Spannungsbewältigung. Die verschiedenen Facetten von Entspannung, die sich als vielschichtiges Geschehen auf körperlicher, geistiger und sozialer Ebene abspielt, den Kursteilnehmerinnen näher zu bringen, ist Aufgabe der Kursleiterin.
Um Entspannung in Form von Übungen vermitteln zu können, bedarf es einer entspannten Atmosphäre, in der sich alle Beteiligten wohl fühlen. Es versteht sich von selber, dass eine gestresste Kursleiterin ihre Anspannung auf die Teilnehmerinnen überträgt. Umgekehrt breitet sich Entspannung fast von alleine aus, wenn die Kursleiterin Ruhe ausstrahlt. Sorgen Sie dafür, dass Sie selbst entspannt sind. Eine Atem- oder Meditationsübung vor dem Seminar durchzuführen, um sich einzustimmen, ist in diesem Fall eine kleine Ursache mit großer Wirkung. Um die in der Gruppe vorhandenen Potenziale nutzen zu können, die schlummernden Ressourcen zu wecken, muss auch die Kursleitung ihre eigenen Ressourcen entfalten können. Eine Kursleiterin entfaltet ihre Kompetenz dann am besten, wenn es ihr gut geht und wenn sie sich wohl fühlt.

Zentrale Inhalte und Ziele im Überblick

Die kleinen Dinge im Leben: Achtsam sein

Achtsamkeit ist ein grundlegendes Prinzip, das für alle in diesem Programm vorgestellten Übungen von Bedeutung ist. Es ist die »Klammer« um alle Kapitel. Beginnend bei ganz alltäglichen Verrichtungen, wie z. B. »Teetrinken«, bis hin zur »Sitzmeditation« kann jedes Tun zu einer Übung in Achtsamkeit werden. In Stresssituationen achtsam sein heißt zunächst, merken, dass man gestresst ist. Automatisches Reagieren durch bewusstes Handeln zu ersetzen, ist eines der Ziele der buddhistischen Achtsamkeitspraxis. Bei Entspannungsübungen, Dehn- und Streckübungen aus dem Hatha-Yoga, Atem- und Meditationsübungen ist Achtsamkeit der »Nährboden«. Die Übungen entfalten ihre Wirkung, wenn Geist und Körper zusammenarbeiten.

- **Achtsamkeit im Alltäglichen**
  Jeder Mensch schätzt das wohltuende Gefühl, sich ganz mit einer Tätigkeit verbinden zu können, ohne störende Nebengedanken. Die Teilnehmerinnen sollen ermutigt werden, anhand von »Achtsamkeitsübungen« im Kurs, achtsames Tun und Handeln als wirksames Mittel im Umgang mit Stress in das Übungsfeld ihres Umfeldes aufzunehmen.
- **Achtsamkeit auf die Atmung**
  Eine einfache Möglichkeit, immer wieder in den gegenwärtigen Augenblick zurückzukehren, besteht darin, die Aufmerksamkeit auf die Atmung zu lenken, ohne sie zunächst zu beeinflussen. Die Teilnehmerinnen sollen über die Beobachtung des Atems, in einer Übungssequenz von wenigen Minuten, die Erfahrung machen, dass sie jederzeit innehalten können, um auf sich selbst zu achten.
- **Achtsamkeit auf den Körper**
  Über Körperwahrnehmung, in Verbindung mit Atmung, soll die Erfahrung vermittelt werden, den Körper ohne Wertung achtsam wahrzunehmen, so wie er sich zum gegenwärtigen Zeitpunkt anfühlt. Die Teilnehmerinnen sollen angeregt werden, Stresssymptome im Alltag achtsam wahrzunehmen.

Den »inneren Entspannungskünstler« wecken: Loslassen – entspannen

Entspannung ist ein Schlüsselbegriff im Umgang mit Stress. Die verschiedenen Entspannungstechniken lassen sich einteilen in Methoden, die am Körper, an der Atmung oder an den Gedanken und Vorstellungen ansetzen. Hier wird Entspannung am Kontrasterleben von muskulärer Anspannung und darauf folgender Entspannung erfahrbar gemacht. Es soll für die Teilnehmerinnen deutlich werden, dass Entspannung einerseits aktiv herbeigeführt werden kann, andererseits aber eine Fähigkeit ist, die »loslassen«, »geschehenlassen« beinhaltet. Anhand von Entspannungsübungen auf der Grundlage der »Progressiven Muskelentspannung« nach Jacobson sollen den Teilnehmerinnen Entspannungserlebnisse über das Anspannen und Entspannen einzelner Muskelgruppen vermittelt werden. Entsprechend der vorhandenen Zeit und den Bedürfnissen der Gruppe sollen einzelne Übungen im Liegen, Sitzen und Stehen durchgeführt werden.

Die Teilnehmerinnen sollen angeregt werden, auch im Alltag verstärkt auf unterschiedliche Spannungszustände im Körper zu achten, besonders in den Zonen, die häufig von Verspannungen betroffen sind. Anknüpfend an die Entspannungsgewohnheiten und -erlebnisse der Teilnehmerinnen sollen eine erste Orientierung über Entspannungsmethoden sowie Kenntnisse über die Physiologie der Entspannung vermittelt werden.

Sich wohl fühlen im Körper: Sanftes Dehnen und Strecken

Dehnen und strecken entspricht einem natürlichen Bedürfnis. Einfache Dehn- und Streckübungen aus dem »Hatha-Yoga« stärken das Körpergefühl, vermitteln Ruhe in der Bewegung und in den einzelnen Haltungen. Auch Kursleiterinnen aus den Bereichen Entspannung, Körpererfahrung, Bewegung, die bisher noch keine Erfahrungen mit Yoga haben, können sich die in diesem »Baustein« vorgestellten Übungen aneignen und weiter vermitteln. Prinzipien und grundlegende Gedanken des Übungssystems Yoga werden anhand der klassischen Yoga-Haltung »Der Baum« deutlich gemacht. Rücken stärkende Übungen wie die »Katzenstellung« und Übungen in Rückenlage vermitteln Körper(wohl)gefühl und sensibilisieren die Körperwahrnehmung. Die Psychosomatik des Rückens als zentrales Halteorgan, das auf Belastungen besonders empfindlich reagiert, soll angesprochen werden.

Energie gewinnen, Ruhe bewahren: Der Atem als Verbündeter

Mit dem Atem Energie gewinnen – Mit dem Atem entspannen – Ruhe bewahren in Stresssituationen – sind grundlegende Aspekte dieses Kursbausteins. Atemübungen aus dem Hatha-Yoga sollen ein Gefühl für die Atmung wecken und Möglichkeiten aufzeigen, wie der Atem während einer Stresssituation und danach eingesetzt werden kann, um Spannungen abzubauen. Die flache Brustatmung als Kennzeichen des Menschen durch die Bauch- oder Zwerchfellatmung allmählich zu ersetzen, ist mit Hilfe regelmäßiger Atem- und Körperübungen möglich. Die Teilnehmerinnen sollen anhand verschiedener Körperhaltungen und Bewegungen erfahren, wie sie die Atmung vertiefen und rhythmisieren können. In Kontakt mit dem Atem zu sein, bedeutet in Kontakt mit den Gedanken und Gefühlen zu sein.
Mit Sprichworten und Redewendungen und über Atembeobachtung soll dieser psychosomatische Zusammenhang den Teilnehmerinnen näher gebracht werden.

Ein Bild sagt mehr als 100 Worte: Vorstellungskraft einsetzen

Gedanken und Vorstellungen lösen Körperreaktionen aus. Dieses Prinzip liegt dem Autogenen Training zugrunde. Die Vorstellungskraft oder Autosuggestion kann systematisch trainiert werden, um Entspannung herbeizuführen und kreative Problemlösungen anzustoßen. Imagination kann gezielt eingesetzt werden, um Stresssymptome zu beeinflussen. Grundübungen aus dem Autogenen Training sollen einen Einblick in die Methode vermitteln und die Wirkung der Vorstellungskraft erfahrbar machen. Das Visualisieren von »Ruhe-Bildern« soll das bildhafte Denken anregen und einen Zugang zur eigenen inneren Bilderwelt aufzeigen.

Die Sichtweise verändern: Lösungsorientiert denken und handeln

Alltäglichen Situationen und Ereignissen, die zu Ärgernissen werden können, eine andere Bedeutung zu geben, ist eine Möglichkeit, Stress im Vorfeld abzufangen. »Umdeuten« ist eine Technik aus der systemischen Familientherapie auf der psychologischen Grundlage des »Konstruktivismus«. »Refraiming«, »umdeuten«, die Ereignisse in einem anderen Rahmen wahrzunehmen, wirkt erstarrten Sichtweisen entgegen. Bei der Stressbewältigung ist »Umdeuten«, Umdenken, ein Training der inneren Flexibilität und gelingt am besten mit Phantasie und einem Schuss Humor. Umdeuten ist die (Lebens)Kunst, Stresssituationen in entspannte Situationen zu verwandeln, in den kleinen Unbilden das komische Moment wahrzunehmen, in Schwierigkeiten das Moment der Herausforderung erkennen zu können. Die »formelhafte Vorsatzbildung« aus dem Autogenen Training und die ABC-Hilfe aus der Rational-Emotiven-Therapie sind weitere Techniken, die lösungsorientiertes Denken und Handeln anstoßen.

Verbindungen herstellen: Entspannt kommunizieren

In Stresssituationen ist die Kommunikation häufig beschleunigt, es geht »Schlag auf Schlag«, keiner hört dem anderen richtig zu. In einer geladenen Atmosphäre kommt es eher zu Missverständnissen und Eskalationen mit anschließender »dicker Luft«. Aufmerksames Zuhören, »aktives Zuhören« genannt, kann in Auseinandersetzungen Verbindungen herstellen und Streitgesprächen die Spitze nehmen. Einfache, aus der psychotherapeutischen Gesprächsführung entlehnte Techniken, ergänzt durch Wahrnehmungsübungen für Körpersprache, sollen Kommunikationsfähigkeit und die Verständigungsbereitschaft stärken. Das Vier-Ohren-Modell von Schultz v. Thun bietet eine Möglichkeit, Kommunikationsabläufe differenzierter und bewusster wahrzunehmen.

Meditation: Innere Stille erfahren

Meditation ist für Menschen im Westen vor allem ein Weg, um innere Ruhe zu erfahren – den Strom der Alltagsgedanken zu unterbrechen.

In diesem Kursbaustein sollen die Teilnehmerinnen eine praktische Einführung in das Thema Meditation erhalten. Dazu gehört die Beantwortung von Fragen wie:

- Was ist Meditation überhaupt?
- Wie finde ich die für mich passende Meditationshaltung?
- Welcher Ort und welche Zeit sind günstig?
- Wodurch unterscheiden sich Entspannungsübungen und Meditation?

Die Konzentration auf ein Mantra, die Betrachtung eines Gegenstandes und das Ausmalen eines Mandalas sollen Wege zum meditativen Erleben aufzeigen. Die Teilnehmerinnen sollen angeregt werden, meditative Momente in ihrem Alltag wahrzunehmen, um ein Gegengewicht zu Hektik und Zeitstress zu bilden.

Kursbaustein	Prinzip	Herkunft der Übungen
Die kleinen Dinge im Leben: Achtsam sein	Wahrnehmung und Konzentration auf Körper, Atmung, Dinge des Alltags	Buddhistische Meditationspraxis, z. B. Zen in Japan
Den inneren Entspannungskünstler wecken: Loslassen – entspannen	Kontrasterleben von Anspannung und Entspannung	Progressive Muskelentspannung nach Jacobson
Sich wohl fühlen im Körper: Sanftes Strecken und Dehnen	Ruhe in Bewegung, Strecken und Dehnen	Asanas aus dem Yoga
Energie gewinnen – Ruhe bewahren: Den Atem als Verbündeten nutzen	Atmung vertiefen, mit der Atmung Spannung abbauen	Atemübungen aus dem Yoga
Ein Bild sagt mehr als 100 Worte: Vorstellungskraft einsetzen	Autosuggestive Kraft von Gedanken und Vorstellungen	Autogenes Training
Die Sichtweise verändern: Lösungsorientiert denken und handeln	Kunst des Umdeutens	Formelhafte Vorsatzbildung im Autogenen Training ABC-Hilfe der Rational-Emotiven-Therapie (RET)
Verbindungen herstellen: Entspannt kommunizieren	Aktives Zuhören, kommunikative Missverständnisse vermeiden	Kommunikationstraining nach Schulz von Thun
Innere Stille erfahren: Möglichkeiten der Meditation	Strom der Alltagsgedanken unterbrechen	Meditationspraxis mit Mantras und Mandalas

Entspannte Stundenpläne

Sie können den Kursteilnehmerinnen die jeweiligen Kursabläufe transparent machen, indem Sie eine wie in der Moderationsmethode übliche Visualisierung vornehmen. Die Titel der Bausteine lassen sich auf eine Wandzeitung aus Makulaturpapier o.ä. notieren oder auf einzelnen Pappen festhalten. So wird den Teilnehmerinnen der Verlauf der jeweiligen Veranstaltung deutlich und es entsteht ein Gefühl von Überschaubarkeit.

Gleichzeitig erhält die Gruppe eine Art sachlichen Überblick, die inneren Zusammenhänge der einzelnen Treffen werden deutlich und können in der Gruppe thematisiert werden.
Die Visualisierung bietet ebenfalls die Möglichkeit, die Kursplanung offenzulegen, die Wichtigkeit der einzelnen Elemente und ihre Reihenfolge zu begründen. So besteht bei Bedarf für Sie und die Gruppe ein überschaubarer Rahmen für eventuelle Veränderungen des Ablaufs.

Der Abendkurs

1. Treffen	2. Treffen	3. Treffen	4. Treffen	5. Treffen	6. Treffen	7. Treffen	8. Treffen	9. Treffen	10. Treffen
Die kleinen Dinge im Leben: Achtsam sein	Den inneren Entspannungskünstler wecken: Loslassen und entspannen	Sich wohl fühlen im Körper: Sanftes Dehnen und Strecken	Energie gewinnen, Ruhe bewahren: Der Atem als Verbündeter	Planungsspielraum	Ein Bild sagt mehr als 100 Worte: Vorstellungskraft entwickeln	Die Sichtweise verändern: Lösungsorientiert denken und handeln	Verbindungen herstellen: Entspannt kommunizieren	Innere Stille erfahren: Meditation	Planungsspielraum

Bildungsurlaub / Wochenseminar

	Montag	Dienstag	Mittwoch	Donnerstag	Freitag
vormittags, z. B. 9.00 Uhr - 12.00 Uhr	Die kleinen Dinge im Leben: Achtsam sein	Sich wohl fühlen im Körper: Sanftes Dehnen und Strecken	Ein Bild sagt mehr als 100 Worte: Vorstellungskraft entwickeln	Verbindungen herstellen: Entspannt kommunizieren	Entspannungsübungen praktizieren
nachmittags, z. B. 15.00 Uhr - 18.00 Uhr	Den inneren Entspannungskünstler wecken: Loslassen und entspannen	Energie gewinnen, Ruhe bewahren: Der Atem als Verbündeter	Die Sichtweise verändern: Lösungsorientiert denken und handeln	Innere Stille erfahren: Meditation	Abschlussreflexion und entspannter Ausklang

Wochenendseminar zum Wohlfühlen

	Freitag	Samstag	Sonntag
vormittags, z. B. 9.30 – 12.00 Uhr		Die kleinen Dinge im Leben: Achtsam sein	Energie gewinnen, Ruhe bewahren: Der Atem als Verbündeter
nachmittags, z. B. 15.00 – 17.30 Uhr		Den inneren Entspannungskünstler wecken: Loslassen und entspannen	
abends, z. B. 19.00 – 20.30 Uhr	Ankommen – Entspannungsübungen für Körper und Seele	Sich wohl fühlen im Körper: Sanftes Dehnen und Strecken	

Die kleinen Dinge im Leben: Achtsam sein

Auf einen Blick

Thema	Ziel	Methode	Medien	Zeit
Achtsam im Gehen	Meditation in Bewegung erfahren, zur Ruhe kommen, Aufmerksamkeitsschulung	Zen im Gehen	Ausreichend großer Raum ohne Tische, Sitzgelegenheiten zur Seite geschoben	10 Min.
Achtsam mit anderen	Begrüßung, Kennenlernen der Teilnehmerinnen und des Konzeptes	Begrüßungsritual, Vorstellungsrunde Kurzvortrag	Sitzgelegenheiten Evtl. Klangschale	15 Min.
Achtsam im Alltag	Möglichkeiten achtsamen Handelns im Alltag aufzeigen, Aufmerksamkeitsschulung	Kleine Teezeremonie Alternativ: Eine Mandarine achtsam essen	Teeschalen, grüner Tee, frisch zubereitet, Matten oder Sitzkissen Alternativ: Mandarinen	15 Min.
Achtsam auf den Atem	Den Atem als Brücke zum gegenwärtigen Moment einführen	Atembeobachtung, anschließendes Gespräch	Sitzgelegenheiten für entspanntes Sitzen	20 Min.
Achtsam mit dem Körper	Körperwahrnehmung, Aufmerksamkeitsschulung, Achtsamkeit auf eigene Bedürfnisse	Körperwahrnehmungsübung in Verbindung mit der Atmung, Stille markieren, Alternativ: Ayurvedische Handmassage	Sitzgelegenheiten oder Matten, um die Übung im Liegen durchzuführen, Klangschale	15 Min.
Achtsam im Gespräch	Achtsamkeit als wirksames Prinzip im Umgang mit Stress thematisieren	Gesprächsrunde	Sitzgelegenheiten	15 Min.

Variationen:

- Sie können das Prinzip der Achtsamkeit durch eine Wahrnehmungsschulung ersetzen oder in einem weiteren Treffen durch diese westliche Variante ergänzen. Anregungen hierzu finden Sie u.a. im VHS-Handbuch »Wie geht's? Wie steht's? – Körpererfahrung im Alltag«, (Ernst Klett Verlag, ISBN 3-12-939854-6).
- Sie können einzelne Übungen vertiefen und mehr Zeit dafür einplanen. Andere fallen dann weg bzw. werden in einem vertiefenden Treffen nochmals aufgegriffen. Dafür steht der Planungsspielraum zur Verfügung. Verzichten Sie aber bei keinem Treffen auf die abschließende Gesprächsrunde.
- Wie bei allen anderen Treffen wäre es möglich, die Dauer erheblich auszuweiten, indem Sie die Erfahrungen intensivieren und durch mehr Information ergänzen.

Beschreibung der Kurseinheit

Achtsam im Gehen

Aus dem stressigen Alltag heraus im flotten Tempo zum Kurs, um noch rechtzeitig zu Beginn da zu sein, innerlich noch ein wenig aus der Puste und gespannt, ob sich die Erwartungen an den Kurs auch erfüllen...: Das wäre eine durchaus typische Stimmungslage zu Kursbeginn. Von der Hektik des Alltags sich auf Entspannung einzulassen, bedarf der Unterstützung. Eine vereinfachte Form der Gehmeditation ist dabei eine Hilfe.

Beginnen Sie mit einer viel genutzten Übung, dem Gehen durch den Raum. Achten Sie darauf, dass keine störenden Gegenstände im Weg stehen. Tische sollten schon vor dem Ankommen der Teilnehmerinnen entfernt sein. Sitzgelegenheiten sind in einer Ecke des Raumes gestapelt. Schön ist es, wenn Schuhe und Mäntel in einem kleinen Vorraum bleiben können. Gehen Sie gemeinsam mit den Teilnehmerinnen auf dicken Socken durch den Raum.

- Die Aufmerksamkeit gehört dem Gehen. Wie kann die Atmung wahrgenommen werden? Wie werden die Füße aufgesetzt und abgerollt, wie fühlen sich Beine, Becken, Rücken und Schultern im Gehen an?
- Die Aufmerksamkeit wird auf den Raum gerichtet. Wie ist der Boden beschaffen, auf dem Sie gehen? Ermöglicht Ihnen der Raum den Schutz, sich ein wenig zu entspannen?
- Die Aufmerksamkeit wird jetzt auf die Personen gerichtet, die mit Ihnen gemeinsam durch den Raum gehen. Ein Begrüßen mit Namensnennung von zwei Personen, die sich im Raum treffen, kann eingeschoben werden.

Jetzt richtet sich die Aufmerksamkeit ganz ausschließlich auf das Gehen selbst. Mit der Vorstellung einer möglichst aufrechten, aber entspannten Körperhaltung und einer gleichmäßig ruhigen Atmung im gleichmäßigen Tempo schrittweise gehen. Dabei kraftvoll auftreten und die sinnlichen Eindrücke auf die Füße versammeln. Die Augen sind auf das gerichtet, was etwa drei bis fünf Meter gerade voraus liegt, die Augen schweifen über das Gesehene ohne Anspannung. Gedanken kommen und gehen, die Konzentration wird immer wieder auf die Füße und das Gehen zurückgeführt.
Die vollkommene Beherrschung der Zenmeditation im Gehen braucht jahrelange, tägliche Übung. Zu Beginn wird es deswegen nicht ganz gelingen, mit der Aufmerksamkeit wirklich beim Gehen zu bleiben. Das macht nichts, denn das Bemühen darum ist das Ziel der Übung, nicht der Erfolg. Für den Anfang kann es manchen eine Hilfe sein, sich vorzustellen, den Raum nicht mit den Augen, sondern aus der Perspektive der Füße zu sehen. Für manche andere hilft der Satz »Wenn ich gehe, gehe ich.« Die Vision fortgeschrittener Übender des Zen im Gehen ist die Vorstellung, dass die Erde ihnen schrittweise entgegen kommt.

Anregung:
Wenn Sie mögen, können Sie diese kleine Meditation der Konzentration ausschließlich auf das Gehen zu einem kleinen Ritual am Beginn jeden Treffens machen, zum Beispiel bei einem Wochenseminar jeden Morgen. Schön ist es, wenn Sie dazu die Möglichkeit haben, unmittelbar vor dem Kursraum im Freien zu gehen, einen klar begrenzten Weg, je nach Wetter mit passendem Schuhwerk und Kleidung, bis auf Ihre Anleitung schweigend. Hierzu müssten Sie dann insgesamt 15 Minuten einplanen. In Gehmeditation erfahrene Kursleitungen können hieraus auch ein eigenes Zusatzkursangebot machen, z.B. für Frühaufsteher morgens im Park.

Zen im Gehen – bei jedem Wetter jeden Tag praktizierbar

Achtsam mit anderen

Im Kreis werden Sitzgelegenheiten arrangiert. Beginnen Sie mit einer offiziellen Begrüßung und erklären Sie den Sinn der Gehmeditation für den Kursablauf selbst und als Hilfe zur Stressbewältigung. An diesem Beispiel können Sie insgesamt verdeutlichen, wie der Kurs geplant ist. Erläutern Sie, welche »Hilfen gegen Stress« Thema sein werden. Machen Sie deutlich, dass alle Übungen nur Angebote sind, die ausprobiert, übernommen oder verworfen werden können. Übungsformen aus anderen Kulturen wie z. B. dem Yoga oder dem Zen dienen ausschließlich diesem Zweck.

Nun ist es Zeit für eine Vorstellungsrunde, zu der auch gleich die Regeln des Umgangs miteinander eingeführt werden können:

- Jeder hat die Zeit zum Reden, die er braucht, um das wirklich Wichtige von sich zu sagen. Die Frage »Was ist dir wirklich wichtig, von dir selbst anderen mitzuteilen«, bremst Vielredner. Es ist mehr als eine formale Geste, sich für das Zuhören zu bedanken.

- Die anderen hören zu und kommentieren nur dann, wenn dies ausdrücklich gewünscht ist. Mutmaßungen über andere tun nichts zur Sache.
- Die Weitergabe einer Klangschale, die zu Beginn und zum Ende des Wortbeitrages angestoßen wird, ist eine Möglichkeit, dies für alle auch deutlich zu machen. Andere Gegenstände können genauso weitergereicht werden. Wer nichts sagen möchte, gibt nach einem kurzen Augenblick des Schweigens weiter. Die Ausnahme dieses Mal: den Namen sollten alle nennen.

Achtsam im Alltag

Ein Zen-Meister wurde gefragt, wie er Achtsamkeit im täglichen Leben übe. Er antwortete:
Wenn ich hungrig bin, esse ich. Wenn ich satt bin, spüle ich mein Geschirr. Wenn ich müde bin, lege ich mich wieder zum Schlafen.
Der Fragende erwiderte:
Das tut jeder, übt also jeder Achtsamkeit wie du?
Nein, nicht in gleicher Weise, entgegnete der Meister.
Wenn andere essen, wagen sie es nicht, zu essen. Ihr Denken ist ausgefüllt mit unendlich vielen Überlegungen. Darum sage ich: Nicht in gleicher Weise.

Das Prinzip des achtsamen Handelns im Alltag können Sie mit diesem Zitat und anhand von Beispielen veranschaulichen, eingebettet in eine kurze Einführung. Leiten Sie damit über zu den praktischen Übungen:

Achtsames Handeln ist ein sehr wirksames Prinzip im Umgang mit Stress. Der Geist ist dabei ruhig und klar und ganz ausgerichtet auf die jeweilige Tätigkeit. Meist handeln, denken, sprechen Menschen nicht mit ungeteilter Aufmerksamkeit, ein Teil der Gedanken eilt in die Zukunft voraus oder ist mit Vergangenem beschäftigt. In Gesprächen überlegen viele, was sie als Nächstes sagen wollen und hören nicht wirklich zu. Während der Frühstückspause lesen einige Zeitung oder planen den Tagesablauf. Auf dem Weg zur Arbeit sind andere gedanklich bereits in der Firma. Beobachten Sie einmal im Laufe des Tages, wann Sie mit Ihrem Denken und Fühlen ganz im Hier und Jetzt sind. Sicher kennen Sie auch die wohltuende Erfahrung, mit einer Tätigkeit ganz verbunden zu sein, ohne abschweifende Gedanken, z.B. Gärtnern, Malen, Musizieren, Töpfern oder Renovieren eines Möbelstückes. Auch im normalen Alltag ist es zumindest zeitweilig möglich, sich mit dem eigenen Tun so zu verbinden, dass störende, Spannung erzeugende Gedanken ausgeschaltet sind. Selbst wenn Beeilung angesagt ist, kann trotzdem jeder Handgriff bewusst ausgeführt werden, ohne in Hektik zu geraten. Das bekannte Beispiel der Schnürsenkel, die reißen, wenn es ganz schnell gehen soll, lässt sich auf jede Alltagshandlung übertragen. Zeitdruck setzt häufig eine Stressspirale in Gang. Sich ganz bewusst einer Tätigkeit zu widmen, hilft, Stress zu vermeiden.

Es gibt viele Routinetätigkeiten, die ohne Zeitverlust mit voller Aufmerksamkeit und ohne Druck ausgeführt werden können. Um sich in Bewusstheit zu üben und mit ganzem Herzen dabei zu sein, ist es hilfreich, Alltagshandlungen zu ritualisieren. Egal, ob beim Teetrinken, Tischdecken, Abwaschen, Kochen, Zuhören oder Sprechen – das, was gerade getan wird, soll so getan werden, als ob es das Wichtigste auf der Welt sei. Auch bei den täglichen Mahlzeiten besteht die Möglichkeit, ganz in der Gegenwart zu verweilen und das Essen wirklich zu schmecken und zu genießen. Haben Sie z.B. schon einmal ganz bewusst Tee getrunken oder eine Mandarine gegessen, ohne an etwas Anderes zu denken?

Wenn Sie eine Teeküche in der Nähe des Kursraumes haben, führen Sie an dieser Stelle eine kleine Teezeremonie durch. Die Teilnehmerinnen sitzen möglichst auf Matten, Kissen oder Meditationshockern am Boden. Vor jedem Platz steht eine Teeschale. Bereiten Sie mit heißem Wasser (circa 70 – 80 Grad) japanischen grünen Tee aus frischen Blättern zu. Der Tee darf maximal drei Minuten ziehen. Erläutern Sie das Vorgehen – das freilich nicht mit einer japanischen Teezeremonie verglichen werden kann.

- Mit einer kleinen Verbeugung bitten Sie jede Teilnehmerin um Erlaubnis, ihr Tee geben zu dürfen. Verbinden Sie dies noch einmal mit der Namensnennung. Sie schenken ihr etwas Tee ein.
- Wenn jede einen Schluck Tee erhalten hat, bedankt sich die erste Teilnehmerin mit einer kleinen Verbeugung und lobt die Farbe des Tees. Die Begriffe dürfen wie bei der Weindegustation blumig werden: das zarte Lindgrün, das Gelbgrün des ersten Frühlings …
- Wenn alle die Farbe gewürdigt haben, schlürft die erste Teilnehmerin einen kleinen Schluck, kaut ihn im Gaumen und lobt den Geschmack des Tees. Auch hier darf die Beschreibung des Geschmacks wie beim Weintest fruchtig werden: das vanillige Aroma, leicht nussig, erinnert an Quitte … was den Einzelnen eben passend erscheint.
- Wenn alle den Geschmack gewürdigt haben, wird der Rest des Tees schweigend und völlig auf den Teegenuss konzentriert getrunken.
- Zum Abschluss bedanken Sie sich noch bei der Gruppe für das Vertrauen, ihnen Tee ausschenken zu dürfen und für die Würdigung des Tees.

Teezeremonie

Varianten:

- In großen Gruppen kostet diese Übung viel Zeit. Sie können die Gruppe in kleinere Gruppen aufteilen und pro Teilgruppe eine Zeremonienmeisterin bestimmen.
- Falls Tee zuzubereiten zu kompliziert ist, können Sie mit der Gruppe achtsam eine Mandarine essen: Gehen Sie mit einem Korb oder einer Schale Mandarinen herum, so dass jede der Anwesenden sich eine Frucht nehmen kann. Die Teilnehmerinnen erhalten die Anweisung, schweigend und mit ungeteilter Aufmerksamkeit sich dem Vorgang des »Mandarinenessens« zu widmen. Dabei sollten sie die Beschaffenheit der Frucht mit den Händen erkunden, dem Vorgang des Schälens und Zerteilens Aufmerksamkeit schenken, bewusst den ersten Bissen schmecken und genießen, den Duft der Mandarine aufnehmen usw., bis sie die ganze Frucht verzehrt haben. Es geht darum, mit dem Denken und Fühlen ganz bei diesem Vorgang zu sein, möglichst ohne Nebengedanken.

Geben Sie nach Beendigung der Übung Gelegenheit zu einem kurzen Erfahrungsaustausch, bevor Sie zur »Atembeobachtung« übergehen.

Achtsam auf den Atem

Atembeobachtung soll hier einen Eindruck vom Eigenleben der Gedanken vermitteln. Es ist eine einfache Übung, die überall durchgeführt werden kann. Traditionell wird sie in den asiatischen Ländern praktiziert, um den Geist in den gegenwärtigen Augenblicken zurückzuholen. Sinngemäß können Sie die Übungseinheiten wie folgt einleiten:

»Sicher kennen auch Sie dies: Unzählige Momente ziehen unbemerkt vorüber, weil Sie Ihre Aufmerksamkeit nur teilweise auf sie gerichtet haben. Dieses »Nicht-Bewusst-Sein« kann für den Geist zur Gewohnheit werden, so dass man auf viele Situationen automatisch reagiert, anstatt bewusst zu handeln.
Sehen Sie die folgende Übung als kleines Experiment an, bei dem Sie etwas über Ihre Gedankentätigkeit und Konzentrationsfähigkeit erfahren können. Sie sollen dabei nichts Anderes tun, als fünf Minuten lang Ihre Aufmerksamkeit auf den Atem zu richten, ohne an etwas Anderes zu denken.

- *Nehmen Sie eine aufrechte, aber dennoch entspannte Sitzhaltung ein und schließen Sie Ihre Augen.*
- *Richten Sie Ihre Aufmerksamkeit auf Ihren Atem.*
- *Beobachten Sie ihn einfach nur, ohne ihn zu kontrollieren.*
- *Spüren Sie, wie Sie einatmen und wie Sie ausatmen.*
- *Fühlen Sie, wie der Atem in den Körper einströmt und durch die Nase wieder ausströmt.*
- *Wenn Sie einatmen, sind Sie sich bewusst, dass Sie einatmen, wenn Sie ausatmen, sind Sie sich bewusst, dass Sie ausatmen.*
- *Sobald Gedanken auftauchen, registrieren Sie diese und lassen sie wieder los.*
- *Richten Sie Ihre Aufmerksamkeit immer wieder auf den Atemvorgang.«*

Es hat sich gezeigt, dass Teilnehmerinnen bei diesem »Experiment« ganz unterschiedliche Erfahrungen machen.

- Einige schlafen ein.
- Viele erleben eine Beruhigung der Gedanken.
- Bei einigen nimmt die Gedankentätigkeit eher zu.
- Einige äußern sich erstaunt, wie schwierig es ist, sich nur auf den Atem zu konzentrieren.
- Einige bemerken erst hinterher, dass sie die ganze Zeit mit etwas Anderem beschäftigt waren.

Machen Sie eine Runde, bei der alle Teilnehmerinnen zu Wort kommen können. Lassen Sie alle Aussagen unkommentiert stehen.
Sie können die Teilnehmerinnen darauf hinweisen, dass die einfache Beobachtung des Atems eine Möglichkeit ist, jederzeit in den gegenwärtigen Moment zurückzukehren.
Thematisieren Sie auch, dass Atem-Beobachtung eine Möglichkeit ist, den »Geist nach Hause zu holen« (Thich Nhat Hanh), das bedeutet, bei sich selbst, bei den eigenen Bedürfnissen anzukommen und den Körper wahrzunehmen.
Weisen Sie darauf hin, dass es im Laufe des Tages viele Möglichkeiten gibt, den Atem für eine Weile bewusst wahrzunehmen. In den asiatischen Ländern erinnern Tempelglocken traditionell daran, in den gegenwärtigen Moment zurückzukehren. Alle Gespräche und Tätigkeiten werden unterbrochen, um innezuhalten und bewusst zu atmen. Fragen Sie die Teilnehmerinnen danach, was für sie in ihrem Alltag solche »Tempelglocken« sein könnten.

Achtsam mit dem Körper

Bei dieser Übung können die Teilnehmerinnen lernen, über einen längeren Zeitraum hinweg die Aufmerksamkeit gezielt auf den Körper zu lenken. Zweck dieser Übung ist es, einzelne Körperteile, auf die die Aufmerksamkeit gerichtet ist, auch tatsächlich zu spüren, während man in sie hinein und hinaus atmet. Um die Aufmerksamkeit der Teilnehmerinnen wachzuhalten, kann eine Klangschale benutzt werden. Jedesmal, wenn ein anderer Körperteil angesprochen wird, wird mit der Klangschale ein Ton erzeugt, der die danach eintretende Stille markiert. Die Übung ist geeignet als Vorübung für die Sitzmeditation und um die Erfahrung von körperlich-geistiger Verbundenheit bei eintretender Stille zu vermitteln. Sie kann im Liegen oder Sitzen durchgeführt werden. Die Anleitung im stets gleichen Wortlaut erleichtert den Teilnehmerinnen die konzentrierte Durchführung.

Die Teilnehmerinnen sitzen auf Stühlen in aufrechter, aber dennoch entspannter Sitzhaltung und haben die Augen geschlossen. Schlagen Sie die Klangschale an und sprechen Sie mit ruhiger Stimme:

- *Einatmend spüre ich beide Füße,*
  ausatmend entspanne ich beide Füße.
- *Ein: spüren.*
- *Aus: entspannen.*

In der nun eintretenden Stille-Pause verweilen die Teilnehmerinnen mit ihrer Aufmerksamkeit in den Füßen bzw. Fußsohlen, während sie in sie hinein und hinaus atmen, etwa acht Atemzüge lang.

Nach einer Weile schlagen Sie wieder die Klangschale an mit den Worten:

- *Einatmend spüre ich meine Unterschenkel, ausatmend entspanne ich.*
- *Ein: Spüren.*
- *Aus: Entspannen.*

Sprechen Sie mit dem gleichen Wortlaut nacheinander die Oberschenkel, den Bauch und den Beckenbereich, den Brustraum, den Schulter-Nackenbereich, die Hände, die Arme und das Gesicht an.

Schließen Sie die Körperspürung in Verbindung mit dem Atem ab, indem Sie den Körper als Ganzheit ansprechen:

- *Einatmend schenke ich meinem Körper Ruhe, ausatmend entspanne ich meinen Körper.*
- *Ein: Ruhe.*
- *Aus: Entspannen.*
- *Einatmend schenke ich meinem Körper Ruhe, ausatmend lächle ich mir zu.*
- *Ein: Ruhe.*
- *Aus: Lächeln.*

Beenden Sie die Übung, indem Sie die Teilnehmerinnen bitten, Arme und Beine kurz anzuspannen und wieder loszulassen. Tiefes Durchatmen, Recken, Strecken, Dehnen und Gähnen können sich anschließen.

Variation: Ayurvedische Handmassage

Die Hände als »Greifwerkzeuge« werden als empfindsame Körperzonen meist wenig beachtet. Dabei reagieren die Hände sehr sensibel auf alle inneren und äußeren Einflüsse. Trockene, feuchte, warme, heiße, kalte, lockere, verkrampfte Hände weisen auf unterschiedliche Spannungszustände und Gefühle hin. Mit einer ayurvedischen Handmassage können Sie den Teilnehmerinnen eine Übung vermitteln, die sowohl die Hände entkrampft als auch eine wohltuende Auswirkung auf den gesamten Organismus hat. Einführend können Sie darauf hinweisen, dass die Teilnehmerinnen ihre Hände einmal ganz anders, mit liebevoller Aufmerksamkeit, wahrnehmen und behandeln sollen. Auch diese Übung kann auf Stühlen sitzend durchgeführt werden.

Demonstrieren Sie die Massage kurz mit Hilfe dieser Anleitung:

- Nehmen Sie die Kuppe Ihres linken kleinen Fingers zwischen die Kuppen Ihres rechten Daumens und Ihres rechten kleinen Fingers.
- Massieren Sie achtsam mit kleinen kreisenden Druckbewegungen die Fingerkuppe, etwa eine halbe Minute lang.
- Streichen Sie mit dem Ausatmen am kleinen Finger entlang, bis zum Handgelenk.
- Nehmen Sie nun die Ringfingerkuppe der linken Hand zwischen Daumen und Ringfingerkuppe der rechten Hand und massieren Sie wieder die Fingerkuppe – eine halbe Minute – und streichen Sie den Finger aus, bis zum Handgelenk.
- Nach dem gleichen Prinzip werden Mittelfinger (Mittelfinger und Daumen rechts) und Zeigefinger (Zeigefinger und Daumen rechts) der linken Hand massiert. Ist der Daumen dran, nimmt man noch einmal die Zeigefingerkuppe zu Hilfe.
- Danach wird auf die gleiche Art und Weise die rechte Hand massiert.
- Führen Sie nach dieser kurzen Demonstration die Handmassage gemeinsam mit den Teilnehmerinnen schweigend aus, damit diese sich ganz auf ihre Empfindungen konzentrieren können.

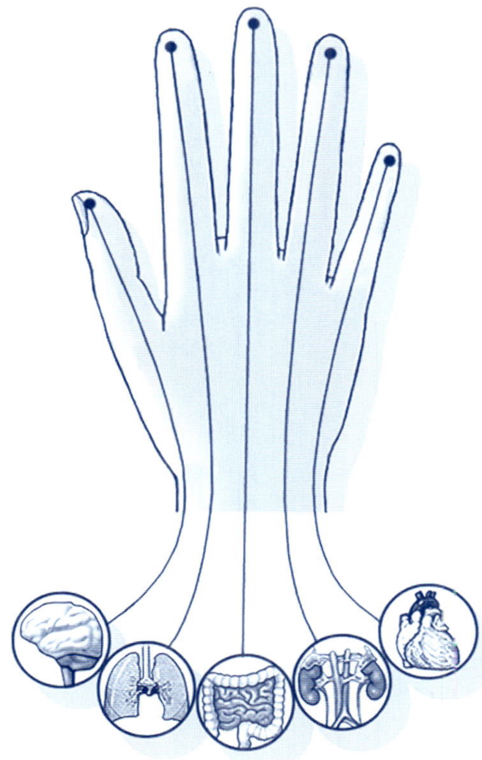

Ayurveda: Organe spiegeln sich auf der Hand

Achtsam im Gespräch

Fragen Sie in einer Abschlussrunde die Teilnehmerinnen danach, was sie an diesen Methoden als hilfreich und entspannend empfunden haben und was weniger. Aus dieser Frage nach jedem Treffen sollen nach und nach für die Teilnehmerinnen Kriterien entstehen, was für sie persönlich Hilfen gegen Stress sind.
Im Anschluss daran können Sie folgende Themen aufgreifen und in der Gruppe darüber sprechen:

- Achtsames Handeln im Alltag
- In Stresssituationen achtsam sein
- Achtsamkeit auf den Körper – Mitverantwortung für die Gesundheit

Verweisen Sie außerdem auf das Kursbuch und die damit verbundenen Vorteile. Sie können auch die von Kabat-Zinn benannten Faktoren für die Entwicklung von Achtsamkeit thematisieren.

Bitten Sie die Teilnehmerinnen für das zweite Treffen einen Gegenstand, eine Art Symbol, mitzubringen, den diese mit Entspannung im Alltag verbinden. Das kann ein Foto sein von einer Badewanne, ein Turnschuh, der für »Joggen« steht, eine Musikkassette oder etwas ganz anderes.

Gut zu wissen: Zusatzinformationenen

Achtsamkeitspraxis

Die jahrtausendealte buddhistische Achtsamkeitspraxis ist auch für das Leben in der heutigen Zeit von Relevanz, wenn es darum geht, in Kontakt mit sich selbst zu kommen und automatisches Reagieren durch bewusstes Handeln zu ersetzen. Achtsamkeit ist im Grunde ein einfaches Konzept, dessen Kraft in der praktischen Umsetzung und Anwendung liegt.

Achtsam sein bedeutet, bewusst im gegenwärtigen Moment zu sein, ohne zu urteilen. Diese Art der Aufmerksamkeit, die sowohl in der Meditation als auch im Alltag praktiziert werden kann, fördert die Fähigkeit, die Realität dessen, was sich abspielt, zu akzeptieren und schärft den Blick für das Spektrum der vorhandenen Möglichkeiten. Achtsamkeit ist eine einfache, hochwirksame Methode, … *uns wieder in den Fluss des Lebens zu integrieren, und wieder mit unserer Weisheit und Vitalität in Berührung zu bringen.* (*Kabat-Zinn, S. 19*)

Gewohnheitsgemäße Unaufmerksamkeit ist verbunden mit einem Mangel an Gewahrsein und Verständnis für die Funktionsweise des Geistes und dessen Einfluss auf die Wahrnehmung und das Handeln. Dies schränkt die Sichtweise auf Bedeutungszusammenhänge individueller Art und soziale Vernetzung betreffend ein. Achtsamkeit steht nicht in Konflikt mit religiösen oder wissenschaftlichen Traditionen, sondern ist eine praktische Methode, *mit der Ganzheit unseres Seins* (*Kabat-Zinn, S. 20*) in Berührung zu kommen. Dies wird durch einen systematischen Prozess der Selbsterforschung, der Selbstbeobachtung und durch achtsames Handeln erreicht. Dennoch ist die Grundhaltung der Aufmerksamkeitspraxis akzeptierend und sanft. *Leben aus dem Herzen heraus* nennt es Kabat-Zinn (*S. 20*).

Den gegenwärtigen Augenblick zu würdigen, mit dem Jetzt verbunden zu sein, entspricht im Kern dem Weg des Yoga, des Taoismus, des Buddhismus und den indianischen Weisheitslehren.

Als Lektionen der Achtsamkeit benennt Kabat-Zinn u.a.

- die Fähigkeit, jederzeit vom Aktions- in den Seins-Modus umschalten zu können, zu entwickeln;
- Gedankenbeobachtung praktizieren zu können, ohne sich von den Gedanken beeinflussen zu lassen;
- die Signale des Körpers verstehen zu lernen;
- Vertrauen in die inneren Erfahrungen zu entwickeln;
- sich von den ständig sich verändernden Bedingungen und Anforderungen nicht bedroht zu fühlen;
- die über Meditation gewonnene Einsicht, dass *alles im Fluss* ist – Gefühle, Gedanken, Wahrnehmungen, Körperempfindungen – im Alltagsbewusstsein zu verankern;
- die Fähigkeit trainieren, Schmerzen, Unbehagen, Unwohlsein, Spannungszustände aus der Sicht des »neutralen Beobachters« heraus, wahrzunehmen.

Grundlegend für Meditations- und Achtsamkeitspraxis sind Entschlossenheit und Disziplin, täglich eine bestimmte Zeit für die formelle Übung von Achtsamkeit einzurichten. Achtsamkeit in Stresssituationen kann sich nur entfalten, wenn sie in ruhigen Zeiten gestärkt und entwickelt wird.

Kabat-Zinn benennt sieben voneinander abhängige Faktoren, aus denen sich eine für die Meditations- und Achtsamkeitspraxis förderliche Grundhaltung zusammensetzt. Gleichzeitig wird diese Grundeinstellung, die auch für den Umgang mit Stress relevant ist, durch regelmäßiges Üben entwickelt und gefestigt.

Nicht-Beurteilen

»Schubladendenken« und die Gewohnheit, alles zu bewerten und zu beurteilen, beherrschen den Geist. Um mit Stress konstruktiv umgehen zu können, ist es ein erster Schritt, sich der Gewohnheit des Urteilens, Beurteilens und Verurteilens bewusst zu werden. Erst dann ist es möglich, durch den Filter der eigenen, Stress verursachenden Vorurteile hindurchzusehen. Die Praxis der Achtsamkeit schult darin, die Gewohnheit des ständigen »Zustimmens oder Ablehnens« all dessen, was passiert, zu erkennen, und ermöglicht es, bewusst in die Rolle des »neutralen Beobachters« zu schlüpfen.

Geduld

Geduld ist eine Art inneres Wissen und Verstehen, dass bestimmte Dinge ihre Zeit brauchen, um sich zu entfalten. Wachstumsprozesse haben ihre eigene Gesetzmäßigkeit und lassen sich nicht beschleunigen. Auch eine konstruktive Stressbewältigung ist ein Entwicklungsprozess. Die Praxis der Achtsamkeit erinnert daran, dass es vollkommen sinnlos ist, den eigenen Gefühlen und Schwächen gegenüber ungeduldig zu sein – es verändert sich nichts durch Ungeduld. Sich in Geduld zu üben, ist besonders hilfreich, wenn es darum geht, die Sprunghaftigkeit und Unrast des Geistes zu akzeptieren, ohne sich davon gefangen nehmen zu lassen.

Den Geist des Anfängers bewahren

Die Geisteshaltung, frei von Erwartungen und vergangenen Erfahrungen zu sein, ermöglicht es, für neue, andersartige Erlebnisse offen und empfänglich zu sein. Beim Erlernen von Entspannungstechniken, beim Einstieg in Übungssysteme wie Yoga, vor allem für die formale Meditationspraxis, ist ein Geist, der frei ist von Erwartungen, von entscheidender Bedeutung. Auch im Alltäglichen können mit dieser Geisteshaltung Ereignisse und Menschen mit »anderen Augen« wahrgenommen werden. Kabat-Zinn ermuntert dazu, Fragen zu stellen und zu experimentieren: Sehe ich in meinem Kollegen, meiner Freundin, meinen Kindern nur die Projektion meiner Gedanken?
Bin ich in der Lage, sie wirklich unvoreingenommen zu sehen? Nehme ich die Dinge in meiner Umgebung durch den Filter meiner Erwartung, Meinungen und Erfahrungen wahr? Bin ich mir bewusst, dass mein Blickfeld in Stresssituationen eingeengt ist?

Vertrauen

Viele Menschen verlassen sich lieber auf äußere Autoritäten, statt auf ihre innere Stimme zu hören. Integraler Bestandteil der Achtsamkeitspraxis ist die Entwicklung von Vertrauen in die eigene innere Weisheit. Körpersignale achtsam wahrzunehmen und Stresssymptome nicht zu übergehen, bedeutet in diesem Zusammenhang, darauf zu bauen, dass der Körper seine eigene Sprache hat, der man vertrauen kann. Unabhängig davon, wie krank oder belastet ein Mensch ist, wird das Vertrauen in das eigene, grundlegende Ganzsein und das Vertrauen, in ein umfassenderes Ganzes über Meditation integriert zu sein, gestärkt.

Nicht-Greifen
Um in der Achtsamkeitspraxis Ziele zu verfolgen, sollte man sie nicht mit Anstrengung erreichen wollen, sondern sich ausschließlich auf die Gegenwart konzentrieren. Mit Geduld und regelmäßiger Übung stellt sich Fortschritt in die gewünschte Richtung von allein ein. Auf Meditations- oder Entspannungsübungen bezogen bedeutet dies, dass Anspannung und Schmerzen registriert werden, ohne ein Urteil darüber zu fällen. Entspannung und innere Ruhe stellen sich dann ein, wenn sie zugelassen werden, wenn keine Anspannung mehr erzeugt wird.

Akzeptanz
Unter Akzeptanz ist die Bereitschaft zu verstehen, Menschen und Geschehnisse möglichst ohne Voreingenommenheit und möglichst frei von eigenen Interpretationen anzuschauen. In meditativen Übungen wird die innere Einstellung der Akzeptanz dadurch gestärkt, dass man jeden Augenblick als absolut vollwertig betrachtet und ihn so annimmt, wie er sich entfaltet. Immer wieder gibt es Situationen und Gegebenheiten, die nicht den eigenen Vorstellungen und Wünschen entsprechen. Sich dagegen aufzulehnen, verbraucht viel Energie und verbaut den Blick auf andere akzeptable Möglichkeiten und deren Vorzüge. Starres Festhalten an eigenen Vorstellungen erzeugt Spannung und Druck. Mögliche positive Wendungen werden verhindert.
Ein Problem, das sich stellt, anzunehmen, bedeutet, das Klima zu schaffen, in dem Heilung stattfinden kann. (*Kabat-Zinn, S. 53*)
Akzeptanz bedeutet nicht, den Wunsch nach Veränderung aufzugeben und in Passivität zu verfallen, sondern offen und empfänglich zu sein für das, was geschieht, möglichst frei von vorgefassten Meinungen.

Loslassen
Schlafen ist eine Form des »Loslassens«, erhöhter Stress verhindert in vielen Fällen den Schlaf. »Loslassen« im Wachzustand bedeutet, jede Erfahrung, so wie sie ist, loszulassen und sich darin zu üben, sie nur zu beobachten. Immer wiederkehrende Gedanken können eine enorme Macht ausüben und es scheint fast unmöglich, loszulassen. Die Angewohnheit, sich an bestimmte Dinge zu klammern und andere abzulehnen, wird in der Achtsamkeitspraxis durch die Übung der neutralen Beobachtung von Gedanken, Gefühlen, Wünschen und Vorstellungen ersetzt. Indem die Dinge, ohne sie zu werten, so akzeptiert werden, wie sie sich darbieten, ist es möglich, sie loszulassen.

Achtsamkeit auf die Atmung

Thich Nhat Hanh, vietnamesischer Mönch, Dichter, Lehrer, Zen-Meister und Friedensaktivist, weltweit bekannt für seine alltagsnahen Unterweisungen in buddhistischer Achtsamkeitspraxis, definiert Achtsamkeit als die Energie der vollkommenen Präsenz. Seinen Unterweisungen, auf die hier Bezug genommen wird, liegen das »Sutra des bewussten Atems« und das »Sutra über die vier Grundlagen der Achtsamkeit« zugrunde.

Sutren vermitteln Wissen in Form konzentrierter Aussagen, deren Gehalt sich über Reflexion und Meditation erschließt.

Als erste grundlegende Achtsamkeitsübung benennt er die bewusste Wahrnehmung des Atems, um Körper und Geist mit dem Atem in Berührung zu bringen. *Einatmend weiß ich, dass ich einatme, ausatmend weiß ich, dass ich ausatme.*
Dies erlaubt dem Denken, eine Pause zu machen und mit dem Atem eine Brücke zwischen Körper und Geist herzustellen.

Für Menschen, die Auto fahren, im Büro oder einer Fabrik arbeiten, telefonieren, putzen, kochen, auf den Bus warten, also nicht in klösterlicher Abgeschiedenheit leben, ist es von großer Wichtigkeit, die Achtsamkeit auf die Atmung im ganz alltäglichen Leben zu üben.
Mit Achtsamkeit zu atmen, hilft unserem Geist, davon loszulassen, weiter in der Welt konfusen Bewusstseins, in der Welt niemals endender Gedanken umherzuirren.
Thich Nhat Hanh, Sutra des bewussten Atmens, S. 50

Anhand von Beispielen veranschaulicht er, wie Alltagshandlungen bewusst, in Verbindung mit dem Atem, durchgeführt werden können:
Ich atme ein und nehme meine Hand wahr, die ein elektrisches Kabel, den Telefonhörer, ein Glas Wasser, hält – ich atme ein und nehme wahr, dass ich ein anderes Auto überhole usw.
Um den Geist in die Gegenwart zu bringen, regt er außerdem an, die Atmung mit der Achtsamkeit auf Körperbewegungen im Alltag zu verbinden, z. B. beim Gehen, Treppensteigen, Sich-Hinsetzen und Aufstehen.
Indem die Achtsamkeit auf die Atmung mit den alltäglichen Aktivitäten verbunden wird, ist es möglich, den endlosen Strom assoziativer, wahlloser Gedankenfolgen, bis hin zu Stress erzeugenden Gedankenketten, zu unterbrechen.

Thich Nhat Hanh macht darauf aufmerksam, dass der Körper und seine Organe im Allgemeinen wenig Beachtung finden.
Ich atme ein und bin mir meines Herzens bewusst
Ich atme aus und lächle meinem Herzen zu.
Thich Nhat Hanh, Schritte der Achtsamkeit, S. 44

Wenn ein so zentrales Organ wie das Herz in Verbindung mit dem Ein- und Ausatmen liebevolle Beachtung findet, werden Mitgefühl und Dankbarkeit geweckt. Das Herz wird als Teil des lebendigen Organismus erlebt, der der Fürsorge bedarf. Dies ist einer Sichtweise entgegengesetzt, in der der Körper instrumentalisiert, als Genuss- und Vorzeigeobjekt wahrgenommen wird, mit einem Herz als Pumpe, das mehr oder weniger funktioniert. Aus Achtsamkeit dem Körper gegenüber erwächst Mitverantwortung für die Gesunderhaltung des gesamten Organismus.

Wenn du dir eine Zigarette anzündest und rauchst, vollziehst du deinem Herzen gegenüber einen unfreundlichen Akt.
Thich Nath Hanh, »Schritte der Achtsamkeit«, S. 46

Zen im Gehen

Wie der Sitzende im Verlauf der Meditationsübung auf seinem Kissen wächst, bis er auf der Spitze eines Berges hockt, so bewegt sich der Street-Zen Übende, bis ihm der Horizont entgegenkommt. Nuel Rho San

Ein viel versprechender Versuch, die buddhistische Meditationspraxis den Bedingungen westlicher Kulturen anzupassen, ist das Street-Zen, das Zen im Gehen, das Nuel Rho San in Nordamerika erfunden hat. Es wirklich vollständig zu durchdringen und zu verstehen erfordert eine sehr lange Meditationspraxis, wie bei allen Übungen des Zen. Für den Alltag Stressgeplagter ergibt sich aus der Übung selbst aber weitgehend unabhängig vom Ort und der Gelegenheit eine Möglichkeit, zur Ruhe zu kommen. Egal ob der Weg von A nach B damit verbunden ist, ein allabendlicher Rundgang oder der Gang durch denlangen Flur des Hotels: Gehen lässt sich immer durchführen.
Am schönsten ist diese Form der Meditation aber in der Natur, am besten auf einem Weg, der einem gut vertraut ist.

Ziel ist das Gehen selbst, nicht das Ankommen. Ziel ist in diesem Fall nicht, die Schönheit der Landschaft zu entdecken, sondern die Schönheit des Gehens. In der Vorbereitung wird die Strecke festgelegt, dann die Gedanken gesammelt. Ausgangspunkt ist eine körperökonomische Grundhaltung, die Knie locker, der Schwerpunkt ruht tief im Becken, in der asiatischen Kultur ist hier vom »Hara«, dem Energiezentrum, die Rede. Die Wirbelsäule ist aufgerichtet.
Die Arme können locker zur Seite hängen oder in der Höhe des Bauches locker ineinander liegen. Eine Zwerchfellatmung (Bauchatmung), tief, regelmäßig und rhythmisch ist grundlegend.

Es wird gleichmäßig schrittweise gegangen, kraftvoll aufgetreten, die Sinne sammeln sich in den Füßen. Es soll die Vorstellung entstehen, dass die Erde schrittweise auf den Gehenden zukommt. Die innere Einstellung darf nichts von der möglichen Unruhe der Umgebung annehmen. Innere Anspannung gilt als Hinderungsgrund für das Üben. Innere Gelassenheit wird angestrebt. Umgekehrt hilft das Üben aber eben auch, die innere Anspannung loszulassen. Mit der Vorstellung, dass sich das Gehen einem ereignet, der Horizont auf einen zukommt, entsteht eine neue Form des meditativen Gehens.

Im Zen-Buddhismus ist das Ziel, das Ego zu überwinden. Ob man sich mit diesem Ziel identifizieren mag, ist Sache jedes Einzelnen. Für die Bewältigung von Stress kann es hilfreich sein, das was als so wichtig erscheint, in seiner Bedeutung »angesichts des Kosmos« zu relativieren. Dies kann dann auch in den Alltag mit seinen Aufgaben übernommen werden. Aus dem Satz *Wenn ich gehe, gehe ich* wird dann der Satz *Wenn ich arbeite, arbeite ich*. Meist ist es weniger die Arbeit selbst, die Stress erzeugt, sondern der Gedanke an die noch nicht erledigte Arbeit, die Gleichzeitigkeit von Dingen, die nur nacheinander bewältigbar sind. Alles mit voller Konzentration zu tun, ohne Stress zu empfinden, ist das Ziel.

Stressreaktion

Stress ist eine lebensnotwendige Anpassungsreaktion, die vom vegetativen Nervensystem gesteuert wird (*siehe auch Seite 21 ff. und Seite 24*).
Die Stressreaktion ist notwendig, um die Anforderungen des täglichen Lebens zu bewältigen. Kurzfristige Stressreaktionen mit anschließender Erholungsphase kann der Organismus gut verkraften.
Nach der Theorie von Selye lässt sich die Reaktion des Körpers unter Stress in drei Stadien aufteilen:

1. neutrale Vorphase, der Alarmreiz trifft auf den Organismus
2. sympathikusbetonte Alarmphase
3. parasympathikusbetonte Erholungsphase

Alarmphase: Körperebene

- Phase psychologischer Veränderungen aufgrund der Einwirkung von Stressoren
- Umschaltung auf die sympathikone Reaktion im vegetativen Nervensystem
- Vertiefung und Beschleunigung der Atmung
- Erhöhung des Blutdrucks
- Erhöhte Spannung der Muskulatur
- Erhöhung des Blutzuckerspiegels zwecks besserer Energieversorgung
- Veränderung des hormonalen Gleichgewichts (Adrenalinausstoß)

Psychische Ebene: Kognitive Reaktionen

- Die Wahrnehmung ist eingeengt auf die für die Stresssituation relevanten Reize bis hin zu Wahrnehmungsverzerrungen, bei der die bedrohlichen Aspekte der Situation wie durch ein Vergrößerungsglas verstärkt wahrgenommen werden.
- Gleichzeitig erfolgen gedankliche Bewertungen, die positiv, negativ oder neutral sein können, wie: Pass auf! Das schaffe ich nie! Das schaffe ich schon!
- Die Gedanken können sich im Kreis drehen (Gedankenkreisel, Gedankenschleifen).
- Es kann zu einem Gefühl von Leere im Kopf kommen (»Black out«).
- Es kann Konzentrationsmangel bis hin zu Denkblockaden auftreten (»Brett vor dem Kopf«).
- Die Gedanken können sehr rasch aufeinanderfolgen (Gedankenrasen).
- Die Gedanken können besonders scharf und präzise sein.

Emotionale Ebene

Aus dem Grundmuster Angriff-Aggression / Flucht-Angst können ganz unterschiedliche Gefühle entstehen: Die Palette reicht von »sich herausgefordert fühlen«, »sich angegriffen fühlen« bis hin zu »sich unwohl fühlen«, »sich unruhig und ängstlich fühlen«, »sich traurig und deprimiert fühlen«. Angst, Schreck, Panik, Nervosität, Ärger, Wut, Gereiztheit, Verunsicherung, Hilflosigkeit, aber auch Entschlossenheit, Mut und Elan können freigesetzt werden.

Parasympathikusbetonte Erholungsphase
In der Erholungsphase kommt es allmählich wieder zu einer Normalisierung der Körperfunktionen und zu einer gedanklichen und gefühlsmäßigen Beruhigung.

Widerstandsphase
Selye hat erkannt, dass beim Auftreten von Distress auf die Alarmphase nicht mehr die Erholungsphase folgt, sondern eine Widerstandsphase, die schließlich durch die Erschöpfungsphase abgelöst wird.
In der Widerstandsphase mobilisiert der Körper weitere Reserven. Durch die anhaltende Sympathikus-Aktivierung kann es zu den typischen, stressbedingten Symptomen und Erkrankungen kommen: Erhöhter Blutdruck, Schlafstörungen, Herzrhythmusstörungen, Tinnitus, Spannungskopfschmerz, Verdauungsstörungen u.a. gehören dazu. Je nach Anzahl und Stärke der Stressoren und der vorhandenen Anpassungsfähigkeit kann diese Phase in einen sich selbst verstärkenden Stresszyklus übergehen oder der Organismus mobilisiert Ressourcen, um diese Phase zu überwinden und wieder ins Gleichgewicht zu kommen. Hier können Entspannungsmethoden und Übungssysteme wie Yoga viel dazu beitragen, die natürlichen Regenerations- und Heilkräfte des Organismus zu wecken und zu unterstützen.

Stressaktion statt Stressreaktion

Zu den adaptiven Verhaltensweisen in einer Stresssituation gehören:

- Achtsamkeit den Körperempfindungen, Gedanken, Gefühlen und Impulsen gegenüber;
- die Achtsamkeit im Körper und in der Atmung verankern und Stresssymptome achtsam wahrnehmen;
- Gefühle wie Ärger, Wut, Ungeduld aus der Position des »neutralen Beobachters« heraus wahrnehmen, noch während sie aufsteigen;
- Gefühle nicht unterdrücken, sondern durch innere Distanz entschärfen.

Bereits der Versuch, eine Stresssituation anders als gewohnt wahrzunehmen, kann einen potenziellen Stressor in eine willkommene Herausforderung umwandeln. Dazu gehört:

- sich bewusst für die »Stressaktion« zu entscheiden;
- die Stresssituation als Experimentierfeld zu sehen – Achtsamkeit ist das Forschungsinstrument;
- sich bewusst zu machen (daran zu erinnern), dass jedes Problem in einem anderen, umfassenderen Kontext wahrgenommen werden kann.

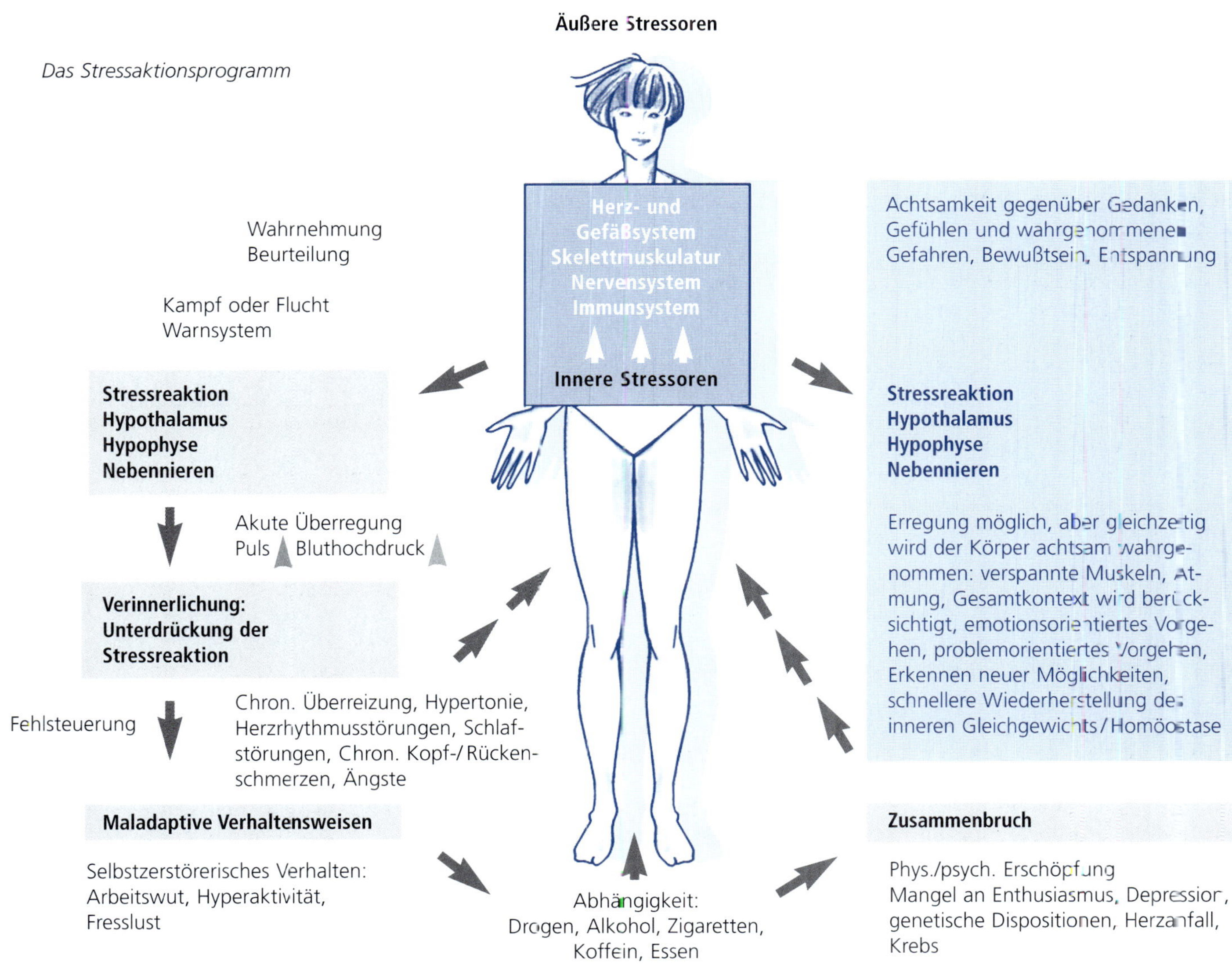

Das Stressaktionsprogramm

Den inneren Entspannungskünstler wecken: Loslassen und entspannen

Auf einen Blick

Thema	Ziel	Methode	Medien	Zeit
Entspannung hat viele Facetten	Anknüpfend an die Entspannungsgewohnheiten der Teilnehmerinnen »passive oder aktive Formen« von Entspannung vorstellen und darüber ins Gespräch kommen	Gesprächsrunde	Entspannungsgegenstände (Symbole), evtl. Wandzeitung und dicke Stifte	15 Min.
Entspannte Lage	Ruhehaltungen ausprobieren	Ruhehaltungen in Rückenlage »Totenstellung« (Yoga-Haltung)	Matten, Decken, pro Person etwa drei Handtücher	10 Min.
Fallen lassen – loslassen	Ganzkörperentspannung im Liegen	Aktive Entspannung in Rückenlage	Matten, Decken	15 Min.
Woran erkenne ich, dass ich entspannt bin?	Persönliche Merkmale von körperlich-seelischer Entspannung herausfinden	Arbeit in der Kleingruppe	Karten, Filzstifte	20 Min.
Die Entspannungsreaktion auslösen – dem Stress etwas entgegensetzen	Information über Entspannungsphysiologie und Auswirkungen von Entspannung vermitteln	Referat	Sitzgelegenheiten	10 Min.
Problemzonen Schultern und Nacken entspannen	Spannungen im Schulter-Nackenbereich wahrnehmen und auflösen, Eine »Kurz-Entspannung« für den Alltag vermitteln	Aktive Entspannung auf dem Stuhl	Sitzgelegenheiten	15 Min.
Blitzlicht	Erfahrungen vertiefen	Kurze Rückmeldung geben	Sitzgelegenheiten	5 Min.

Variation:

- Die Progressive Muskelentspannung ist ein Kernelement des Konzeptes, leicht zu erlernen und ein guter Zugang zu anderen Entspannungsverfahren. Können oder wollen Sie mit dieser Methode nicht arbeiten, gibt es dennoch eine Alternative oder auch Ergänzung:
  Wahrnehmungsübungen, die mit kleinen Bewegungen zur Aufmerksamkeitssteigerung verbunden sind.

Beschreibung der Kurseinheit

Entspannung hat viele Facetten

Beim ersten Treffen wurden die Teilnehmerinnen gegen Ende aufgefordert, einen Gegenstand mitzubringen, den sie mit Entspannung im Alltag in Verbindung bringen. Diese Gegenstände, Bilder, Fotos, sollen in der Mitte des Kreises auf dem Boden platziert werden. Legen Sie als Kursleiterin auch Ihren Entspannungsgegenstand dazu.
Bitten Sie nun die Teilnehmerinnen, ihren Entspannungsgegenstand vorzustellen.

Beispiele aus Entspannungsgruppen
Frau A. hat eine Muschel mitgebracht. Sie erzählt, dass es sie entspannt, wenn sie sich die Zeit nimmt, Naturgegenstände in die Hand zu nehmen, zu befühlen, sie auf sich wirken zu lassen und dabei Erinnerungen an Strandspaziergänge aufkommen.

Herr B. hat ein Bild mitgebracht, auf dem er sich in der Badewanne sitzend gezeichnet hat. Er erzählt, dass in der Badewanne alles von ihm abfällt, aber anschließend sei er so müde, dass er sofort ins Bett muss.

Frau C. hat eine Jogginghose in die Mitte gelegt und berichtet, dass sie nach dem Joggen *so richtig schön kaputt ist.*

Der Entspannungsgegenstand von Herrn D. ist ein Foto von seinen Kindern. Er berichtet, dass er beim Spielen mit seinen Kindern fast selber zum Kind wird und alles ringsherum vergisst. *Da kann ich so richtig abspannen.*

Frau E. hat einen Massagehandschuh in die Mitte gelegt. Sie genießt es, sich damit abzurubbeln und anschließend auf dem Rücken zu liegen, um zu entspannen.

Herr F. hat eine CD mitgebracht mit seiner Lieblingsmusik, *bei der ich so richtig schön träumen kann.*

Die Vielfalt der Entspannungsgewohnheiten, die in fast jeder Gruppe zu Tage tritt, wirkt anregend und gesprächsfördernd auf die Teilnehmerinnen.

- Die wichtigste Botschaft, die Sie vermitteln müssen: Die Teilnehmerinnen haben jeweils einen Weg gefunden, mit dessen Hilfe sie sich entspannen können. Unterstützen und bestärken Sie die Teilnehmerinnen darin, diesen Weg so oft zu nutzen, wie er ihnen möglich ist
- Die Beispiele anderer sind zusätzliche Möglichkeiten, von denen sich die Teilnehmerinnen anregen lassen können, das eine oder andere auch einmal zu probieren.
- Es gibt keinen »richtigen« Weg, aber »passende« und sich situationsabhängig ergänzende Wege.

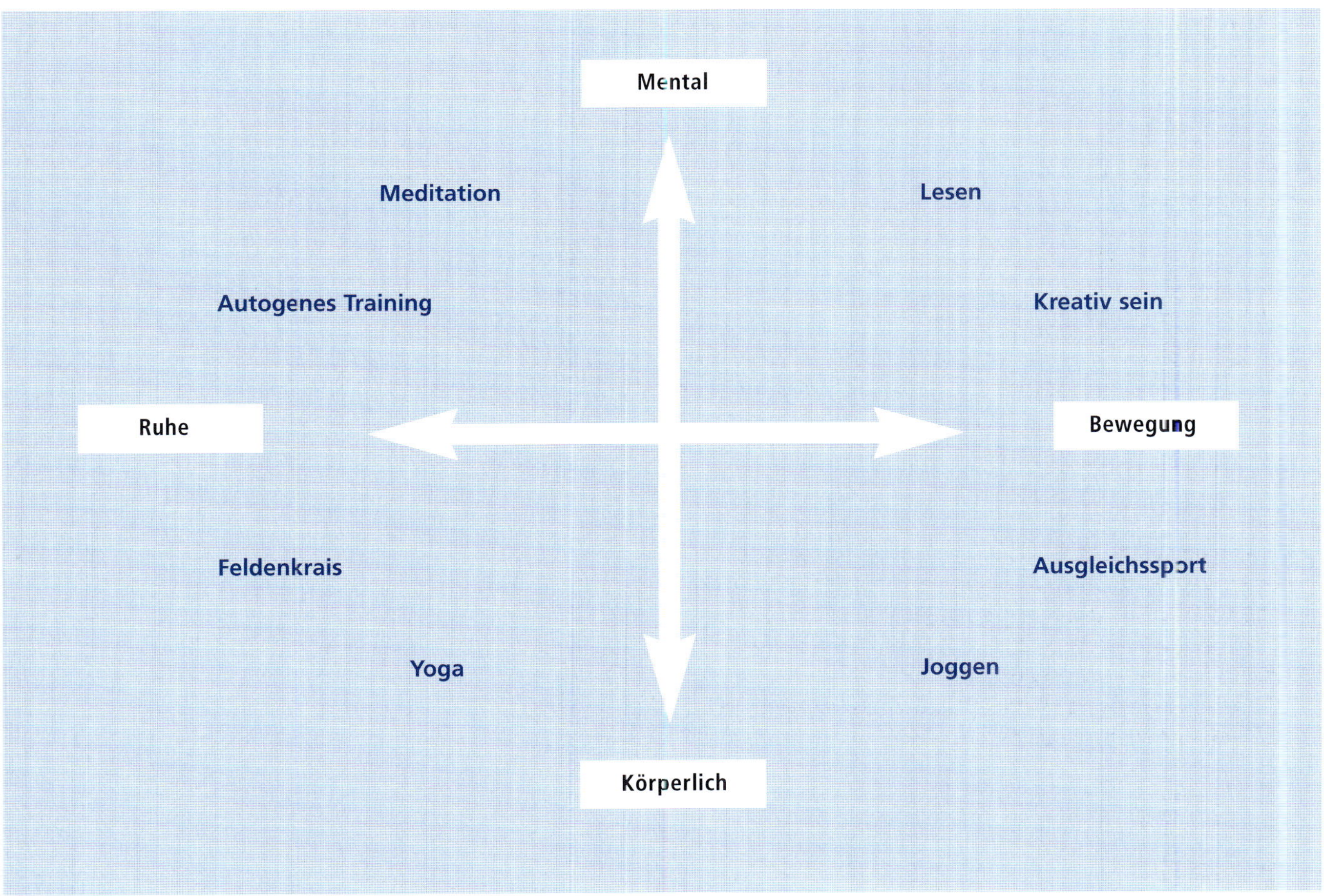

Eine Möglichkeit, Entspannungsmethoden einzuordnen

- Eine weitere Botschaft besteht kurz gesagt darin, dass die Vorlieben für Ruhe oder Bewegung, Mentales oder Körperliches beim Stressabbau ein wichtiges Kriterium sein können, um herauszufinden, welche Entspannungsmethode die für die jeweilige Person geeignete sein könnte. Andererseits kann gerade das Ausprobieren einer gegensätzlichen Methode zu einer wichtigen Erfahrung beitragen, weil man eventuell lernt, sich auch mit der gegenteiligen Form entspannen zu können, vielleicht besser, als man gedacht hat. Sie können dazu auf einzelne Beiträge eingehen und aktive und passive und mentale und körperliche Aspekte von Entspannung daran festmachen und verdeutlichen. Gehen Sie danach kurz auf verschiedene Entspannungsmethoden ein und stellen Sie unterschiedliche Formen vor, am besten in ein Raster eingeordnet.
- Stellen Sie die Progressive Muskelentspannung als aktive, leicht zugängliche Entspannungsmethode vor.
- Weisen Sie darauf hin, dass Entspannung, auch wenn Sie aktiv herbeigeführt wird, immer auch ein passiver Vorgang ist, der sich ohne Anstrengung und ohne Wollen von alleine einstellt.
- Leiten Sie mit diesem Grundgedanken zu der Entspannungsübung im Liegen, »Sich fallen lassen«, über, bei der die Teilnehmerinnen zunächst in Ruhe die »entspannte Rückenlage« ausprobieren sollen.

Entspannte Lage

Allein das Einnehmen der Ruhehaltung ist für sich gesehen schon eine Entspannungsübung.
Geben Sie den Teilnehmerinnen den Tipp, sich wenigstens einmal am Tag auf den Boden zu legen und auf achtsame Art und Weise auszustrecken, auch wenn es nur wenige Minuten sind. Mit der Zeit tritt dann bereits mit dem Einnehmen der Haltung ein Gefühl von Entspannung und Ruhe ein.
Kabat-Zinn schreibt, dass das Liegen auf dem Boden vielen Menschen so fremd ist, dass es möglicherweise *unser habituelles, neurologisches Muster außer Kraft setzt*, so dass sich die Tür öffnet, mit dem Körper in Kontakt zu kommen.
(*Kabat-Zinn, Im Alltag Ruhe finden, S. 141*)

Entspannte Lage

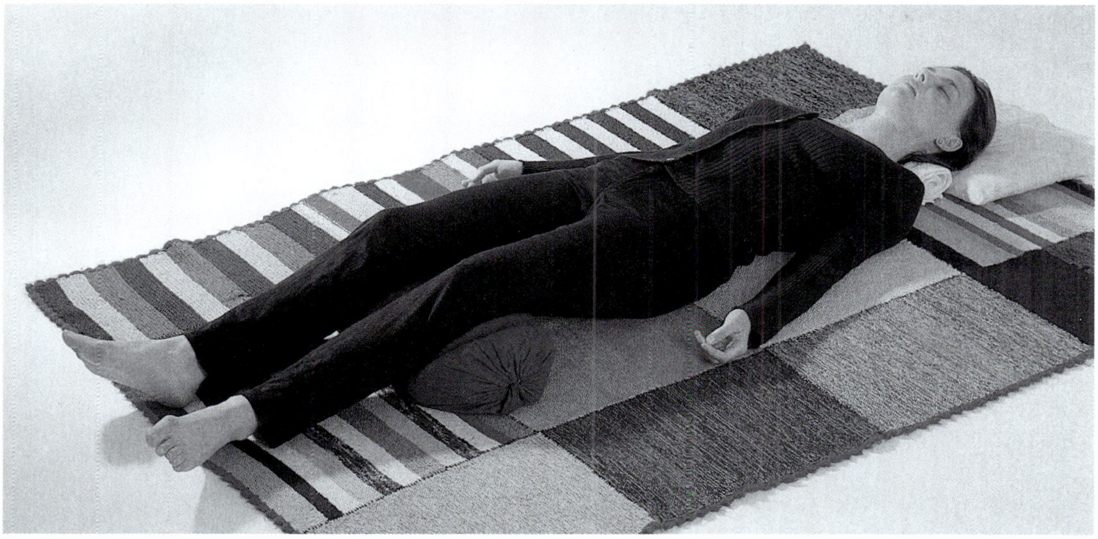

Hilfsmittel bei der Rückenlagerung

Bitten Sie die Teilnehmerinnen, sich auf einer Übungsmatte oder Decke auf den Rücken zu legen. Um eine entspannte Rückenlage einnehmen zu können, sind die folgenden Hinweise hilfreich:

- Achten Sie auf Ihre Körpersymmetrie, dies ermöglicht eine gleichmäßige Entspannung aller Körperteile.
- Stellen Sie beide Füße vor dem Gesäß auf. Lassen Sie mit dem Ausatmen die Füße langsam über den Boden gleiten und die Beine fallen. Diese Hilfestellung dreimal wiederholen.
- Drehen Sie die Beine ein paarmal nach innen und nach außen, bis sie ganz von allein etwas nach außen fallen.
- Drehen Sie die Arme ein paarmal nach innen und nach außen, bis auch diese locker nach außen fallen.
- Rollen Sie Ihren Kopf behutsam von einer Seite zur anderen, um in der Mitte zur Ruhe zu kommen.
- Ihre Arme liegen nun entspannt neben dem Körper, die Handinnenflächen zeigen nach oben, die Beine sind etwas gegrätscht, die Fußspitzen fallen locker nach außen.
- Lassen Sie die Schwerkraft wirken. Fühlen Sie, wie Ihr Gewicht Sie in den Boden sinken lässt. Lassen Sie sich mit jedem Ausatmen noch ein wenig mehr sinken.

Eine einfache Möglichkeit, den Rücken zu entlasten, besteht darin, Kopf, Nacken, Kniekehlen und eventuell das Kreuzbein mit zusammengerollten oder gefalteten Handtüchern bzw. Decken zu unterstützen:

- Ein Handtuch wird längs gefaltet und locker zusammengerollt als Unterstützung für den Nacken.
- Ein gefaltetes Handtuch unter dem Kopf bildet zusammen mit der Nackenrolle eine Ebene.
- Die Kniekehlen werden abgestützt mit einer zusammengerollten Decke.
- Wenn das Kreuz- oder Steißbein schmerzt, kann zusätzlich ein gefaltetes Handtuch unter die schmerzende Stelle gelegt werden.

Die Decke unter den Kniekehlen hebt den Zug der Hüftbeugemuskeln am Becken und an den Lendenwirbeln auf und entlastet die Kniegelenke. Indem Nacken und Hinterkopf entsprechend abgepolstert werden, wird die Lockerung und Entspannung der Nacken- und Schultermuskeln gefördert. *Weitere Entlastungshaltungen finden Sie in »Fullig / Schatz, Yoga für den Rücken«.*

Auch in der Seitenlage möglich

Fallen lassen – loslassen

Bei der folgenden Entspannungsübung werden während der Phase der Muskelanspannung die Körperteile angehoben und mit dem Ausatmen fallen gelassen. Die Phase des Anspannens sollte etwa vier Sekunden lang andauern, die des Entspannens ein wenig länger. Nachdem die Teilnehmerinnen eine für sie angenehme Entspannungshaltung gefunden haben, wird die Übung – mit entsprechenden Pausen zwischen den Sätzen – folgendermaßen angeleitet:

- Lassen Sie sich bei der folgenden Übung ganz fallen, der Boden trägt Sie.
- Heben Sie den rechten Fuß ein wenig vom Boden ab, spannen Sie die Beinmuskeln an – atmen Sie ruhig ein und aus – und lassen Sie das Bein mit dem Ausatmen wieder fallen.
- Heben Sie den linken Fuß ein wenig vom Boden ab, spannen Sie die Beinmuskeln an – atmen Sie ruhig ein und aus – und lassen Sie das Bein mit dem Ausatmen fallen.
- Heben Sie das Gesäß vom Boden ab, spannen Sie die Gesäßmuskeln an – atmen Sie ruhig ein und aus – und lassen Sie das Gesäß mit dem Ausatmen wieder sinken und entspannen Sie.
- Heben Sie den Brustkorb ein wenig an, spannen Sie dabei die Brustmuskeln an, die Hüften bleiben am Boden liegen, ebenso der Kopf, atmen Sie ruhig ein und aus – lassen Sie den Brustkorb mit dem Ausatmen fallen und entspannen Sie.
- Heben Sie den rechten Arm ein wenig vom Boden ab, schließen Sie die Hand zur Faust, spannen Sie den Arm an – atmen Sie ruhig weiter – und lassen Sie den Arm fallen und öffnen Sie die Hand.
- Heben Sie den linken Arm ein wenig vom Boden ab, schließen Sie die Hand zur Faust, spannen Sie den Arm an – atmen Sie ruhig weiter – und lassen Sie den Arm fallen und entspannen Sie.
- Heben Sie den Kopf ein wenig an – drücken Sie das Kinn auf das Brustbein – atmen Sie ruhig weiter – und lassen Sie den Kopf sinken.
- Ziehen Sie alle Gesichtsmuskeln in der Mitte zusammen – atmen Sie ruhig weiter und entspannen Sie.
- Reißen Sie die Augen weit auf, strecken Sie die Zunge heraus, atmen Sie ruhig weiter – und entspannen Sie.
- Erleben Sie das angenehme Gefühl von Ruhe und Entspannung.

Wichtig ist, die Rücknahme nicht zu vergessen:

- Stellen Sie sich darauf ein, die Entspannungsübung zu beenden.
- Bitte Arme und Beine kräftig anspannen – und locker lassen.
- Recken und strecken, dehnen und gähnen.

Woran erkenne ich, dass ich entspannt bin?

Bitten Sie die Teilnehmerinnen, sich in kleine Gruppen von etwa drei bis vier Personen aufzuteilen. Je nach räumlichen Voraussetzungen soll jede Gruppe sich einen Platz im Raum oder an seinem anderen Ort suchen. Verteilen Sie an jede Kleingruppe Karten in der Größe einer Karteikarte und Filzstifte.
Bitten Sie die Teilnehmerinnen, sich über körperlich-seelische Merkmale von Entspannung unter Berücksichtigung eigener Erfahrungen auszutauschen. Auf ein Kärtchen soll jeweils ein Merkmal in Form eines kurzen Satzes notiert werden.

Lassen Sie die Sätze beginnen mit:
Wenn ich entspannt bin, merke ich ...,
Wenn ich entspannt bin, fühle ich ....,
Wenn ich entspannt bin, spüre ich ...,
Wenn ich entspannt bin, ...

Beispiele aus Entspannungsgruppen
Wenn ich entspannt bin, ärgere ich mich nicht so schnell.
Wenn ich entspannt bin, merke ich, dass ich konzentrierter arbeiten kann.
Wenn ich entspannt bin, fühle ich mich nicht so schnell angegriffen.
Wenn ich entspannt bin, geht mir alles leichter von der Hand.
Wenn ich entspannt bin, habe ich warme Füße.
Wenn ich entspannt bin, singe ich.

Geben Sie ausreichend Zeit, damit die Teilnehmerinnen nach einer kurzen Phase der Selbstreflexion miteinander ins Gespräch kommen und sich ihre Entspannungserlebnisse gegenseitig mitteilen.
Nach etwa zehn bis 15 Minuten bitten Sie die Teilnehmerinnen, in einem Stuhlkreis Platz zu nehmen und die beschrifteten Kärtchen in der Mitte auf den Boden zu legen.
Anschließend ordnen Sie gemeinsam mit der Gruppe die Karten nach körperlichen und psychischen Merkmalen von Entspannung. Letztere können noch einmal aufgeteilt werden in kognitive und emotionale Aspekte von Entspannung.

Die Teilnehmerinnen machen in der Regel beim Reflektieren, Sprechen und Aufschreiben die Erfahrung, dass Entspannung ein sehr vielschichtiges Phänomen ist. Im anschließenden Kurzreferat soll deutlich werden, dass Entspannungsübungen weit in den Alltag hinein wirken und über die unmittelbaren Empfindungen (z.B. Wärmegefühle) hinaus eine Basis für eine Reihe gesundheitsförderlicher Veränderungen sind.

Die Entspannungsreaktion auslösen – dem Stress etwas entgegensetzen

In einem Kurzreferat sollten Sie auf folgende Stichpunkte eingehen:

- Entspannungsreaktion – Stressreaktion
- Wege zur Entspannungsreaktion
- Vegetative Umschaltung
- Unmittelbare Auswirkungen von Entspannung
- Was bewirkt regelmäßiges Entspannungstraining?

Verspannungen wahrnehmen und auflösen

Problemzonen Schultern und Nacken entspannen

In Stresssituationen ziehen viele Menschen automatisch die Schultern hoch. Dies entspricht einem uralten Reflex aus Zeiten, in denen Kopf und Hals vor feindlichen Angriffen geschützt werden sollten. Neben arbeitsplatzbedingten Faktoren (sitzende Tätigkeit) ist dieser instinktive Mechanismus eine häufige Ursache für chronische Schulter- und Nackenverspannungen, die die Blutzirkulation in den Gliedmaßen hemmen und den ganzen Körper beeinträchtigen. Verspannungen in diesem Bereich frühzeitig wahrzunehmen und aufzulösen, ist eine erste Maßnahme, den Folgen von Distress entgegenzuwirken.

Bitten Sie die Teilnehmerinnen, sich mit möglichst geradem Rücken auf einen Stuhl zu setzen, ohne sich anzulehnen. Nachdem Sie kurz auf die Bedeutung von Entspannung im Schulter-Nackenbereich und auf dessen besondere Anfälligkeit für Verspannung eingegangen sind, können Sie die Übung anleiten:

- Schließen Sie die Augen und richten Sie die Aufmerksamkeit auf Schultern und Nacken.
- Spüren Sie die rechte Schulter und das rechte Schulterblatt – spüren Sie den Bereich zwischen den Schulterblättern, – spüren Sie die linke Schulter und das linke Schulterblatt, – spüren Sie Ihren Nacken, – nehmen Sie den Schulter-Nackenbereich insgesamt wahr.
- Heben Sie die rechte Schulter – atmen Sie ruhig weiter – und lassen Sie sie wieder fallen.
- Heben Sie noch einmal die rechte Schulter – atmen Sie weiter – und lassen Sie locker.
- Heben Sie noch einma die rechte Schulter an – atmen Sie ruhig weiter – und lassen Sie locker.
- Das Gleiche mit der linken Schulter wiederholen. Danach:
- Spüren Sie aufmerksam in das sich einstellende Entspannungsgefühl.
- Drücken Sie die Schulterblätter zusammen – atmen Sie ruhig weiter – und lassen Sie locker.
- Drücken Sie die Schulterblätter noch einmal zusammen – atmen Sie ruhig weiter – und lassen Sie locker.
- Drücken Sie die Schulterblätter noch einmal zusammen – atmen Sie ruhig weiter – und lassen Sie locker.
- Ziehen Sie den Kopf in den Nacken und drücken Sie ein wenig nach hinten – atmen Sie ruhig weiter – und lassen Sie locker.
- Ziehen Sie den Kopf noch einmal in den Nacken – atmen Sie ruhig weiter – und lassen Sie locker.
- Ziehen Sie den Kopf noch einmal in den Nacken – atmen Sie ruhig weiter – und halten Sie den Kopf wieder gerade und lassen Sie locker.
- Legen Sie das Kinn auf die Brust – und drücken Sie ein wenig – atmen Sie ruhig weiter – und lassen Sie locker.
- Legen Sie das Kinn noch einmal auf die Brust – atmen Sie ruhig weiter – und lassen Sie locker.
- Legen Sie das Kinn noch einmal auf die Brust – atmen Sie ruhig weiter und nehmen Sie den Kopf zurück und lassen Sie locker.
- Spüren Sie aufmerksam in das sich einstellende Entspannungsgefühl.
- Lassen Sie es geschehen, dass die Entspannung sich weiter ausbreitet.

Beenden Sie die Übung mit einer Rücknahme:

- Die Fäuste schließen, die Arme beugen.
- Ein paarmal wiederholen.
- Lang und tief ein- und ausatmen und die Augen öffnen.

Blitzlicht

Nach der Übung können Sie eine Runde machen, in der jede Teilnehmerin zu Wort kommt. Fragen Sie, welche Empfindungen sich bei der Entspannungsübung eingestellt haben.
Fragen Sie die Teilnehmerinnen danach, was sie an den Methoden dieses Treffens als hilfreich und entspannend empfunden haben und was weniger.

Gut zu wissen: Zusatzinformationen

Formen der Entspannung

Stellt man in einer Gruppe die Frage »Wie entspannen Sie sich?«, so erhält man vielfältige Antworten. Das Spektrum reicht von passiven Formen wie Musikhören, ein Bad nehmen, sich massieren lassen, in die Sauna gehen, bis hin zu aktiven Formen wie Tanzen, Ausdauertraining, Joggen, Aerobic und Schwimmen.

Will man daraus ableitend den Teilnehmerinnen eine Orientierungshilfe geben, welche Entspannungsmethode für sie geeignet sein könnte, so findet man auch hier die Einteilung in »aktive« und »passive« Formen von Entspannung für die einzelnen Verfahren. Übungssysteme wie Yoga und Progressive Muskelentspannung werden der »aktiven Entspannung« zugeordnet, das Autogene Training und meditative Übungen der »passiven Entspannung«.

- Für Menschen, die zum ersten Mal mit einer Entspannungsmethode in Berührung kommen und denen es schwer fällt, in einer Ruhehaltung passiv zu verweilen, ist die »Progressive Muskelentspannung« eine gute Einstiegsmethode. Sie ist leicht erlernbar und führt meist schon bei der ersten Durchführung zu spürbaren Ergebnissen.
- Progressive Muskelentspannung wird darum auch als Vorbereitung für das »Autogene Training«, das an mentalen Vorgängen ansetzt und mehr Konzentrationsfähigkeit erfordert, empfohlen.
- Im Yoga finden sich sowohl passive als auch aktive Formen von Entspannung: Als Beispiele für aktive Entspannung seien hier die im rhythmischen Wechsel von Anspannung und Entspannung erfolgenden Dehn- und Streckübungen genannt (Asanas) und rhythmische Bewegungsabläufe wie z. B. der »Sonnengruß« (Karanas, Kiranas). Yoga Nidra, eine Form der Tiefenentspannung, dem Autogenen Training verwandt, und Meditations- und Konzentrationsübungen sind Beispiele für passive Formen der Entspannung innerhalb eines Übungssystems.

Betrachtet man die Konzentration auf die Atmung, ein inneres Bild, einen Ton oder eine Silbe als konzentrierte Aktivität des Geistes, so enthält jede Form der Entspannung sowohl ein passives als auch ein aktives Moment.

Alle Kursbausteine – außer sechs und sieben – sollen dazu anregen, verschiedene aktive und passive Formen der Entspannung miteinander zu kombinieren, so dass die Teilnehmerinnen anknüpfend an ihre Vorlieben und Erfahrungen ihren Weg der Entspannung finden können.

Die vegetative Umschaltung – Ziel von Entspannungsmethoden

Ziel der verschiedenen Entspannungsmethoden ist es, einen Zugang zu der körperlichen Umschaltung von Leistung auf Erholung zu ermöglichen, die während des Schlafens von alleine stattfindet. Dieser Umschaltvorgang ist als eine Aktivitätsverlagerung im sogenannten autonomen oder vegetativen Nervensystem zu verstehen, das für die Selbstregelung der inneren Organe zuständig ist. Im vegetativen Nervensystem werden zwei grundsätzliche Erregungsmuster unterschieden: Die Erregung des Sympathikus, die im Körper eine Leistungsreaktion hervorruft und die Erregung des Parasympathikus, die eine Entspannungsreaktion bewirkt (*vergleiche auch Seite 21 f.*).
Ein annäherndes Gleichgewicht zwischen Leistung und Erholung ist eine wichtige Voraussetzung für körperlich-seelisches Wohlbefinden und für die Gesundheit. Wenn die Lebensbedingungen dieses natürliche Gleichgewicht zwischen der Leistungs- und Entspannungsreaktion nicht mehr gewährleisten und die Leistungsreaktion überwiegt, ist es sinnvoll, unterstützende Methoden zur bewussten, therapeutisch wirksamen Entspannung zu erlernen und einzusetzen.

Das autonome Nervensystem ist nicht willentlich beeinflussbar und Entspannung kann nicht erzwungen werden, genauso wenig wie der Schlaf. Alle Trainingsmethoden, die eine bewusst gelenkte körperliche Entspannung zum Ziel haben, bedienen sich bestimmter Grundprinzipien, um dennoch die gewünschte unwillkürliche Umschaltung im vegetativen Nervensystem möglich zu machen. Eines dieser Prinzipien ist die Schulung und Sensibilisierung der Körperwahrnehmung.

In der Regel nehmen die meisten Menschen die Vorgänge in ihrem Körper kaum wahr, die Aufmerksamkeit ist nach außen gerichtet. Herzschlag, Verdauungstätigkeit, Hautdurchblutung, Atmung finden eher wenig Beachtung. Solange der Körper »funktioniert«, gelangen die körperinneren Vorgänge kaum ins Bewusstsein. Für das Erlernen einer Entspannungsmethode ist die feine Wahrnehmung dessen, was im Körper geschieht, jedoch notwendig, um die vegetative Umschaltung herbeiführen zu können. Das autonome, innerkörperliche Geschehen wird über konzentrative Hinwendung ins Bewusstsein gehoben. Die bewusste Wahrnehmung der mit dem Entspannungsvorgang verbundenen Gefühle und Empfindungen leitet den sich selbst verstärkenden Entspannungsprozess ein. Ein weiteres Grundprinzip, die vegetative Umschaltung möglich zu machen, ist der Umweg über die Vorstellung. Dieses Prinzip liegt dem Autogenen Training zugrunde (Baustein fünf).

Entspannungstraining kann zur Basis für eine Reihe gesundheitsförderlicher Veränderungen werden:

- Entspannungstraining hat eine vorbeugende Funktion, um schwierige Situationen gelassener bewältigen zu können (Beispiel: vor einer Prüfung eine Entspannungsübung durchführen).
- Es kann nach einer Stresssituation dazu beitragen, dass sich die körperlichen Alarmierungsvorgänge schneller wieder normalisieren.
- Entspannungstraining ist hilfreich bei allen Schmerzzuständen. Der Teufelskreis von Aufregung über den Schmerz, Ausschüttung von Stresshormonen wie Adrenalin und Noradrenalin, die die Schmerzschwelle herabsetzen und noch mehr Schmerz hervorrufen, wird durchbrochen. Insbesondere hat sich dies bei stressbedingten Spannungskopfschmerzen bewährt.

- Entspannungstraining verlangsamt die Gehirnwellen und führt nach regelmäßiger Durchführung zu gleichmäßigeren, ruhigeren Gehirnwellenmustern. Dies wirkt sich positiv auf die Reizverarbeitung aus, Informationen können besser aufgenommen und verarbeitet werden.
- Entspannungstraining wirkt Ängsten entgegen, die häufig Ursache von Schlafstörungen sind und baut Stress erzeugende Gefühle wie Wut und Feindseligkeit ab, die als Risikofaktoren für erhöhten Blutdruck und Herz-Kreislauf-Erkrankungen gelten (*vgl. Untersuchungen von Redford Williams*).

Die Entspannungsreaktion – Relaxation-Response

Der Harvard-Kardiologe Herbert Benson entdeckte in den sechziger Jahren die »Relaxation Response«, die der »Flucht- oder Kampfreaktion«, wie sie Walter Cannon und Hans Selye erforscht haben, genau entgegengesetzt ist. Er fand damals durch Messungen heraus (*vgl. Psychologie heute, Febr. 93, S. 24*), dass »durch die simple Praxis des Meditierens, durch die Kontrolle der eigenen Gedanken«, Blutdruck und Herzrate gesenkt und diese körperlichen Veränderungen von Gefühlen wie Gelassenheit und innerem Frieden begleitet wurden.

In ergänzenden Untersuchungen wurde außerdem eine Verlangsamung der Gehirnwellen während der meditativen Entspannung gemessen und ein verminderter Sauerstoffverbrauch.

Der Physiologe und Nobelpreisträger für Medizin, Walter Hess, hatte etwa zur gleichen Zeit in seinen Experimenten mit Katzen die »trophotropische Reaktion« entdeckt und war damit auf den gleichen Mechanismus gestoßen. Die Entspannungsreaktion oder trophotropische Reaktion ist ebenso wie die Stressreaktion Teil des biologischen Erbes. Während aber die Flucht- oder Kampfreaktion automatisch abläuft, muss das Programm der Entspannungsreaktion gelernt werden.

Die »Relaxation Response« ist ein physiologischer Prozess, der über psychische Mechanismen ausgelöst wird. Benson hat östliche und westliche Entspannungsmethoden untersucht und sich mit meditativen Traditionen verschiedener Kulturen ebenso befasst wie mit Hypnose, Autogenem Training und Progressiver Muskelentspannung. Bei all diesen Lehren und Methoden tauchen immer wieder die gleichen Elemente auf, die dazu führen, dass die Entspannungsreaktion ausgelöst wird.

Folgende Komponenten sind laut Benson von Bedeutung, um die Entspannungsreaktion auszulösen:

- **Sich auf etwas konzentrieren:** (Mentaler Fokus)
  Den Atem beobachten. Innerlich ein Wort, einen Satz, ein Mantra oder einen Ton wiederholen. Eine rhythmische Aktivität innerlich mitvollziehen, z. B. Anspannen – Entspannen der Muskeln, rhythmisches Stampfen, Trommeln, rhythmisches Atmen.
- **Eine passive Haltung gegenüber ablenkenden, störenden Gedanken einnehmen,** z. B. sich keine Sorgen machen, ob man »richtig entspannt« und den Geist immer wieder sanft auf den Fokus zurücklenken. Nicht die Gedanken verdrängen wollen, sondern vorbeiziehen lassen.
- **Eine entspannte Körperhaltung:**
  Ruhiges Sitzen oder Liegen in einer Haltung, in der die Muskelanspannung gering ist, ist förderlich, aber nicht Voraussetzung. Benson weist darauf hin, dass die Entspannungsreaktion auch in der Bewegung ausgelöst werden kann und führt als Beispiele Trance-Tänze und meditatives Gehen an.

Als wesentlichen Moment betont Benson, dass »Entspannung geschieht« und nicht mit Anstrengung und Wollen zu erreichen ist.

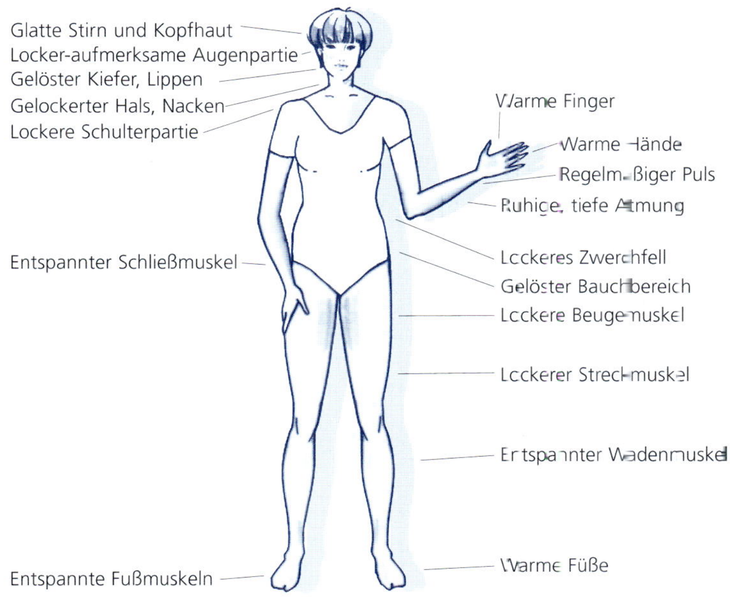

Merkmale von Entspannung

Progressive Muskelentspannung

Die Progressive Relaxation, auch Tiefenmuskel-Entspannungstraining oder »aktive Entspannung« genannt, wurde zu Beginn des 20. Jahrhunderts von dem amerikanischen Physiologen Edmund Jacobson (1885 –1976) an der Harvard-Universität entwickelt. Ansatzpunkt für Entspannung ist das Muskelsystem. Durch das Kontrasterleben von Anspannung und danach eintretender Entspannung tritt der Entspannungseffekt deutlich hervor. Die Progressive Muskelrelaxation baut auf der Erkenntnis auf, dass eine kurzfristige, willentlich gesteuerte Anspannung mit anschließendem Loslassen zu einer verstärkten Durchblutung der Muskulatur und entsprechenden Wärme- und Schwereempfindungen führt.

Die Technik der Progressiven Muskelentspannung basiert auf dem psychosomatischen Zusammenhang von psychischer und körperlicher (muskulärer) Spannung. In vielen Untersuchungen wurde nachgewiesen, dass innere Anspannung in Stress- und Belastungssituationen erhöhte Muskelanspannung auslöst. Umgekehrt geht eine Entspannung der Muskulatur mit positiv getönten Gefühlen und Empfindungen einher. Die Wechselbeziehung zwischen psychischer und muskulärer Anspannung wird genutzt, um einen positiven Kreisprozess in Gang zu setzen

Durch das Entspannungstraining werden nacheinander alle Muskelgruppen entspannt, wodurch auch psychische Entspannung eintritt. Das sich einstellende Ruhegefühl bewirkt wiederum eine fortschreitende (progressive) Muskelentspannung, bis hin zu einem Zustand der Tiefenentspannung.
Bei der aktiven Durchführung und Herbeiführung des Ruhezustandes ist Konzentration auf die dabei entstehenden Körperempfindungen erforderlich. Dadurch entsteht ein Ablenkungsvorgang von spannungserzeugenden Gedanken hin zur Wahrnehmung körperlicher und psychischer Anzeichen von Entspannung. Jacobson sah in der »Kultivierung des Muskelsinns« das Hauptziel seines Trainings. Selbst minimale Anspannungen und feine Spannungsunterschiede in der Muskulatur sollten in die Wahrnehmung gelangen, um auch die Restspannung auflösen und einen Zustand der Tiefenentspannung herbeiführen zu können.

Entsprechend zeitaufwendig ist die Originalversion der Progressiven Muskelentspannung, bei der 16 Muskelgruppen so lange angespannt werden, bis keine Muskeltätigkeit mehr feststellbar ist. Eine Stunde Übungszeit pro Tag und über fünfzig Trainingssitzungen sind laut Jacobson erforderlich, um das Entspannungstraining, so wie er es ursprünglich vorgesehen hatte, zu beherrschen.

In Abgrenzung zum Autogenen Training verzichtete Jacobson ausdrücklich auf suggestive Elemente. Die Wirkungsweise des Verfahrens baut auf der willentlich gesteuerten, kontinuierlichen Reduktion der Spannung einzelner Muskelgruppen des Bewegungsapparates auf. Dies soll den Übenden in die Lage versetzen, auch außerhalb der Übungszeit eine differenzierte Wahrnehmung für Spannungszustände in der Muskulatur zu entwickeln.

Mittlerweile gibt es zahlreiche, zum Teil stark veränderte Varianten der Progressiven Muskelentspannung. Bei den neueren Formen des Verfahrens wurde die Reihenfolge der zu entspannenden Muskelgruppen verändert und auf sieben bzw. vier Muskelgruppen verkürzt. Integriertes Entspannungstraining, wie es heute vielfach angeboten wird, kombiniert Progressive Muskelrelaxation mit suggestiven Techniken wie dem Autogenen Training, Imagination, Atementspannung und meditativen Übungen zur Gedankenkontrolle und -beruhigung.
Die Progressive Muskelentspannung gehört heute neben dem Autogenen Training zu den am meisten verbreiteten Entspannungsverfahren. Tiefenmuskel-Entspannungstraining wird zur Behandlung einer Vielzahl psycho-vegetativer Störungen und in der Schmerzbekämpfung eingesetzt. Im Rahmen der Verhaltenstherapie findet diese Methode als Hilfsmittel bei der Behandlung krankhafter Ängste (Phobien) Anwendung.
Stressbedingte Angst- und Beklemmungsgefühle können mit Hilfe der Progressiven Muskelentspannung auch ohne Fremdanleitung abgebaut werden, unter der Voraussetzung, dass die Methode entsprechend lange geübt wurde.

Selbst gesteuerte Entspannung

Selbst gesteuerte Entspannung heißt, die Entspannungsübungen entsprechend dem persönlichen Eigenrhythmus ohne Fremdanleitung durchzuführen. Dazu gehört, dass der Entspannungsprozess bewusst erlebt wird, damit sich die volle Wirkung der Übungen entfalten kann. Mechanisch durchgeführte Übungen führen nur zu einem oberflächlichen Entspannungszustand. Eigenverantwortung und Selbststeuerung sind wichtige Faktoren im Umgang mit Stress und Gesundheit.

Regelmäßiges Entspannungstraining erleichtert den selbstverantwortlichen Umgang mit Konflikten und Problemen und ist eine wichtige Eigeninitiative in Richtung Gesundheit.

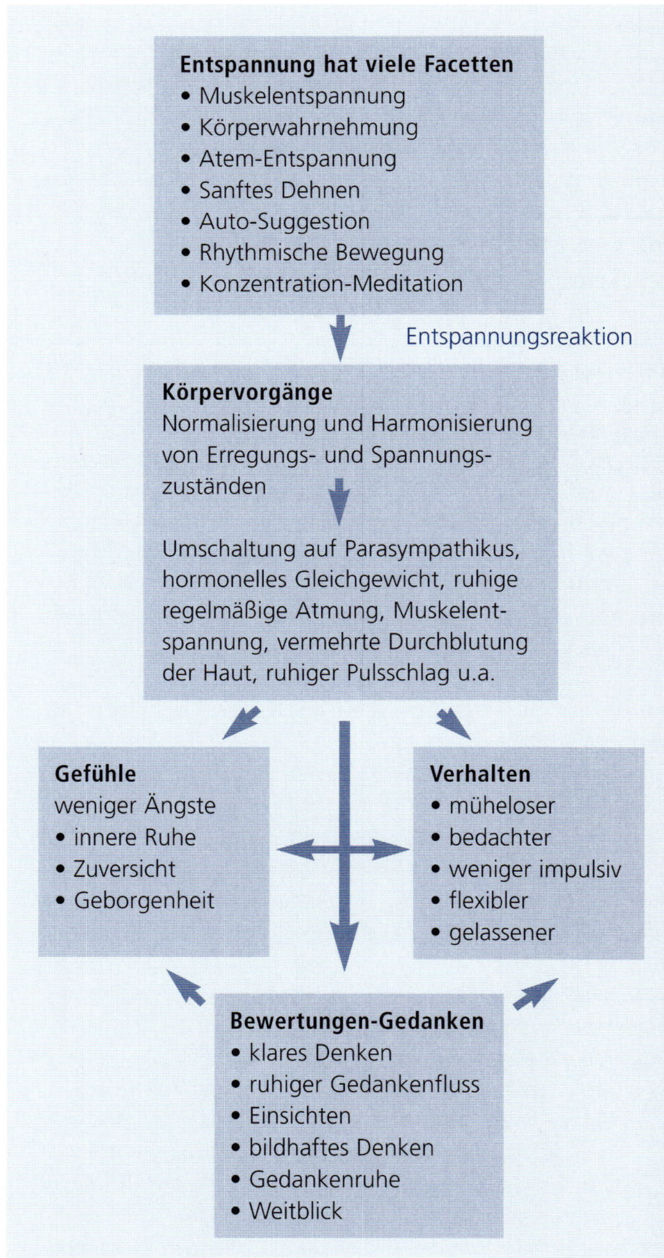

Entspannung hat viele Facetten

Sich wohl fühlen im Körper: Sanftes Strecken und Dehnen

Auf einen Blick

Thema	Ziel	Methode	Medien	Zeit
»Der Baum«	Den stufenweisen Aufbau der Übung kennen lernen	Yoga Asana, »Der Baum«, Bausteine	Freier Raum	20 Min.
Im Gleichgewicht sein	Prinzipien von Yoga als Übungssystem anhand der Übung »Der Baum« deutlich machen	Kurzreferat	Übungsmatten zum Sitzen	10 Min.
Geschmeidig wie eine Katze	Eigenbewegungen im Vierfüßerstand auspro-bieren	Freie Bewegung im Vierfüßerstand	Übungsmatten, Decken	15 Min.
»Die Katze«	Den stufenweisen Aufbau der Übung kennen lernen	Yoga-Asana Marjari	Übungsmatten, Decken	15 Min.
»Die Katze« in Variationen	Variationen der Grundübung kennen lernen	Yoga-Asana	Übungsmatten, Decken	20 Min.
Die Körperübungen im Yoga: Stress-bewältigung und Gesundheit	Yoga als Methode der Stressbewältigung unter Berücksichtigung der gesundheitsfördernden Aspekte thematisieren	Kurzreferat	Sitzgelegenheiten, evtl. auf den Matten	10 Min.

Beschreibung der Kurseinheit

»Der Baum«

Die Gruppe steht im Kreis und Sie haben die Übung »Der Baum« mit Varianten als klassische Yoga-Haltung angekündigt.

Vorübung
Um den Körper aufzuwärmen, machen Sie eine Vorübung, bei der die Teilnehmerinnen bereits auf eine aufrechte Körperhaltung achten sollen.

- Beide Arme seitlich auf Schulterhöhe anheben – die Handteller zeigen nach oben – beide Fersen anheben
- Einatmen
- Die Fersen senken – die Hände zu Fäusten schließen
- Ausatmen

Etwa drei Minuten lang den Bewegungsablauf wiederholen, die Arme bleiben die ganze Zeit auf Schulterhöhe ausgebreitet.

Variation:
Der Ablauf bleibt der gleiche bis auf die Bewegung der Fersen, die dieses Mal abwechselnd gesenkt werden. Machen Sie auch diese Übung etwa drei Minuten lang, gemeinsam mit der Gruppe.

Üben Sie danach mit der Gruppe gemeinsam die Yoga-Haltung »Der Baum« im stufenweisen Aufbau.

Körperhaltung: »Der Berg«
Zunächst geht es darum, eine aufrechte Körperhaltung einzunehmen:

- Spüren Sie den Kontakt der Füße mit dem Boden, drücken Sie die Füße ein wenig in den Boden.
- Aktivieren Sie die Beinmuskulatur, die Knie sind locker. Richten Sie das Becken auf, indem Sie die Bauchmuskeln nach innen ziehen.
- Achten Sie auf Ihre Wirbelsäule, die aufgerichtet nach oben strebt. Öffnen Sie sich im Brustraum und entspannen Sie sich in den Schultern.
- Der Kopf ist im Lot, stellen Sie sich einen Faden in der Mitte des Kopfes vor, den den Körper nach oben zieht.

»Tanne«

- Heben Sie einatmend beide Arme seitlich hoch nach oben, bis die Handflächen sich berühren.
- Lassen Sie die Schultern unten.
- Versuchen Sie im Nacken entspannt zu bleiben.
- Atmen Sie lang und tief ein und aus, während Sie die Füße in den Boden drücken und sich nach oben strecken.
- Senken Sie mit dem Ausatmen die Arme und spüren Sie nach.

Gleichgewicht halten: Körperwahrnehmung

- Verlagern Sie Ihr Gewicht auf die rechte Seite und stellen Sie den linken Fuß auf den rechten.
- Die Gesäßmuskeln und die Oberschenkelmuskulatur sind leicht angespannt, die Wirbelsäule ist aufgerichtet.
- Heben Sie mit dem Einatmen die Arme seitlich hoch, bis die Handflächen sich berühren.
- Der Oberkörper strebt nach oben, der Nacken ist entspannt.
- Atmen Sie durch die Nase ruhig und gleichmäßig ein und aus – halten Sie das Gleichgewicht (etwa ein bis zwei Minuten die Position halten).
- Senken Sie mit dem Ausatmen die Arme.
- Spüren Sie nach, ob sich die beiden Körperhälften unterschiedlich anfühlen.
- Wiederholen Sie die Übung auf dem linken Bein stehend.

Gleichgewicht halten: Atmung

- Legen Sie die linke Fußsohle an den rechten Unterschenkel.
- Führen Sie einatmend beide Arme seitwärts nach oben.
- Suchen Sie sich einen Punkt am Boden aus, den Sie fixieren, um das Gleichgewicht besser halten zu können.
- Richten Sie Ihre Aufmerksamkeit auf Ihre Wirbelsäule.
- Beim Einatmen stellen Sie sich vor, wie der Atem vom Steißbein bis zur Halswirbelsäule hinauf aufsteigt, beim Ausatmen fließt der Atem in umgekehrter Richtung nach unten.
- Legen Sie eine kleine Pause ein, um nachzuspüren, bevor Sie die Übung auf der anderen Seite durchführen.

Aufrecht stehen

Gleichgewicht halten: Endposition als Partnerinnenübung
Die Endposition kann zunächst mit Unterstützung einer Partnerin ausgeführt werden.

- Zwei Personen stehen einander gegenüber und legen sich die Hände gegenseitig auf die Schultern.
- Jede legt den linken Fuß an die Innenseite des rechten Oberschenkels, wenn möglich mit der Ferse am Ansatz.

Unterstützung geben

- Ohne den Schultergürtel zu bewegen, hebt eine der beiden Partnerinnen die Hände von den Schultern der anderen.
- Sie streckt die Arme wie in den Vorübungen so weit wie möglich nach oben, ohne den Nacken anzuspannen.
- Die Handflächen berühren sich, die Ellenbogen sind möglichst nahe zusammen.
- Danach werden die Hände wieder auf die Schultern der Partnerin gelegt.
- Jetzt vollzieht die andere Partnerin, mit der Unterstützung ihres Gegenübers, die gleiche Bewegung.
- Im Anschluss führen die beiden Partnerinnen die Übung auf der anderen Seite aus.

»Den eigenen Standpunkt finden«

Die Gruppe ist nun aufgefordert, die »Baum-Übung« in Eigenregie durchzuführen. Es geht darum, entsprechend den eigenen körperlichen Voraussetzungen die Position zu finden, bei der es gelingt, zwei Minuten lang im Gleichgewicht stehend zu verharren. Die Wirbelsäule soll möglichst aufgerichtet sein, ohne ins Hohlkreuz zu gehen.

»Sich fühlen wie ein Baum«

Wenn alle ihre Position gefunden haben, kann die Übung mit einem inneren Bild verbunden werden.

- Stellen Sie sich vor, dass Sie wie ein Baum mit dem Fuß im Boden fest verwurzelt sind.
- Hände und Arme streben nach oben wie Äste, die Beine und das Becken geben Halt, wie ein fester Stamm.
- Lassen Sie Ihre Arme durch den Körper fließen, von den Wurzeln bis zur Krone und zurück.

»Ein Wald voller Bäume«

Schließen Sie noch einmal eine Partnerinnenübung an.

- Zwei Partnerinnen stehen einander gegenüber.
- Sie stellen verschiedene Bäume dar, mal mit beiden Füßen fest auf dem Boden stehend – mal auf einem Bein balancierend.
- Mit den Armen und Händen bilden sie, je nach Baumart, verschiedene Äste und Kronen.
- Die Haltungen der beiden Partnerinnen sind spiegelgleich, sie sollen eine Weile darin verharren.
- Mal gibt die eine, mal die andere Partnerin eine Bewegung vor.
- Mit dem Wechsel der Standposition ist die andere Partnerin an der Reihe, die Vorgaben zu machen.

Es können beide Arme in unterschiedlicher Höhe ausgebreitet werden. Die Handteller können mal nach oben, mal nach unten zeigen. Ein Arm kann nach oben, der andere zur Seite ausgestreckt werden usw.

Baumkreis

Die Gruppe steht dicht zusammen im Kreis, die linke Hand um die Taille der Nachbarin, die rechte Hand auf die rechte Schulter der Nachbarin gelegt.

Alle nehmen noch einmal die Baumposition ein, indem die linke Fußsohle an den rechten Ober- und Unterschenkel gelegt wird. Mit Unterstützung kann die Position auch mit geschlossenen Augen gehalten werden.

Fest verwurzelt wie ein Baum

Baumvarianten

So vielfältig wie die Bäume in der Natur, so vielfältig sind die Übungen aus dem Yoga

Im Gleichgewicht sein

Machen Sie nach einer Übungsphase eine Sitzrunde am Boden, in der Sie die folgenden Prinzipien kurz erläutern.

Alle Asanas haben eine psychosomatische Komponente, in der enthalten ist, auf welche Art und Weise ein Mensch mit seinem Körper umgeht. Die Haltungen zeigen an, in welchen Bereichen der Übende Blockaden hat, welche Körperzonen vernachlässigt wurden und welche Fähigkeiten entwickelt sind. Es geht darum, die innere Aussage einer Haltung zu verstehen, sich darauf einzulassen, was die einzelnen Haltungen mir persönlich sagen können. Es braucht ein wenig Geduld, um zu erforschen und zu erleben, wie der eigene Körper »spricht«. Das schrittweise Erweitern der eigenen Grenzen und eine sensiblere Körperwahrnehmung fließen immer mehr auch in den Alltag ein.

Die Übung »Der Baum« dehnt und kräftigt die Rumpf-, Bein- und Armmuskulatur und stärkt Bänder und Sehnen der Kniegelenke.

Das Gefühl für die aufrechte Körperhaltung und die dafür erforderliche Beckenstellung wird geschult. Es entwickelt sich ein Gefühl dafür, welche Muskeln in welcher Haltung angespannt werden müssen und welche entspannt bleiben sollen. Yoga will die verschiedenen Fehlhaltungen und Schutzhaltungen bewusst machen. Erst wenn Fehlhaltungen wahrgenommen werden, können sie verändert werden. Dies gilt nicht nur für die äußere Haltung. Jede Yoga-Position hat auch eine innere Auswirkung.

Mit der Konzentration auf die Atmung gelangen Körperempfindungen und Gefühle ins Bewusstseinsfeld. Alle Bewegungen und Haltungen werden im Yoga in Verbindung mit der Atmung ausgeführt. Eine heilsame Wirkung entsteht.
Verbunden mit dem inneren Bild eines Baumes, wird eine »meditative Haltung« angesprochen. Die Übende wird sozusagen selber zum Baum.

In der bekannten Yoga-Schrift Bhagavad-Gita heißt es: »Yoga ist Gleichgewicht in allem«. Alle Yogaübungen zielen darauf ab, körperlich-seelisches Gleichgewicht zu stärken, um den Wechselfällen des Lebens gelassener gegenübertreten zu können. Bei der Yogaübung »Der Baum« geschieht dies ganz konkret, indem der Gleichgewichtssinn geschult wird. Inneres und äußeres Gleichgewicht wirken wechselseitig aufeinander ein. Indem man das Gleichgewicht abwechselnd von dem einen auf den anderen Fuß verlagert, wird eine Balance zwischen der linken und rechten Körperseite erreicht.

Durch die Konzentration auf einen Punkt am Boden können störende Gedanken ausgeschaltet werden. Die regungslose äußere Haltung begünstigt eine ruhige innere Haltung.

Fast alle Yoga-Haltungen beinhalten eine bestimmte Symbolik. »Der Baum« symbolisiert im Yoga die Verbindung von Himmel und Erde, Verwurzeltsein, Standfestigkeit, Selbstlosigkeit, Wandlungsfähigkeit, hohes Alter und lebenslange Entwicklung.

Selbstverständlich bedarf es einer längeren Übungsphase, bis die Übung »Der Baum« verinnerlicht wird und ohne Mühe gelingt.

Geschmeidig wie eine Katze

Einige Yogaübungen erinnern an die Streckbewegungen von Katzen, die Sinnbild für Geschmeidigkeit und Entspannung sind. Die Katzenübungen sind für erste Erfahrungen mit Yoga gut geeignet, sie können statisch und dynamisch durchgeführt werden. Die Übungen dienen alle der Stärkung des Rückens, der für Stressbelastungen besonders anfällig ist.

Beginnen Sie mit einer freien Bewegungsphase. Die Teilnehmerinnen haben den Vierfüßerstand eingenommen. Sie sollen in dieser Position Bewegungen machen, die sie als wohltuend für ihren Rücken empfinden. Regen Sie an, sich auf allen Vieren vorwärts und rückwärts zu bewegen, das Becken auf und ab zu kippen, den Rumpf zu kreisen, die Schultern einzusetzen, katzenähnliche Bewegungen zu machen.

Die Teilnehmerinnen nehmen danach eine entspannte Rückenlage *(siehe Seite 48 f.)* ein, um nachzuspüren. Dies geschieht ohne Vorgaben, die den Denkprozess ankurbeln – lassen Sie Stille einkehren.

Ausgangsposition der Katzenübungen

»Die Katze«

Üben Sie danach gemeinsam mit der Gruppe die Yoga-Haltung »Die Katze«, während Sie gleichzeitig anleiten. Sie können die Übung vorher einmal vormachen.

Den Bewegungsablauf kennen lernen

- Nehmen Sie den Vierfüßerstand ein. Halten Sie den Rücken möglichst gerade – wie eine Bank.
- Die Knie sind etwa hüftbreit auseinander, die Hände direkt unterhalb der Schultern platziert.
- Achten Sie darauf, dass Ihre Oberschenkel möglichst im rechten Winkel zum Boden sind.
- Richten Sie sich vom Steißbein her zu einem Katzenbuckel auf.
- Der Rücken ist nach oben gekrümmt, der Kopf hängt zwischen den Armen. – Atmen Sie dreimal ein und aus und spüren Sie die Dehnung.
- Bewegen Sie sich in die Gegenrichtung, indem Sie den Rücken durchdrücken und in eine leichte Hohlkreuzstellung kommen. Der Kopf ist etwas zurückgebeugt, der Blick nach oben gerichtet. – Atmen Sie dreimal ein und aus und spüren Sie die Dehnung.

Die Bewegung mit der Atmung verbinden

Ausatmen: »Katzenbuckel« : Den Rücken nach oben krümmen und die Bauchdecke nach innen ziehen.
Einatmen: »Hohle Katze«: Den Rücken in die Gegenrichtung bewegen, tief in den Bauch einatmen. Die Bauchdecke locker lassen.

»Hohle Katze«

Stille Übungsphase

Die beiden Stellungen »Katzenbuckel« und »Hohle Katze« sollen nun langsam und harmonisch im Rhythmus von Ein- und Ausatmung wiederholt werden. Die Teilnehmerinnen sollen achtsam wahrnehmen, wie Atem und Bewegung auf die Wirbelsäule einwirken und wie sich der Atem durch die Bewegung vertieft.

Die Übung »Die Katze« wirkt vielfältig: Die Bauchorgane werden gut durchblutet. Die Verdauung wird angeregt. Verspannungen im Bauch-Beckenbereich lösen sich. Die tiefe Bauchatmung wird angeregt. Die Elastizität der Wirbelsäule entspannt sich.

Eine Ruhe-Haltung einnehmen

Bieten Sie drei Möglichkeiten an – die Teilnehmerinnen sollen diejenige auswählen, in der sie sich am wohlsten fühlen.

»Katzenbuckel«

»Zusammengerolltes Blatt« – die Ruhehaltung

- Aus dem Vierfüßerstand heraus die Unterarme ablegen und die Stirn an den Boden legen.
- Die Hände zu Fäusten geschlossen übereinander legen, die Stirn darauf betten.
- Aus dem Vierfüßerstand das Gewicht nach hinten verlagern, bis das Gesäß die Fersen berührt. Die Arme liegen locker neben dem Körper – die Stirn ruht am Boden.

Ruhig und gleichmäßig ein- und ausatmen, die Atmung tief im Bauch spüren.

»Die Katze« in Variationen

Machen Sie jetzt mit der Gruppe Varianten der Übung »Die Katze«.

»Die Katze legt die Pfoten ab«

- Vom Vierfüßerstand ausgehend sich auf die Unterarme abstützen.
- Der Kopf und der Oberkörper sind jetzt tiefer als das Becken.
- Die Bewegungsabfolge bleibt die gleiche: beim Ausatmen einen Katzenbuckel machen, beim Einatmen in die »Hohle Katze« gehen.

Die Teilnehmerinnen richten ihre Aufmerksamkeit diesmal auf die Dehnung der Brustwirbelsäule und die Bewegung der Schulterblätter.

»Die Katze legt die Pfoten ab« – Einatmen

»Die Katze legt die Pfoten ab« – Ausatmen

»Die Katze hält das Gleichgewicht«

»Die Katze wedelt«
Die Ausgangsposition ist identisch mit der Übung zuvor.

- Die Füße anheben, die Knie berühren den Boden.
- Die angehobenen Füße zur Seite drehen und den Blick über die Schulter auf die Fersen richten, so dass die Wirbelsäule sich leicht dreht.
- In die mittlere Position zurückkehren und den Rücken rund machen.
- Die Bewegung zur anderen Seite hin wiederholen.
- Die Bewegungsabfolge fließend in Verbindung mit dem Atem machen.
- Einatmend die seitliche Drehbewegung machen.
- Ausatmend in die Mittellage zurückkehren – den Rücken rund machen.
- Einatmend die seitliche Drehbewegung zur anderen Seite hin machen usw.

Diese Übung entspannt insbesondere den Kreuzbereich und hilft bei Kreuz- und Menstruationsschmerzen.

»Die Katze wedelt«

»Die Katze hält das Gleichgewicht«
Ausgangsposition ist der Vierfüßerstand.

- Einatmend den rechten Arm und das linke Bein anheben.
- Ausatmend den Arm nach vorne ausstrecken und das Bein nach hinten – die Ferse zeigt nach unten.
- Die Bauchdecke leicht nach innen ziehen, um dem Hohlkreuz entgegenzuwirken.
- Das Kinn leicht anziehen, um den Nacken zu dehnen.
- Ruhig atmend das Gleichgewicht halten und die Streckung des Rückens spüren.

Danach die Übung mit dem linken Arm und dem rechten Bein ausführen. Den gesamten Übungsablauf dreimal wiederholen. Bei dieser Übung werden Arm-, Schulter-, Brust-, Bauch- und Rückenmuskulatur nach und nach gekräftigt.

Ausruhen in Rückenlage – Stillephase
Die Teilnehmerinnen ruhen sich kurz – etwa eine Minute – auf dem Rücken liegend aus. Die Füße können, wenn es als angenehm erlebt wird, vor dem Gesäß aufgestellt werden.

»Der Löwe«
Die Löwenübung löst Heiterkeit aus und wird in der Regel mit Humor aufgenommen. Es ist eine wirksame Anti-Stress-Übung und so sollte sie auch angekündigt werden. Die Gruppe sitzt im Fersensitz im Kreis. Damit Hemmungen abgebaut werden, machen Sie den »Löwen« am besten einmal vor. Danach kann die Sitzposition verändert werden, so dass alle nach außen schauen und niemand ein Gegenüber hat. Ausgangsposition ist der Fersensitz mit aufgestellten Zehen.

- Spreizen Sie Ihre Finger und gleiten Sie langsam nach vorne, bis die Finger den Boden berühren.
- Atmen Sie kräftig durch den Mund aus und stoßen Sie dabei einen »Haaaa-Laut« aus.
- Gleichzeitig strecken Sie die Zunge so weit wie möglich heraus und reißen die Augen auf.
- Verharren Sie in dieser Position eine Weile.
- Schließen Sie den Mund und atmen Sie durch die Nase wieder ein.
- Setzen Sie sich zurück auf die Fersen.

»Die Katze streckt sich«

- Die Übung sollte drei- bis fünfmal wiederholt werden.
- Danach mit geschlossenen Augen die Lockerung und Entspannung der Gesichts- und Halsmuskulatur spüren.

Bei der Übung »Der Löwe« wird der Hals-, Nasen- und Rachenraum vermehrt durchblutet. Die Übung ist für Menschen, die viel ihre Stimme einsetzen müssen, besonders wohltuend. Verspannungen in der Kiefer- und Kaumuskulatur lösen sich auf. Insgesamt hat die Löwen-Übung etwas Befreiendes und hilft, angestaute Ärgergefühle loszuwerden.

»Die Katze streckt sich«

Schließen Sie an die »Löwenübung« eine Streckübung an, die besonders die Brustwirbelsäule anspricht. Die Brustwirbelsäule, die meist versteift ist, hängt bei dieser Übung im Bereich der Schulterblätter und wird besser durchblutet und belebt. Die Gelenkigkeit der Schultern verbessert sich. Gehen Sie gemeinsam mit den Teilnehmerinnen noch einmal in den Vierfüßerstand. Lassen Sie die Hände langsam nach vorne gleiten, so lange, bis die Stirn den Boden berührt. Die Oberschenkel halten Sie in rechtem Winkel zum Boden.
Verharren Sie eine Weile in dieser Stellung und spüren Sie die Dehnung in den Schultern und in der Brustwirbelsäule. Versuchen Sie, den Oberkörper mit jedem Ausatmen etwas näher an den Boden zu bringen. Atmen Sie lang und tief ein und aus.

»Tigerentspannung«

Runden Sie die »Katzenserie« ab mit der »Tigerentspannung«. In der Bauchlage können Spannungen besonders gut an den Boden abgegeben werden. Die Atmung vertieft sich.

- Nehmen Sie die Bauchlage ein.
- Drehen Sie sich ein wenig nach links und legen Sie das rechte Bein und den rechten Arm angewinkelt vor den Körper.
- Der linke Arm liegt locker hinter dem Körper, der Kopf ruht auf der linken Seite.
- Spüren Sie die Atembewegung im Brustkorb, im Bauch und im Rückenbereich.
- Geben Sie beim Ausatmen alle Spannungen an den Boden ab. Spüren Sie, wie der Boden Sie trägt.
- Nach etwa drei Minuten die Übung auf der anderen Seite ausführen.

»Der Löwe«

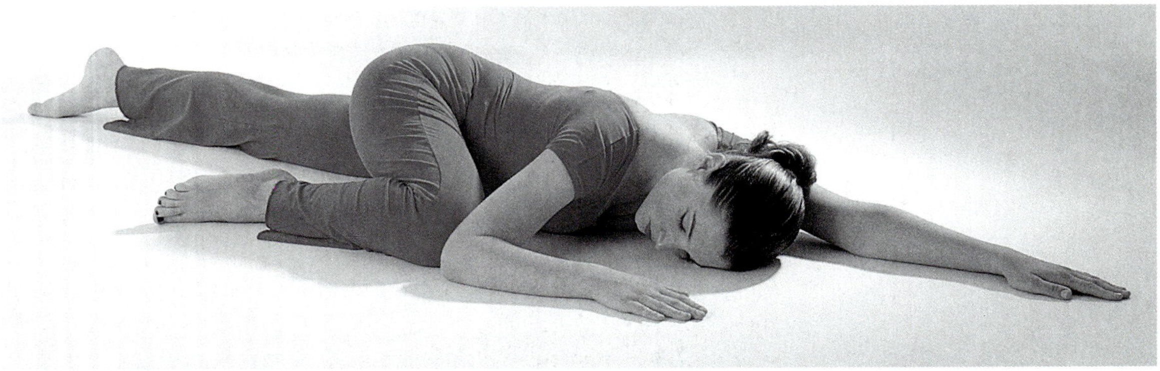

»Die Tigerentspannung«

Nachspüren in der Rückenlage – Stillephase
Abschließend nehmen die Teilnehmerinnen noch einmal die Rückenlage ein. Aufmerksam spüren Sie in die Bereiche, die gestreckt und gedehnt wurden.

Die Körperübungen im Yoga: Stressbewältigung und Gesundheit

Anhand der auf Seite 66 benannten Kriterien können Sie nach dem Übungsteil der Gruppe etwas über »Yoga als Methode der Stressbewältigung« erzählen.
Fragen Sie die Teilnehmerinnen abschließend danach, was sie an den Methoden dieses Treffens als hilfreich und entspannend empfunden haben.

»Der Tiger beim Einatmen«

»Der Tiger beim Ausatmen«

Gut zu wissen: Zusatzinformationen

Die Körperübungen im Yoga

Asana ist der Name für die einzelne Körperübung, die ein Teil des indischen Yogasystems ist. Diese Übungen dienen dazu, einen möglichst optimalen Gesundheitszustand zu erreichen und eine tiefe Entspannung von Geist und Körper zu bewirken. Gesundheit ist jedoch nicht das eigentliche Ziel des klassischen Yoga, sondern wird als Mittel betrachtet, um eine höhere geistige Entwicklung zu erlangen. In früheren Zeiten waren die Übungen nur für Eingeweihte gedacht. Heute ist die Yogapraxis allgemein zugänglich. Die Körperübungen werden hauptsächlich ausgeübt, um etwas für die Gesunderhaltung des Körpers zu tun und Widerstandskräfte gegen Stress zu entwickeln.

In der Regel ist ein Asana eine Haltung, in der man möglichst ruhig verharrt und in Kontakt mit der Atmung ist. Dabei ist der Geist konzentriert und in Einklang mit dem besonderen Charakter dieses Asana. Indem Körper, Atem und Geist aktiv in der Übung miteinander verbunden werden, entfaltet sich eine umfassende Wirkung auf das gesamte psycho-physische Milieu. Asanas werden langsam und meditativ mit tiefer Bauchatmung ausgeführt. Ziel ist nicht, Muskelkraft und Kondition zu erreichen, sondern einen Zustand, in dem Körper und Geist harmonisch zusammenspielen.

Ein Asana wird in vier Phasen aufgebaut:

- **Eingangsphase**
  In der ersten Phase wird die Stellung langsam und bewusst, in Verbindung mit der Atmung, eingenommen.
- **Statische Phase**
  In der zweiten Phase wird der Körper bewegungslos in der Position gehalten. Wichtig ist dabei, nur die dafür erforderlichen Muskeln zu benutzen und den Körper so ruhig und gelöst wie möglich zu halten.
- **Ausgangsphase**
  Im letzten Teil des Asana wird der Körper langsam, in Verbindung mit dem Atem, wieder in die Ausgangsposition zurückgebracht.
- **Nachspüren in einer Ruhehaltung**
  Erst in der Ruhephase kann der Organismus die Wirkung der Übungen voll aufnehmen. In der Regel sind in einem Yogazyklus immer mehrere Ruhephasen zwischen den Übungen eingebaut. Jede Übungsfolge sollte mit der Entspannung in der Rückenlage abschließen.

Das Strecken in den Asanas

Asanas strecken den Körper intensiv mit durchgreifender Wirkung, so wie es durch spontane Streckbewegungen, wie sie nach dem Aufstehen typisch sind, nicht erreicht werden kann. Die Muskelarbeit, das abwechselnde Zusammenziehen und Wieder-Lockern, wird durch den Streckeffekt erleichtert. Regelmäßig gestreckte Muskeln arbeiten weich, entspannen sich gut und reagieren auf geringste Nervenimpulse. Muskeln bleiben oft in einem Zustand der Spannung, hervorgerufen durch Kräfte, Zugluft, Überanstrengung, Stress usw. Dieser Zustand der erhöhten Spannung ist nicht nur schmerzhaft und erschöpfend, sondern führt auf Dauer zu anderen stressbedingten Symptomen. Die Streckübungen aus dem Yoga arbeiten Muskelanspannungen wirksam entgegen. Der Körper wird leicht und beweglich. Fehlhaltungen können korrigiert werden. Geschmeidige Rückenmuskeln sind eine Entlastung für die Wirbelsäule und den Halteapparat. Durch die Übungen wird auch die Atemmuskulatur gestreckt, der Atem wird frei und fließt leichter, mehr Energie und Wohlbefinden sind die Folge.

Angespannte und kontrahierte Muskeln behindern die Blutzirkulation, die Sauerstoffzufuhr in das Muskelgewebe verringert sich, der Abtransport der Abfallprodukte aus den Zellen wird blockiert. Gezielte Streckübungen aus dem Yoga tragen dazu bei, giftige Abfallstoffe aus den Muskeln aufgrund der erhöhten Blutzufuhr wegzuschwemmen. Sauerstoffzufuhr und Gewebeernährung verbessern sich. Dadurch wird das Herz weniger belastet und der Blutdruck günstig beeinflusst. Darüber hinaus bewirkt Yoga eine vermehrte Durchblutung der inneren Organe und belebt die Verdauungsmuskulatur. Schlacken werden vermehrt abgebaut, der Stoffwechsel wird unterstützt.
Untrainierte Muskeln sind steif und verkürzt, die Beweglichkeit ist eingeschränkt. Es sollte stets darauf geachtet werden, wie weit der Körper ohne Schwierigkeiten und Schmerzen gestreckt werden kann. Eine wichtige Regel beim Yoga ist, dass die Übungen niemals Schmerzen oder unangenehme Empfindungen hervorrufen sollen. Mit zunehmender Beweglichkeit können auch die schwierigen Positionen ohne Verletzungsgefahr eingenommen werden.

Praktische Hinweise für die tägliche Übungspraxis

- Die besten Fortschritte werden bei täglicher Übungspraxis erzielt.
- Um Yoga richtig kennen zu lernen und herauszufinden, wie die Übungen aufgebaut sind, ist der Besuch eines Yoga-Kurses sinnvoll.
- Es ist effektiver, täglich nur kurze Zeit zu üben, als alle paar Tage länger.
- Der Magen sollte möglichst leer sein – wenigstens eine Stunde vor Übungsbeginn nichts mehr zu essen, ist ratsam.
- Geübt wird am besten in lockerer, bequemer Kleidung auf einer Übungsmatte oder Wolldecke, in einem gut belüfteten, wohl temperierten Raum.

Körperbewusstheit / Symptome als Herausforderung sehen

Das Gefühl von Steifheit und Ungelenkigkeit in bestimmten Körperregionen kann zur Herausforderung, zum Signal werden etwas dagegen zu unternehmen. Genau zu fühlen, wo Verspannungen sitzen und zu wissen, welche Übungen helfen können, macht unabhängiger von äußeren Autoritäten. Kompetenz und Selbstvertrauen werden gestärkt. Jedesmal, wenn bewusst eine Yoga-Position eingenommen wird, verändert sich nicht nur die äußere, sondern auch die innere Haltung.
Der Kontrast zu einer angespannten, verkrampften Körperhaltung wird deutlich erlebt. Es eröffnen sich auch im Alltag Wege, über einfache, bewusst durchgeführte Haltungsänderungen das natürliche Feedback einer positiven Körpersprache zu nutzen. Längerfristige Yogapraxis führt zu einer besseren Körperhaltung und zu einem veränderten Körperbild und Körperschema

Yoga und Gesundheit

Yoga versteht sich als eine Wissenschaft der Gesundheit und will Gesundheitsbewusstsein wecken. Der indische Yogameister und Arzt Swami Vishnu Devanda, der die Yogalehren auch aus medizinischer Sicht beleuchtet hat und westliches und östliches Denken miteinander verbindet, vergleicht den menschlichen Körper mit einem gut gewarteten Auto: Um reibungslos zu laufen, braucht ein Rolls Royce ebenso wie ein altes Vehikel Schmierung, Kühlung, Elektrizität, Treibstoff und einen einfühlsamen Fahrzeuglenker.

- Die Asanas halten Muskeln und Gelenke geschmeidig, kräftigen die inneren Organe und stabilisieren den Kreislauf.
- Kühlung erfährt der Körper durch vollständige Entspannung.
- Die Yoga-Atemübungen (Pranayama) verstärken den energetischen Strom. »Treibstoff« (Prana) gewinnt der Körper aus der Nahrung, der Luft und dem Wasser.
- Der Lenker des Wagens, der Geist, wird beruhigt durch Meditation.

In der Yoga-Lehre gilt Gesundheit als der natürliche Zustand des Körpers: Sie ist überall und jederzeit vorhanden und baut sich immer wieder auf: Wunden heilen, Knochen wachsen wieder zusammen, Müdigkeit wird abgebaut durch Schlaf usw. Den Körper in seiner natürlichen Tendenz, ein Gleichgewicht herzustellen, zu unterstützen, ist eines der Ziele im Yoga. Langfristig einseitige Belastungen der Körpersysteme sind im yogischen Denken die Ursache für viele Krankheiten. Chronischer Stress, übermäßiger Alkohol- und Zigarettenkonsum, Bewegungsmangel, einseitige Ernährung sind nicht dazu angetan, den Körper gesund zu erhalten.

In einer Gesellschaft voller Stressreize, in der die sitzende Lebensweise vorherrscht, kommt ausreichender Bewegung eine wichtige Bedeutung zu. Körperliche Betätigung, Sport und Bewegung werden von Ärzten und anderen im Bereich Gesundheit tätigen Personen allgemein empfohlen, zum Abbau von Stress. Das Prinzip, das den Yogaübungen zugrunde liegt, ist, sich so zu bewegen, dass Energie gewonnen wird. Nach einem Übungszyklus tritt nicht wie bei vielen Sportarten ein Erschöpfungszustand auf, sondern ein Gefühl von Frische und Wohlbefinden.

Die fünf Prinzipien für eine gute Gesundheit (nach Sivananda)

- **Entspannung in der Rückenlage:** Spannungen in den Muskeln lösen sich, Körper und Geist kommen zur Ruhe. Der Erholungseffekt ist wie nach einem guten Schlaf.
- **Körperübungen – Asanas:** Yogastellungen oder Asanas entfalten ihre Wirkung auf den ganzen Körper. Systematisch werden Muskeln und Bänder gedehnt und gestreckt. Die Wirbelsäule bleibt elastisch, das Kreislaufsystem wird angeregt und stabilisiert.
- **Atmung:** Yoga-Atemübungen führen zu einer vollen, rhythmischen Atmung, bei der die gesamte Lungenkapazität genutzt wird. Fortgeschrittene Übungen sensibilisieren die Wahrnehmung für den Energiefluss im Körper, der über die Atmung reguliert werden kann.
- **Ernährung:** Naturbelassene Lebensmittel in ausgewogener Zusammenstellung unterstützen die Widerstandskräfte des Organismus gegen Krankheiten.
- **Positives Denken und Meditation:** Meditation hilft, den Gedanken eine positive Richtung zu geben und Stress erzeugende Gedanken zu erkennen und abzulegen.

Yoga und Stressbewältigung

Yoga ist eine Methode, die Bewegung, Entspannung, Atemübungen, Konzentration und Meditation in einem System vereinigt und sowohl aktive als auch passive Formen der Entspannung beinhaltet.

Für den Kölner Arzt und Yogalehrer Dr. Jürgen Schell ist Yoga eine vielfältig einsetzbare Methode im Umgang mit Stress (*vgl. Schell, J., Yoga – Schlüssel zur Stressbewältigung*).
Er benennt u.a. folgende Kriterien:

- Auf der physischen Ebene steigert Yoga körperliche Fitness und bewirkt eine Veränderung des vegetativen Zustandes in Richtung Vagus. Damit geht eine geringere Empfindlichkeit Stressreizen gegenüber einher. Yoga stellt eine Form der aktiven Regeneration dar.
- Aus kybernetischer Sicht fördert Yoga die Anpassungsfähigkeit des Körpers, indem vegetative Regelkreise stabilisiert werden. Die Anpassungsfähigkeit bei Störfaktoren nimmt zu.
- Die Verbesserung des Körperbewusstseins durch Yoga-Praxis führt zu einer zunehmenden Sensibilisierung maladaptiven Bewältigungsstrategien gegenüber. So werden Rauchen und Alkoholkonsum nicht nur aus einem kognitiven Verständnis heraus als ungünstig erkannt, sondern die Auswirkungen werden ganz konkret und deutlich spürbar.
- Yoga-Nidra, die Tiefenentspannung, ist ein wirkungsvolles Verfahren, sich nach Stress- und Belastungsphasen optimal zu entspannen und zu erholen.

Yoga als psychosomatisches Verfahren hat stets die Einheit von Körper und Geist berücksichtigt. Es entspricht von seinem Ansatz her den neueren Erkenntnissen des Forschungszweiges Psychoneuroimmunologie. Hier wird der Einfluss des Geistes auf die Heilkräfte des Körpers systematisch untersucht und angewandt (Gedanken, Vorstellungen, Imaginationen).

Energie gewinnen – Ruhe bewahren: Den Atem als Verbündeten nutzen

Auf einen Blick

Thema	Ziel	Methode	Medien	Zeit
»Der Atem«	Motivation und Neugier wecken, sich mit dem eigenen Atem vertraut zu machen	Frage-Antwort-Runde Alternativ: Visualisieren oder mit Sprichwörtern den psychosomatischen Zusammenhang von Atem und Gefühlen aufgreifen	Stühle, Evtl. Overheadprojektor oder Wandzeitung	10 Min.
Die Ruhezone in der Körpermitte	Zwerchfell-Atmung als Basis-Atmung bewusst machen, Mit der Bauchatmung entspannen	Atemübungen	Stühle	10 Min.
Atemfluss – Bewegungsfluss	Den Atemfluss anregen	Tanzübungen aus dem Yoga, Fließbewegungen, Dehnbewegungen	Musikanlage, Musik, z. B. El Hadra	15 Min.
Mit Vollatmung Energie gewinnen	Atemräume erfahren, Vollatmung einüben	Yoga-Vollatmung in drei Phasen	Matten oder Decken	15 Min.
Dehnen und Strecken	Auswirkungen von Dehnübungen auf die Atmung wahrnehmen	Yogaübungen in Rücken- und Bauchlage	Matten oder Decken	20 Min.
»Wechselatmung«	Eine Atemübung vermitteln, die hilft, ins Gleichgewicht zu kommen; Harmonisierende Wirkung auf die beiden Gehirnhälften	Pranayama-Übung	Stühle	10 Min.
Der Atem als Verbündeter in Stresssituationen	Möglichkeiten aufzeigen, wie der Atem als wirksames Hilfsmittel im Umgang mit Stress eingesetzt werden kann	Reflexion, Gesprächsrunde	Sitzgelegenheiten	10 Min.

Variation:

- Die vorgestellten Atemübungen stammen aus dem Yoga. Andere Verfahren der Körperarbeit arbeiten mit dem Atem anders. Sie können ein anderes Verfahren wie zum Beispiel die Atemarbeit nach Middendorf wählen, wenn Sie sich darin sicherer fühlen. Sie können entsprechende Verfahren auch in anderen Treffen ergänzen, wenn die Gruppe am Thema Atem besonders interessiert ist. Schwerpunkt bleibt der Zusammenhang zwischen Atementspannung und Stressbewältigung. *Weitere Hinweise finden Sie im VHS-Handbuch »Mit allen Sinnen – Atem und Bewegung erleben« (Ernst Klett Verlag, ISBN 3-12-939850-3).*

Beschreibung der Kurseinheit

»Der Atem«

Die Gruppe sitzt im Kreis auf Stühlen. In diesem Kursbaustein geht es zunächst darum, bei den Teilnehmerinnen ein Gefühl für die tiefe Bauchatmung zu wecken. Tief in den Bauch zu atmen, ist ein einfaches, stets verfügbares Mittel, um die Nerven zu stärken und in Belastungssituationen oder, positiv ausgedrückt, in Situationen, die eine Herausforderung darstellen, Ruhe und Gelassenheit zu bewahren. Obwohl die Atmung untrennbar mit Energie und Wohlbefinden verknüpft ist und natürliches und freies Atmen ein ganz wesentlicher Faktor für die Gesundheit ist, haben viele Menschen Atemgewohnheiten ausgebildet, die Unruhezustände erzeugen und verstärken. Der erste Schritt, dies zu verändern, ist, auf die eigene Atmung zu achten, der zweite Schritt, mit Hilfe von Atemübungen die flache Atmung zu vertiefen.

Um in das Thema Atmung einzusteigen und Interesse zu wecken, bietet sich z. B. eine Frage-Antwort-Runde an. Lassen Sie jede aus der Gruppe zu Wort kommen.

- Was bedeutet »atmen« für Sie?
- Haben Sie einen »langen Atem?«
- Haben Sie sich schon einmal Gedanken über Ihre Atmung gemacht?

Variation: Visualisieren

Machen Sie eine Übung, die Atmung als rhythmisches Geschehen aufgreift.

Schließen Sie für ein paar Minuten die Augen: Stellen Sie sich vor, am Strand zu sitzen und aufs Meer zu schauen. Sie fühlen eine leichte Salzbrise auf Ihrem Gesicht und die Wärme der Sonne auf Ihrer Haut. Sie hören das Tosen der Wellen, die sich im glitzernden nassen Sand brechen.

Die Wellen rollen hin und her, hin und her. Fühlen Sie jetzt Ihren Atem, ein und aus, ein und aus, ein und aus – spüren Sie, wie Ihr Atem gleichmäßiger fließt, wie er sich dem Rhythmus des Meeres anpasst?

Das Wechselspiel von Ein- und Ausatmung als rhythmisches Geschehen erinnert an das Bild der ewig wiederkehrenden Wellen am Meeresufer.

Die natürlicherweise auf die Ausatmung folgende kurze Atempause, auch Atemstille genannt, findet eine Parallele im Spiel der Wellen.

Sie rollen auf den Strand, fließen zurück ins Meer und scheinen sich erst einmal zu sammeln, bis der nächste Zyklus beginnt.

Atmen ist ein harmonischer Wechsel von Sich-Öffnen und Schließen, Spannung und Entspannung – wenn der Atem fließt. Im Atemrhythmus spiegelt sich der Lebensrhythmus wider. Dieser kann ausgeglichen sein, mit einem natürlichen Wechsel von Aktivität und Ruhe, aber auch unausgeglichen, ohne ausreichende Ruhe- und Entspannungsphasen.

Variation: Atem und Gefühle

Eine dritte Einstiegsmöglichkeit wäre, die Atmung als psychosomatisches Geschehen hervorzuheben.

Sammeln Sie gemeinsam mit den Teilnehmerinnen Sprichworte und Redewendungen, die den Zusammenhang von Atem und Gefühlen deutlich machen. Schreiben Sie die Sprichworte auf eine Overhead-Folie oder eine Wandzeitung.

Beispiele:

- »Es verschlägt mir den Atem.«
- »Atemlose Spannung.«
- »Mir bleibt die Luft weg.«
- »Es stockt mir der Atem.«
- »Dicke Luft.«
- »Gute Atmosphäre.«
- »Jetzt halt mal die Luft an.«
- »Dampf ablassen.«
- »Eine Verschnaufpause einlegen.«
- »Nach Luft schnappen.«
- »Erst mal tief durchatmen.«

Da die Atmung eng mit Stimmungen und Gefühlen verknüpft ist, kann man sie wie einen Spiegel nutzen, um etwas über das eigene Befinden zu erfahren. Wenn Menschen ängstlich sind, halten sie die Luft an; sie seufzen, wenn sie traurig sind, sie atmen schneller und flacher, wenn sie aufgeregt sind, und wenn sie sich freuen, fliegt der Atem. Atemübungen und Atembeobachtung tragen dazu bei, die eigenen Atemmuster kennen zu lernen und sie verhelfen dazu, dass der Atem freier fließen kann.

Auf diese Art und Weise sollen die Teilnehmerinnen beim Einstieg in das Thema motiviert werden, sich mit ihrer Atmung vertraut zu machen, um sie als Verbündeten im Umgang mit Stress einsetzen zu können.

Umgang mit den Übungen

- Geben Sie vor jeder neuen Übungseinheit eine kurze Erläuterung zu den Übungen.
- Lassen Sie Raum für Fragen.
- Machen Sie nur Übungen, die Sie selber vorher ausprobiert haben und die Sie mögen.
- Lassen Sie Übungen weg, wenn die Zeit knapp ist. Richten Sie sich nach den Bedürfnissen der Teilnehmerinnen.

Die Ruhezone in der Körpermitte

Zu Beginn von Atemübungen sollte zuerst auf das Zwerchfell als Hauptatemmuskel geachtet werden. Viele Menschen atmen gewohnheitsgemäß im Brustraum, der Bauch bewegt sich nicht beim Atmen. Die natürliche Bauchatmung muss erst wieder erlernt werden.

Die Teilnehmerinnen sitzen auf Stühlen in einer aufrechten Körperhaltung. Die folgenden Atemübungen sind sowohl zur Kräftigung des Zwerchfells gedacht als auch, um diese natürliche Atemweise anzuregen und bewusst zu machen.

Atem spüren

- Legen Sie die Hände auf den Bauch.
- Atmen Sie durch die Nase ein und aus.
- Lassen Sie den Atem geschehen, obwohl Sie ihn bewusst wahrnehmen.
- Ganz von alleine strömt der Atem ein und aus.
- Spüren Sie unter Ihren Händen die Atembewegung.
- Wie bewegt sich Ihr Bauch beim Ein- und Ausatmen?

Befragen Sie die Teilnehmerinnen, wie sie die Bauchatmung beim Ein- und Ausatmen erlebt haben. Weisen Sie darauf hin, dass sich bei der natürlichen Bauch- oder Zwerchfellatmung die Bauchdecke beim Einatmen leicht wölbt und beim Ausatmen senkt. Obwohl die Bauchatmung als Basisübung Bestandteil vieler Entspannungs- und Bewegungskurse ist und sie bereits in Kursbaustein drei eingeübt wurde, kann es sein, dass Einzelne die Bauchatmung genau andersherum wahrnehmen. Der Vergleich mit einem Luftballon kann herangezogen werden: Beim Einatmen wird Luft aufgenommen – der Bauch wird dicker – beim Ausatmen entweicht Luft – der Bauch wird dünner.

Summ-Übung: »Ha-Atmung«

Die Teilnehmerinnen sitzen weiterhin in aufrechter Körperhaltung, die Hände liegen locker übereinander auf dem Bauch.

- Atmen Sie durch die Nase ein und durch den Mund aus.
- Summen Sie beim Ausatmen ein lang gezogenes »Haaaa…«
- Wiederholen Sie die »Ha-Atmung« fünfmal.
- Atmen Sie so lange wie möglich aus und lassen Sie das Einatmen geschehen.
- Spüren Sie Ihre Bauchbewegung, lassen Sie den Atem geschehen.

»Ha-Atmung« ohne Summton

- Atmen Sie durch die Nase ein und durch den Mund so lange wie möglich auf »Haaa…« aus.
- Lassen Sie den Atem sanft ausströmen, während Sie »Haaa« hauchen.
- Stellen Sie sich vor, dass Sie kleine Wolken in die Luft malen mit Ihrem Atem.
- Lassen Sie den Atem geschehen. Spüren Sie Ihre Bauchbewegung.

Summ-Übung: »U-Atmung«

Mit dieser Atmung wird der Bereich des Beckens und des Beckenbodens angesprochen und entkrampft. Beim Ausatmen wird ein langgezogenes »Uuuu…« gesummt. Die Aufmerksamkeit ist auf den unteren Bauchbereich gerichtet. In der Pause den Atem geschehen lassen und Wärmeempfindungen im Bauch- und Beckenbereich wahrnehmen.

Variationen: Mit der Bauchatmung entspannen

Die folgenden Übungen sind als weitere Anregungen für die Gruppe gedacht, wie die Bauchatmung in Kombination mit anderen Elementen zur Entspannung genutzt werden kann. Je nach Gruppe können Sie das Thema hiermit vertiefen oder in weiteren Treffen einige der Übungen erneut aufgreifen.

Die Atemzüge zählen

- Konzentration auf die Auf- und Abbewegung des Bauches beim Ein- und Ausatmen.
- Bei jedem Ausatmen die Atemzüge zählen.
- Bis zehn zählen und wieder bei eins anfangen.

Das Ein- und Ausatmen mit beruhigenden Worten verbinden

- Konzentration auf die Auf- und Abbewegung des Bauches beim Ein- und Ausatmen.
- Beim Ausatmen »ruhig« denken.
- Beim Einatmen »warm« denken.

Die Atempause spüren

- Konzentration auf die Auf- und Abbewegung des Bauches beim Ein- und Ausatmen.
- Nach dem Ausatmen »Pause« denken.

Die Ausatmung verlängert sich unmerklich, die Atmung vertieft sich.

Vorstellungsatmen »Wellenatmung«

- Die Rückenlage einnehmen – die Füße vor dem Gesäß aufstellen.
- Die Aufmerksamkeit auf den Bauchnabel lenken.
- Fünf Atemzüge lang die Bauchdecke beim Ausatmen nach innen ziehen.
- Beim Einatmen locker lassen.
- Den Atem geschehen lassen – sich vorstellen, von einer Welle sanft auf- und abgetragen zu werden – dabei das gleichmäßige Auf und Ab der Bauchbewegung spüren.

»Vorstellungsatmen«: »Energie tanken«

- »Beim Einatmen strömt Energie in meinen Körper, beim Ausatmen gebe ich verbrauchte Energie ab.«
- Spüren, wie beim Einatmen die Luft durch die Nase einströmt und der Körper sich belebt.
- Beim Ausatmen eine Welle der Entspannung spüren.

Atemfluss – Bewegungsfluss

Um den Atemfluss anzuregen, machen Sie mit der Gruppe die folgenden Bewegungen mit Musikbegleitung. El Hadra, die rhythmische Trance-Meditationsmusik der Sufis, ist dafür gut geeignet. Der Puls der Musik korrespondiert mit Atem und Herzschlag.

Die Gruppe steht im Kreis. Machen Sie die Bewegung einmal vor und lassen Sie sich dann gemeinsam mit den Teilnehmerinnen vom Rhythmus tragen. Alle Bewegungsabläufe können auch ohne Musikbegleitung als Einzelübung in Verbindung mit dem Ein- und Ausatmen durchgeführt werden, um die Atmung zu vertiefen.

Sich öffnen

»Kosmischer Tänzer«: Yoga-Tanzübung

- Entspannte aufrechte Grundhaltung
- Die rechte Hand »schwebt« locker geöffnet auf Höhe des Bauchnabels, die linke Hand eine Handbreit über dem Kopf mit der Innenfläche nach unten zeigend.
- Das rechte gebeugte Bein bis auf Kniehöhe anheben, den Fuß ein wenig drehen, die Sohle zeigt nach links.
- Fuß- und Handhaltung werden gleichzeitig gewechselt: Während der rechte Fuß aufgesetzt wird, hebt sich der linke und während sich die rechte Hand hebt, senkt sich die linke.
- Die beiden Bewegungsabläufe werden langsam und fließend miteinander koordiniert.
- Dabei stellt man sich vor, dass man ein Sonnenrad mal nach rechts, mal nach links dreht.

»Indische Tänzerin«: Yoga-Tanzübung

- Entspannte aufrechte Grundhaltung
- Die Arme werden angewinkelt auf Schulterhöhe gehalten, die Finger der rechten und linken Hand treffen sich auf Herzhöhe, die Handteller zeigen nach unten.
- Cin-Mudra: Rechter Daumen und rechter Zeigefinger und linker Daumen und linker Zeigefinger berühren sich.
- Locker in den Knien mit flachen Füßen auf der Stelle trampeln, so als wolle man Abdrücke im Sand hinterlassen.
- Den Eigenrhythmus finden, ohne sich anzustrengen.
- Den Atem fließen lassen.

Sie können während des Trampelns auch mit den Handgelenken kreisen.

Den Eigenrhythmus finden

»Baum im Wind«: Pendeln und Atem spüren

- Die Fersen ein wenig anheben, das Gleichgewicht verlagert sich auf den Vorderfuß.
- Zurückpendeln, das Gewicht verlagert sich auf die Fersen, die Zehen ein wenig vom Boden anheben.
- Sachte vor- und zurückpendeln, dabei den Atemfluss spüren.
- Die Augen können geschlossen werden.

»Eisläufer«: Schwingen – weicher Stand – gebeugte Knie

- Die Füße beckenbreit auseinander
- Den rechten Fuß sachte anheben und wieder aufsetzen, dabei das Gewicht nach rechts verlagern – rechte Hüfte herausschieben.
- Den linken Fuß anheben, wieder absetzen, das Gewicht nach links verlagern – linke Hüfte herausschieben.
- Die Arme schwingen locker vor dem Körper hin und her, wie bei einem Eisläufer.
- Der ganze Körper fällt in eine harmonisch schwingende
- Bewegung.

»Adler«: Brustkorb weiten

- Die Arme in Schulterhöhe nach vorne ausstrecken, so dass sich die Handflächen berühren.
- Beim Einatmen die Arme ausbreiten – der Brustkorb weitet sich – die Fersen vom Boden abheben.
- Beim Ausatmen die Arme wieder nach vorne bringen und die Fersen senken.
- Wenn die Hände unter Beteiligung der Handgelenke mitschwingen, entsteht eine fließende Bewegung, die an einen Flügelschlag erinnert.

»Eisläufer«

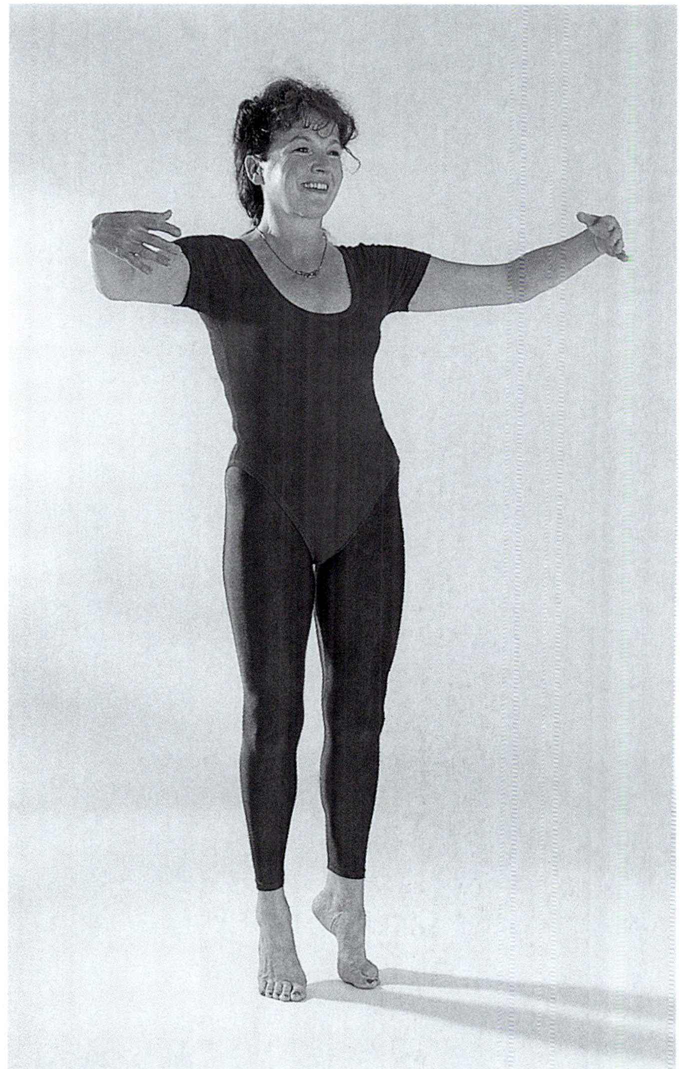

»Adler«

»Hanteltraining«: Überkreuzbewegung

Überkreuzbewegungen fördern die Zusammenarbeit der beiden Hirnhälften.

- Die rechte Ferse anheben, den linken Arm beugen und die linke Hand zur Faust schließen.
- Die linke Ferse anheben, den rechten Arm beugen und die rechte Hand zur Faust schließen.
- Diese beiden Bewegungen im harmonischen Wechsel mit fließenden Übergängen durchführen: Die Fersen heben und senken sich im Wechsel, während die Arme gebeugt werden und wieder entspannt nach unten sinken, dabei öffnet sich die Hand.

»Aufgehende Sonne«

»Aufgehende Sonne«: Die Vollatmung fördern

- Ausgangspunkt ist ein sehr weicher Stand.
- Die Arme seitlich bis über den Kopf hochheben, die Fersen anheben.
- Die Arme kreuzen und vor dem Körper nach unten gleiten lassen.
- Etwas in die Knie gehen.
- Einatmen bei der Aufwärtsbewegung.
- Ausatmen bei der Abwärtsbewegung.

Eine Möglichkeit für ein inneres Bild ist eine aufgehende Sonne.

»Sonnenkreis« – »Beckenkreis« – Beckenbeweglichkeit fördern (Daurat-el-shams)

- Entspannte, aufrechte Grundhaltung
- Die Knie sind leicht gebeugt.
- Die Arme werden locker und gelöst auf Schulterhöhe gehalten (Wasserball-Haltung).
- Die Aufmerksamkeit wird in den Bauch-Beckenbereich verlagert.
- Das Becken nach rechts schieben und im Halbkreis hintenherum nach links und wieder zur Ausgangsposition zurückschieben.
- Die Hände an die Hüftknochen legen und in die andere Richtung kreisen.

»Beckenschwung-Rad«

- Weicher lockerer Stand wie beim »Beckenkreis«
- Die rechte Hand auf den Bauch legen, die linke stützend auf die Lendenwirbelsäule.
- In die Knie gehen, dabei das Becken sanft nach hinten kippen – leichte Hohlkreuzhaltung.
- Im Bewegungsfluss auflösen, indem das Becken mit Hilfe der Bauchmuskeln schaufelartig hochgezogen wird, um wieder in die Ausgangsposition zurückzukehren.
- Die Bewegung gleicht einem Rad, das rückwärts läuft.

Eine mögliche Vorstellung: Ein großes Wasserrad, das mit den Bauch-Beckenbewegungen in Schwung gehalten wird.

»Sonnenkreis«

Ausgangsposition für das Beckenschwung-Rad: jetzt das Becken im Bewegungsfluss schaufelartig hochziehen

Mit Vollatmung Energie gewinnen

Die Vollatmung energetisiert und entspannt zugleich. Achten Sie darauf, dass der Raum gut gelüftet ist. Die Teilnehmerinnen liegen in Rückenlage auf Ihrer Übungsmatte oder Decke. Wer möchte, kann beide Füße vor dem Gesäß aufstellen.
Leiten Sie nun die Vollatmung in drei Phasen an. Jede der Übungen soll viermal wiederholt werden.

Bauchatmung

- Legen Sie beide Hände auf Ihren Bauch. Ziehen Sie beim Ausatmen die Bauchdecke nach innen – beim Einatmen lassen Sie wieder locker.
- Spüren Sie, wie sich der Bauch beim Einatmen wölbt und wie er beim Ausatmen einsinkt.

Brustatmung

- Legen Sie beide Hände auf den Brustkorb. Beatmen Sie Ihren Brustraum, indem Sie den Brustkorb beim Einatmen ein wenig anheben und beim Ausatmen senken.
- Legen Sie beide Hände seitlich an den Brustkorb.
- Atmen Sie weiterhin langsam und bewusst in diesen Bereich.
- Spüren Sie, wie sich der Brustkorb unter Ihren Händen ausdehnt und zusammenzieht.

Schlüsselbeinatmung

- Legen Sie die Fingerspitzen unterhalb des Schlüsselbeins ab.
- Heben Sie beim Einatmen die Schultern ein wenig an und senken Sie die Schultern beim Ausatmen.
- Atmen Sie weiter langsam und bewusst in Richtung Ihrer Fingerspitzen. Spüren Sie die Atembewegung in diesem Bereich.

»Die Atemwelle«: Vollatmung in einem Atemzug

Die Teilnehmerinnen sollen nun Bauch-, Brust- und Schlüsselbeinatmung zu einer einzigen »Atemwelle« miteinander verbinden. Durch die vorangegangenen Übungen ist der Atemfluss freier geworden.

- Legen Sie eine Hand auf Ihren Brustkorb und die andere auf den Bauch.
- Atmen Sie langsam und gemächlich ein und spüren Sie, wie Bauch und Brustkorb sich ausdehnen.
- Lassen Sie den Atem ebenso langsam wieder ausströmen und spüren Sie, wie der Bauch einsinkt und wie Brustkorb und Schlüsselbein sich senken.
- Legen Sie die Arme lang über dem Kopf am Boden ab.
- Lassen Sie den Atem ganz entspannt kommen und gehen.
- Spüren Sie ihn wie eine Welle, die durch den Körper geht.

Dehnen und Strecken

Bei den folgenden Dehn- und Streckübungen in Rücken- und Bauchlage wird der Atem gezielt in einzelne Körperbereiche gelenkt.

Dehnen der beiden Körperhälften

- Ausgangspunkt ist die Rückenlage. Die Arme sind lang ausgestreckt über dem Kopf auf den Boden gelegt. Dehnen und strecken Sie Ihren Körper nach Herzenslust, während Sie lang und tief ein- und ausatmen.
- Im Wechsel die rechte und linke Seite dehnen, indem Sie den Arm und das linke Bein von der Ferse ausgehend kräftig im Gleichgewicht ausstrecken und dann die andere Seite genauso dehnen. Während Sie abwechselnd in Ihrem Rhythmus die linke und rechte Seite dehnen, geben Sie Ihrem Wohlbehagen Ausdruck: Summen Sie »mmmmmh...« beim Ausatmen. Machen Sie danach eine Pause und spüren Sie bewusst nach, wie sich die Dehnung bei Ihnen auswirkt.
- Dehnen Sie jetzt den ganzen Körper, indem Sie beide Beine (Fersen) nach unten und die Arme in die entgegengesetzte Richtung ausstrecken. Drücken Sie zugleich den Rücken an den Boden, so dass auch die Lendenwirbelsäule möglichst flach aufliegt. Verweilen Sie eine Zeit lang tief atmend in dieser Lage.
- Legen Sie danach die Arme zurück neben den Körper und erleben Sie die Wirkung der Dehnung auf Ihre Atmung.

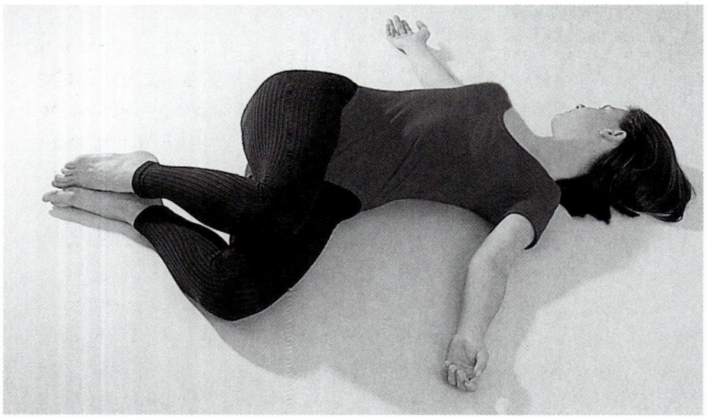

Drehlage

Drehlage mit gebeugten Knien – Rückenatmung

- Sie bleiben noch in der Rückenlage. Stellen Sie beide Füße beckenbreit auseinander, möglichst nahe am Gesäß auf. Verschränken Sie die Hände miteinander und legen Sie diese über den Kopf auf den Boden. Atmen Sie lang und tief ein und aus und spüren Sie Ihren Rücken, wie er auf dem Boden aufliegt.
- Lassen Sie nun im Wechsel beide Beine nach rechts und links sinken, den Kopf drehen Sie in die Gegenrichtung. Verweilen Sie auf jeder Seite vier Atemzüge lang, bevor Sie in die Mittellage zurückkehren, um auch dort viermal ein- und auszuatmen. Lassen Sie sich Zeit, Ihren Rücken in jeder Lage zu spüren, atmen Sie in den Rücken hinein.
- Meist wird der Rücken nur wahrgenommen, wenn er schmerzt. Schenken Sie ihm bei dieser Übung Ihre volle Aufmerksamkeit.

»Brücke« – Beckenatmung

- Stellen Sie wieder beide Füße möglichst nahe am Gesäß auf. Die Arme legen Sie entspannt neben den Körper auf den Boden, die Handflächen zeigen nach unten.
- Stützen Sie sich auf den Füßen ab und heben Sie Ihr Gesäß an, der Körper bildet jetzt eine Schräge. Bauch- und Gesäßmuskeln setzen Sie bitte ein, um das Becken zu stabilisieren.
- Atmen Sie tief und gleichmäßig und bleiben Sie fünf bis acht Atemzüge lang in dieser Haltung. Stellen Sie sich vor, dass Ihr Atem durch das Becken fließt.
- Rollen Sie sich dann langsam Wirbel für Wirbel mit rundem Rücken ab, so dass das Steißbein zuletzt den Boden berührt.
- Wiederholen Sie die Übung noch zweimal und spüren Sie wieder nach.

»Brücke«

Hinweis zur Sicherheit:
Die folgenden beiden Übungen in der Bauchlage sind für Teilnehmerinnen mit wenig trainierter Bauchmuskulatur sehr anstrengend. Weisen Sie ganz besonders darauf hin, dass sich die Teilnehmerinnen ihre Grenzen selber ziehen müssen. Die Übung »Boot« kann in diesen Fällen zu einer Belastung der

Lendenwirbelsäule werden. Menschen mit Rückenproblemen sollten auf die Übung »Boot« besser verzichten! Sollte trotz dieser Hinweise jemand nach der Übung eine Anspannung an der Lendenwirbelsäule fühlen, empfiehlt sich als ausgleichende Rundbewegung das »zusammengerollte Blatt« *(siehe Seite 61)*. Noch besser: In der Rückenlage Knie an den Bauch ziehen und so den Rücken dehnen. Mit dem Einatmen die Knie lockern, mit dem Ausatmen in Richtung Bauch pressen.

»Boot«: Bauchatmung spüren

- Rollen Sie sich auf den Bauch, Ihre Arme haben Sie lang nach vorne ausgestreckt, die Stirn ruht auf dem Boden.
- Einatmend heben Sie zur gleichen Zeit beide Arme, Kopf und Oberkörper und die gestreckten Beine so hoch wie möglich.
- Verweilen Sie so lange in dieser Position, wie es Ihnen angenehm ist und spüren Sie die Atembewegung im Bauch.
- Wiederholen Sie die Übung noch einmal.
- Legen Sie in der Ruhephase die linke Wange an den Boden.

»Boot«

»Heuschrecke«: Beckenbelebung

- Schieben Sie beide Hände unter die Oberschenkel, die Stirn ruht am Boden. Heben Sie die gestreckten Beine an und spüren Sie die Streckung, die durch den Körper geht.
- Fühlen Sie sich so leicht wie eine Heuschrecke, die gleich zum Sprung ansetzt. Verweilen Sie ruhig atmend in dieser Position, so lange Sie können.
- Senken Sie ausatmend die Beine und ruhen Sie sich aus.
- Spüren Sie die angenehme Belebung im gut durchbluteten Beckenraum.

Ausdehnen und zusammenziehen

Zum Abschluss der Dehnübungen rollen sich die Teilnehmerinnen noch einmal auf den Rücken.

- Richten Sie die Aufmerksamkeit auf Ihren ganzen Körper und wie er am Boden liegt.
- Atmen Sie mit der Vorstellung ein, dass sich der Körper ausdehnt.
- Atmen Sie mit der Vorstellung aus, dass sich der Körper zusammenzieht.
- Der ganze Körper atmet von alleine ein und aus.

»Wechselatmung«

Die Wechselatmung gilt im Yoga als eine der effektivsten Atemübungen. Als erstes bewirkt sie, dass die Nasengänge freier werden.
Ihre hauptsächliche Wirkung besteht aber darin, dass sie Gedanken und Emotionen beruhigt. Durch ihre ausgleichende und harmonisierende Wirkung ist die Wechselatmung eine Anti-Stressübung, die dem Organismus hilft, nach Alarmierungsvorgängen wieder ins Gleichgewicht zu kommen. Die Übung hat schon vielen Menschen geholfen, Spannungszustände zu lösen, auch als Einschlafhilfe ist sie gut geeignet.
Bilden Sie noch einmal einen Stuhlkreis, in dem auch die abschließende Gesprächsrunde stattfinden kann.

- Atmen Sie dreimal durch das rechte Nasenloch ein und aus, verschließen Sie das linke.
- Atmen Sie dreimal durch das linke Nasenloch ein und aus, verschließen Sie das rechte.
- Können Sie feststellen, welches Nasenloch freier ist?

Man hat herausgefunden, dass jeweils ein Nasengang dominiert bei der Atmung und in einem Rhythmus von etwa 110 Minuten ein Wechsel stattfindet. Diesen harmonischen Wechsel, der durch Stress und Belastungen gestört wird, können Sie mit der Wechselatmung unterstützen.

- Nehmen Sie eine aufrechte Sitzhaltung ein, bei der Ihr Rücken möglichst gerade ist.
- Legen Sie Daumen und Ringfinger der rechten Hand an die Nase, Mittel- und Zeigefinger berühren die Stirn.
- So ist es möglich, die Nasenlöcher abwechselnd zu verschließen und als Konzentrationspunkt den Punkt zwischen den Augenbrauen zu spüren.
- Atmen Sie links ein und rechts aus, rechts ein und links aus. Setzen Sie diesen Wechsel einige Zeit fort.

Der Atem als Verbündeter in Stresssituationen

Fragen Sie die Teilnehmerinnen danach, was sie an den Methoden dieses Treffens als hilfreich und entspannend empfunden haben und was weniger. Geben Sie den Teilnehmerinnen die Gelegenheit, sich zu folgenden Punkten zu äußern:

- Zu welcher der Übungen habe ich noch eine Frage, z. B. hinsichtlich Ablauf oder Wirkung?
- Welche Übung hat mich besonders angesprochen?
- Welche Übung könnte ich mir vorstellen, häufiger durchzuführen?
- In welcher stressigen Situation könnten die Übungen helfen?

Gut zu wissen: Zusatzinformationen

Zwerchfellatmung – Bauchatmung

Das Zwerchfell ist der wichtigste Atemmuskel und wird manchmal auch als zweites Herz bezeichnet. Mit seinen Kolbenbewegungen wirkt es wie ein kräftiger Motor für die Blutzirkulation. Als ein kuppelförmig gewölbter Muskel spannt sich das Zwerchfell zwischen Brust- und Bauchhöhle. Beim Einatmen zieht sich das Zwerchfell zusammen und senkt sich in die Bauchhöhle, beim Ausatmen entspannt es sich und kehrt in die Ruhestellung zurück, wobei der Raum in der Brusthöhle verkleinert wird.

Durch die Zwerchfellbewegung werden die unterhalb des Zwerchfells liegenden Bauchorgane massiert. Im Idealfall entspannt diese natürliche Atembewegung den gesamten Beckenbereich bis in die Unterleibslinien.

Die Wirkungen der tiefen, gelösten Bauchatmung sind vielfältig. Durch die regelmäßige, rhythmische »Innenmassage« werden die inneren Organe belebt und besser durchblutet. Das Herz wird entlastet und der venöse Rückfluss unterstützt. Im Gegensatz zur flachen Brustatmung, der sog. oberen Atmung, entlastet die Zwerchfellatmung die Schilddrüse und wirkt beruhigend und ausgleichend auf den gesamten Organismus.

Bei der Bauch- oder Zwerchfellatmung ist es wichtig, die Bauchmuskulatur so gut wie möglich zu entspannen, damit das Zwerchfell sich frei bewegen kann. Die Umstellung von der flachen Brustatmung auf die tiefe Bauchatmung geschieht allmählich. Am Anfang sollte man sich die Zeit nehmen, die Bauchatmung mit Hilfe der in diesem Baustein vorgestellten Übungen systematisch einzuüben. Auch die »Katzenübungen« aus Baustein drei (*siehe Seiten 59 ff.*) sind dafür geeignet. Sobald die wohltuende Wirkung gespürt wird, setzt die natürliche Bauchatmung auch im Alltag immer öfter ein.

Die Konzentration auf das Heben und Senken der Bauchdecke hat eine beruhigende und entspannende Wirkung. Sänger, Tänzer, Schauspieler und Musiker arbeiten gezielt mit der tiefen Bauchatmung und der Konzentration auf diesen Bereich. In Stresssituationen ist die Konzentration auf das Heben und Senken der Bauchdecke ein Anker für Ruhe. Wenn alle Anzeichen auf Sturm stehen, kann die Aufmerksamkeit auf die Bauchatmung gelenkt werden, um in Belastungssituationen die Kontrolle zu behalten.

Im Laufe des Tages kann die Aufmerksamkeit immer wieder auf die Bauchatmung gerichtet werden, egal, was man gerade tut. Durch fortwährende Übung stabilisiert sich die daraus resultierende innere Ruhe immer mehr.

Nasenatmung der Gesundheit zuliebe

Grundsätzlich sollte aus Gesundheitsgründen durch die Nase ein- und ausgeatmet werden. Diese Regel gilt im Yoga ebenso wie in der westlichen Atemtherapie.

Die Luft wird in der Nase befeuchtet, erwärmt und gereinigt, es dringen weniger Keime ein. Die Nasenschleimhäute, an deren Oberfläche sich ein salzhaltiges Sekret befindet, fangen Bakterien und Viren auf. Der in der Nase befindliche Vorhang aus feinen Härchen fängt Staubteilchen auf. Die Wände der Nase sind mit vielen feinen Blutgefäßen versorgt. Die Luft wird vorgewärmt und erreicht in den Lungen die volle Körpertemperatur. Besonders in beheizten Räumen ist eine Erwärmung und Befeuchtung der Luft wichtig, damit die Bronchien nicht überreizt werden.

Mundatmung reizt die Lunge aufgrund von nicht genügend erwärmter Luft, Schmutz und Mikroben. Durch Stress erhöht sich die Krankheitsanfälligkeit. Mundatmung führt eher zu oberflächlicher Atmung, die Nasenatmung fördert die Zwerchfellbewegung.

Die Vollatmung

Die Vollatmung ist die Atembasis vieler Yogaübungen, kann aber auch unabhängig davon jederzeit im Alltag zum Abbau von Stress eingesetzt werden. Bei der Vollatmung wird im Gegensatz zur weit verbreiteten nervösen Kurzatmung die Kapazität der Lungen voll genutzt und sieben- bis achtmal mehr Luft aufgenommen als üblich.

Tiefes, langsames Atmen fördert die Beseitigung von Abfallprodukten und Krankheitskeimen, insbesondere in den Teilen der Lungen, die durch flaches Atmen nicht ausreichend belüftet werden. Eine vermehrte Sauerstoffaufnahme und die Reinigung des Blutes steigern Vitalität und Energie. Die Vollatmung übt und stärkt die häufig verspannte Atemmuskulatur.

Wer gelernt hat, auf diese Weise entspannt zu atmen, entspannt ganz von alleine die an der Atmung nicht unmittelbar beteiligten Muskeln. Dies trägt zur allgemeinen Spannungsminderung im Organismus bei. Durch das tiefe, ruhige, rhythmische Atmen wird das Herz entlastet und der Blutkreislauf angeregt. Atemübungen werden darum auch als Hilfsmittel bei Herz- und Gefäßerkrankungen und stressbedingten Symptomen wie Herzrhythmusstörungen eingesetzt.

Die Vollatmung verbessert nicht nur die körperlichen Funktionen, sondern beruhigt auch Gedanken und Emotionen.

Die Vollatmung besteht aus drei Phasen: Bauch-, Rippen- und Schlüsselbeinatmung. Zunächst ist es hilfreich, die Phasen getrennt zu üben und die Atemräume gesondert zu erfahren. Werden die drei Phasen in einem einzigen Atemzug zusammengefasst, so nennt man dies Vollatmung.

Geübt werden kann im Sitzen oder im Liegen. Mit Hilfe der Hände können die Muskel- und Lungenbewegungen besser gespürt werden. Am Anfang kann die Atembewegung mit einer willkürlichen Muskelbewegung unterstützt werden: Zum Beispiel kann der Brustkorb beim Einatmen etwas angehoben und beim Ausatmen gesenkt werden.

Teilatemübungen tragen zur Entwicklung unterentwickelter Atemräume bei. Sie haben das Ziel, die normale Gesamtatembewegung zu fördern, also die Vollatmung herzustellen. Die Einatmung beginnt damit, dass sich der Bauch leicht wölbt und das Zwerchfell sich senkt. Dabei wird der untere Teil der Lungen beatmet.
Schließlich wird der obere Teil der Lungen aktiviert, das Schlüsselbein hebt sich unmerklich.
Das Ausatmen sollte in einer ruhigen, fortgesetzten Bewegung erfolgen. Die Bauchdecke zieht sich nach innen, mit einer entspannten Bewegung sinken die Rippen ein und fast unmerklich die Schultern, während die Luft langsam entweicht.

Werden die Atembewegungen bewusst wahrgenommen, entspannt sich die Atemmuskulatur. Die Atmung wird tiefer und leichter. Sobald der Atem freier wird, kann die Aufmerksamkeit weg von den Muskelbewegungen auf den Atemfluss gerichtet werden.

Vollatmung – drei Phasen

Merkmale der Stressatmung

Die Atmung ist kurz, schnell, flach und unregelmäßig, sie kommt gepresst, stoßweise, es wird nach Luft geschnappt, die Atmung findet nur im Brustraum statt, die Nasenschleimhäute sind heiß und trocken. Diese Merkmale müssen nicht alle gleichzeitig vorhanden sein.

- Bei Personen, die dazu neigen, sich in Stresssituationen zurückzuziehen, wird die Atmung tendenziell flacher, die Lungen nehmen immer weniger Luft auf
- Personen, die eher kämpferisch veranlagt sind, haben in Stresssituationen eher das Gefühl, zu »platzen«. Die Lunge ist aufgebläht, beim Einatmen kommt zu viel Luft hinein und der Innendruck steigt.

Hektische Kurzatmung führt dazu, dass sich die Kohlendioxidkonzentration im Blut erhöht. Dies wiederum verengt die Blutgefäße im ganzen Körper und die Sauerstoffzufuhr zum Gehirn verringert sich. Verspannungen und Kopfschmerzen sind die Folge.

Wechselatmung – Nadi-Sodhana-Pranayama

Nadis heißen im Yoga die Energiebahnen im Körper, durch die Prana, die Lebensenergie, fließt. Ihre physiologische Entsprechung sind die Nervenbahnen. Beim Üben von Pranayama werden die Energiekanäle aktiviert und gereinigt.

Der rechten Nasenseite, die mit dem Energiekanal Pingala in Verbindung steht, werden Sonnen-Eigenschaften zugesprochen; der linken Nasenseite, die mit dem Energiekanal Ida in Verbindung steht, Mond-Eigenschaften.

Wissenschaftler haben herausgefunden, dass bei einem gesunden Menschen der Atem ungefähr 110 Minuten verstärkt durch das eine und dann für die gleiche Zeit durch das andere Nasenloch fließt. Störungen in diesem Verhältnis können durch regelmäßiges Praktizieren der Wechselatmung ausgeglichen werden. Die rechte Körperhälfte und das rechte Nasenloch stehen mit der linken Hirnhemisphäre in Verbindung, der mehr rationale Qualitäten zugeordnet werden. Die linke Körperhälfte und das linke Nasenloch werden kontrolliert durch die rechte Hirnhemisphäre, die mehr zuständig ist für bildhaftes, assoziatives Denken. Der Ausgleich zwischen den Gehirnhälften bewirkt innere Synchronisierung.

Durch regelmäßige Übung der Wechselatmung können Einseitigkeiten im Energiefluss ausbalanciert werden und Aktivität (Sonneneigenschaften) und Passivität (Mondeigenschaften) in Einklang gebracht werden.

Die ausgleichende und beruhigende Wirkung der Wechselatmung wirkt sich auch auf den Schlaf-Wach-Rhythmus aus. Sie kann direkt vor dem Einschlafen praktiziert werden, um die Schlafanbahnung zu fördern.

Die intensivste Wirkung entfaltet die Wechselatmung, wenn sie in Verbindung mit den Asanas geübt wird. Sie ist auch als Vorbereitung für die Meditation sehr gut geeignet

Pranayama

Pranayama heißen im Yoga die Atem regulierenden Übungen, die in Verbindung mit den Asanas oder auch alleine ausgeübt werden. Alle Yogaübungen dienen dazu, Fehlhaltungen, die die Atmung beeinträchtigen, aufzulösen und die Atmung zu befreien.

Prana bedeutet Atem-Lebensenergie. Die Worte »Odem« (Lebenshauch) aus dem europäischen Raum und »Chi« aus dem Chinesischen drücken etwas sehr Ähnliches aus. Prana, die Lebensenergie, wird mit der Atemluft und dem Sauerstoff aufgenommen und versorgt den Organismus mit Lebensenergie bis in die letzte Zelle.

Yama bedeutet soviel wie Lenkung oder Zähmung. Der Pranayama-Übende beobachtet den Atemrhythmus, reguliert ihn und nach längerer Übungspraxis kann die Atmung eingesetzt werden, um die Energie im Körper zu lenken.

Ausführliche Pranayamapraxis sollte nur unter fachkundiger Anleitung geschehen und wenn man mit dem Übungssystem Yoga bereits vertraut geworden ist. Die in diesem Baustein vorgestellte wechselseitige Nasenatmung kann jedoch ohne Bedenken ausgeführt werden.

Dehn-Streckübungen

Eine elastische Wirbelsäule und ein beweglicher Brustkorb beeinflussen die Ausdehnungsfähigkeit und das Leistungsvermögen der Lungen.
Alle Yoga-Asanas verbessern auf vielfältige Art und Weise die Atemqualität. Sie gehören zum Grundprogramm in der Atemtherapie (vgl. Höfler, H., Atemtherapie und Atemgymnastik) und haben in angewandter Form Eingang in viele krankengymnastische Übungsprogramme gefunden.

Durch Dehnübungen wird ein Spannungsausgleich oder eine Tonusregulierung erreicht. Verspannte Muskeln werden locker und elastisch, schlaffe Muskeln gewinnen an Spannkraft. Muskeln, Sehnen und Bindegewebe werden durch Dehnen geschmeidig. In Bezug auf die Atmung bedeutet dies, dass Atem hemmende Einflüsse beseitigt werden. Brustkorb, Becken, Wirbelsäule, Atemmuskulatur und Lunge werden elastisch und beweglich. Der Atem kann frei fließen.

Dehnbewegungen stimulieren die Atmung mehr als andere Bewegungsarten. Durch bestimmte Stellungen ist es möglich, den Atem ganz gezielt in einzelne Körperregionen zu lenken. Wird die Dehnlage etwa zehn Sekunden lang gehalten, lässt die Spannung nach, es kann noch etwas nachgedehnt werden. Der Muskel wird noch geschmeidiger, der Atem vertieft sich. Sich in die Dehnung hinein zu entspannen mit dem Ausatmen, vermittelt die Erfahrung, dass nicht mit Anstrengung, sondern mit Loslassen von Spannung Fortschritte erzielt werden. Diese Erfahrung kann auch auf den Umgang mit Schmerzen übertragen werden.

Atem und Bewegung

Jede körperliche Bewegung beeinflusst die Atmung, Atem und Bewegung hängen eng miteinander zusammen. Flaches, oberflächliches Atmen kann vor allem durch Ganzkörperbewegungen aus seiner gewohnheitsmäßigen Blockierung befreit werden.

Fließende Bewegungen, in einem gleichmäßigen Rhythmus ausgeführt, haben eine besonders günstige Wirkung. Durch die ständige Wiederholung in einem gleichmäßigen Rhythmus wird das vegetative Nervensystem ausgleichend und beruhigend beeinflusst. Durch ein inneres Bild wird die Vorstellungskraft angeregt, Geist und Körper arbeiten zusammen. Die Atmung wird rhythmischer und vertieft sich, der Fluss der Bewegung regt den Atemfluss an und umgekehrt.

Bei gleichmäßiger Belastung des Herz-Kreislauf-Systems vergrößert sich das Atemvolumen, es wird vermehrt Sauerstoff aufgenommen.

Die Beweglichkeit des Beckens ist für eine freie, gelöste Atmung von großer Bedeutung. Ein starres, unbewegliches Becken hemmt die Atmung. Beckenbewegungen sind aufgrund ihrer erotischen Bedeutung häufig tabuisiert. Das ist einer der Gründe, warum viele Menschen im westlichen Kulturkreis im Bauch- und Beckenbereich verspannt und verkrampft sind. Die Bauchdecke ist verhärtet, das Zwerchfell kann sich nicht frei bewegen, die Verdauungsmuskulatur ist angespannt. Ein bewegliches Becken ist locker und gut durchblutet. Das Körpergefühl für die zur Ausrichtung der Wirbelsäule richtige Beckenstellung ist entwickelt. Regelmäßiges Beckentraining fördert die natürliche Bauchatmung und stärkt das Körpergefühl für diesen Bereich der Mitte.

Die Beteiligung der Atemmuskeln am Atemvorgang

Einatmen ist ein aktiver Vorgang: Das Zwerchfell und die äußeren Zwischenrippenmuskeln spannen sich gleichzeitig an. Indem das Zwerchfell sich in sich selbst zusammenzieht, flacht sich die nach oben gerichtete Zwerchfellkuppel ab und drängt die Baucheingeweide nach unten. Dadurch werden die Bauchmuskeln gedehnt, die Lunge hat Platz. Der Brustkorb weitet sich, die Lungen müssen dieser Bewegung folgen, es entsteht ein Unterdruck in ihnen. Wie von einem Schwamm wird die Luft von den Lungenbläschen angesaugt. Bei der Einatmung vergrößert sich der Brustkorb durch das Anheben und Weiten der Rippen und durch das Absenken des Zwerchfells. Atembewusstsein: Die Einatmung verläuft von unten nach oben.

Ausatmen ist eher ein passiver Vorgang. Die Atemmuskulatur gibt nach und entspannt sich. Die Rippen senken sich wieder, der Brustkorb verkleinert sich. Die Bauchmuskeln als Gegenspieler des Zwerchfells ziehen sich zusammen, der Bauchinhalt wird zurück und nach oben gedrängt und drückt gegen das Zwerchfell. Das Zwerchfell wölbt sich wieder nach oben. Die Lunge zieht sich elastisch zusammen.

Es entsteht ein Überdruck in den Lungenbläschen, durch den die Luft passiv aus der Lunge herausgepresst wird.
Das Zwerchfell wirkt wie ein Spritzenkolben, der durch Kontraktion der Bauchmuskeln in den Spritzenzylinder des Brustraumes getrieben wird. Die Bauchmuskeln drängen das erschlaffte Zwerchfell nach innen und oben.

Die Ausatmung ist wichtiger als die Einatmung – nur in ein leeres Gefäß kann etwas eingefüllt werden.
Atembewusstsein: Die Ausatmung verläuft von oben nach unten.

Atempause: Die Atemmuskeln, die Rippen und das Lungengewebe sind in Ruhestellung. Das Lungengewebe ist entspannt. Die Zwerchfellkuppel hat den höchsten Stand erreicht. Brustbein und Rippen sind abgesunken.

Atempause: Es wird nichts mehr festgehalten – Atemmuskeln und der gesamte Organismus erholen sich. Ruhepause für Körper und Seele. Ein bewusstes Erleben und Zulassen der Atempause hilft, körperliche und seelische Verkrampfungen zu lösen.

Stichworte zum Thema Atmung

Folgende Stichworte können Sie auf Karten schreiben und damit – mit entsprechenden Abbildungen – die Wände dekorieren.

- Atem ist Rhythmus
- Ein-aus-Atempause
- Atembeobachtung
- Stressatmung
- Vollatmung
- Bauchatmung
- »Es atmet mich«
- Den Atem geschehen lassen
- Atem – Brücke zwischen Bewusstem und Unbewusstem
- Wechselatmung
- Zwerchfellatmung
- Atembewegung
- Atem ist Leben
- Mit dem Atem entspannen

Was ist Yoga? Verschiedene Definitionen

Yoga ist eine vollständige Wissenschaft vom Leben, die vor Tausenden von Jahren ihren Ursprung in Indien hatte. Es ist der Welt ältestes Übungssystem zur persönlichen Entwicklung, das Körper, Geist und Seele vereint.
Yoga für alle Lebensstufen, Sivananda Yoga-Zentrum, S. 10

Yoga, das bedeutet Einssein und Harmonie, Yoga ist sowohl ein philosophisches System, als auch angewandte Wissenschaft, beide mit dem Ziel, Selbsterkenntnis zu erlangen.
Pullig/Schatz, Yoga für den Rücken, S. 11

Yoga ist der Weg, der zur Gesundheit von Körper, Geist und Seele führt.
Monro/Nafabattina/Nagendra, Yoga bei Beschwerden, S. 19

Yoga trägt auf verschiedene Weise dazu bei, die Störung des natürlichen Gleichgewichts als wahre Ursache des Krankwerdens zu erkennen und zu lindern.
U. Thomsen, Richtige Atmung und Entspannung durch Yoga

Das Wort Yoga bedeutet Einheit oder Einssein, mit anderer Worten, ein Gefühl, Teil eines Ganzen zu sein.
Roß, Yoga leicht und verständlich erklärt

Yoga ist Geschicklichkeit in allen Werken.
Bhagavad Gita

Der Junge, der Alte, der Uralte, selbst der Kranke und Gebrechliche kann durch ständige Übung vollkommenen Yoga erreichen. Der Erfolg wird dem zuteil, der seine Übungen ausführt.
Hatha-Yoga Pradipika

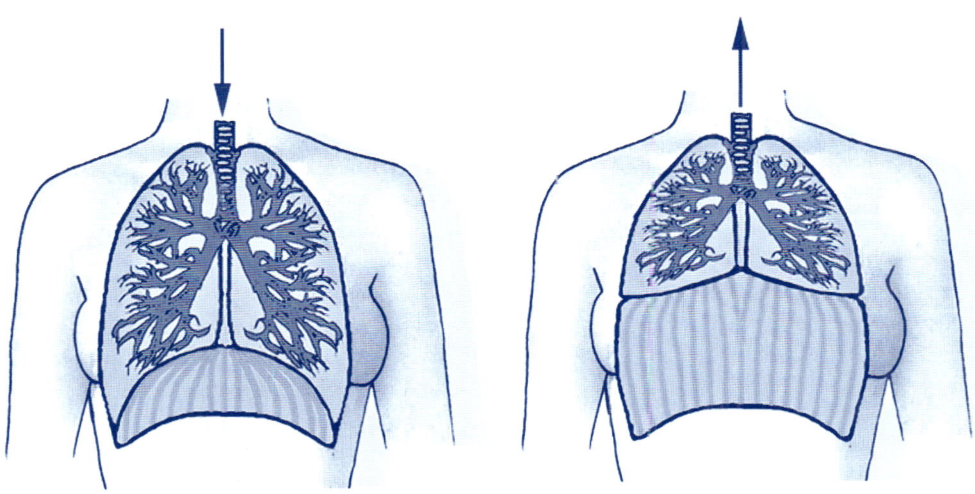

Position des Zwerchfells bei Ein- und Ausatmung

Ein Bild sagt mehr als 100 Worte: Vorstellungskraft entwickeln

Auf einen Blick

Thema	Ziel	Methode	Medien	Zeit
Experiment	Zeigen, wie die Vorstellungskraft wirkt	Das Pendel mit Hilfe der Vorstellungskraft in Bewegung setzen, Alternative: Zitronenexperiment	Gardinenringe, Zwirnsfäden	10 Min.
Autogenes Training	Muskelentspannung auslösen, Entspannung des Gefäßsystems	Sitzhaltung, Schwereübung, Wärmeübung	Stühle	20 Min.
Ruheübung »Der See«	Mentale Beruhigung	Visualisieren	Postkarten von verschiedenen See-Ansichten	10 Min.
»Goldenes Licht«	Technik der Imagination kennen lernen	Imagination, Übung in der Rückenlage	Matten, Kissen, Handtücher als Nackenrollen	10 Min.
»Komm mit an meinen Ruheort«	Sich gegenseitig entspannen mit bildhaften Assoziationen	Partnerinnen-Übung	Stühle	20 Min.
Autogenes Training in Frage und Antwort	Methode vorstellen	Referat anhand von Frage-Karten	Stühle, vorbereitete Karten	20 Min.

Variationen:

- Autogenes Training im Liegen statt im Sitzen durchführen
- Die Wärmeübung im Rahmen einer Geschichte vermitteln
- Andere imaginative Verfahren aus Ihrem Übungsrepertoire anleiten
- Yoga-Nidra anbieten, wenn Sie darin besser ausgebildet sind

Beschreibung der Kurseinheit

Experiment

Bitten Sie die Teilnehmerinnen, sich in einen Stuhlkreis zu setzen und motivieren Sie sie, an einem Experiment teilzunehmen, das auch in der Literatur zum Autogenen Training häufig erwähnt wird. Es ist besonders gut geeignet, das Prinzip der Vorstellungskraft zu verdeutlichen. Sie brauchen dazu ganz normale Fingerringe – auch Gardinenringe sind geeignet – und eine Rolle Zwirn.
Verteilen Sie an alle Teilnehmerinnen einen 30 bis 50 Zentimeter langen Zwirnsfaden und einen der Ringe, woraus ein Pendel hergestellt wird.
Mit dem rechten Ellenbogen stützen sich die Teilnehmerinnen auf dem rechten Knie ab, während sie das Pendel in der rechten Hand halten. Sie richten ihre Aufmerksamkeit auf das Pendel, welches völlig ruhig gehalten werden muss.

- Stellen Sie sich bildlich vor, dass das Pendel wie eine Schaukel hin und her schwingt, hin und her.
- Konzentrieren Sie sich bitte ganz auf diese Bewegungsfigur und sprechen Sie in Gedanken: »Das Pendel schwingt hin und her, hin und her.«
- Beobachten Sie, was geschieht!
- Bringen Sie das Pendel zum Stillstand.
- Stellen Sie sich jetzt bildhaft vor, dass das Pendel kreist. Wiederholen Sie innerlich: »Das Pendel kreist, kreist, kreist.« Bleiben Sie mit Ihrer Aufmerksamkeit bei dem Pendel und dem inneren Bild des Kreises, und schauen Sie, was passiert.
- Experimentieren Sie noch ein wenig weiter, lassen Sie den Kreis größer und kleiner werden in Ihrer Vorstellung.
- Wechseln Sie noch einmal zu der Pendelbewegung. Konzentrieren Sie sich die ganze Zeit auf das Pendel.

Fragen Sie im Anschluss daran die Teilnehmerinnen, ob das Experiment bei ihnen geklappt hat. Erfahrungsgemäß ist dieses bei den meisten der Fall. Fragen Sie nach einer möglichen Erklärung. Erläutern Sie den Teilnehmerinnen, dass die Vorstellung der Bewegung unwillkürlich in kleine Muskelbewegungen umgesetzt wird, die wiederum die Hand in Bewegung setzen, so dass das Pendel schwingt. Heben Sie hervor, dass dieses Prinzip dem Autogenen Training zugrunde liegt: Gedanken und Vorstellungen rufen Körperreaktionen hervor.

Variation: Zitronenexperiment
Ist Ihnen das Pendelexperiment irgendwie zu unheimlich? Auch das folgende Experiment erzielt meistens eine verblüffende Wirkung. Die Wirksamkeit der Vorstellungskraft ist unmittelbar erfahrbar.

Schließen Sie bitte Ihre Augen und atmen Sie ein paarmal durch die Nase ein und aus. Stellen Sie sich vor, Sie sind in Ihrer Küche und auf einer Ablage liegt eine dicke gelbe Zitrone.
Sie nehmen ein Küchenmesser in die Hand und zerteilen die Zitrone. Nehmen Sie in Ihrer Vorstellung eine der beiden Hälften in die Hand – Saft tropft herunter – und Sie führen die Zitrone zum Mund. Sie fangen den Saft mit Ihrer Zunge auf, lecken an der Zitrone und schmecken das Fruchtfleisch.
Lassen Sie die Zitrone vor Ihrem inneren Auge wieder verschwinden und öffnen Sie die Augen.

Fragen Sie die Teilnehmerinnen, wie sie das Experiment erlebt haben. In der Regel reagieren diese mit vermehrtem Speichelfluss. Der Mund zieht sich zusammen, manche schütteln sich sogar ein wenig. Selbst wenn eine der Teilnehmerinnen nichts bemerkt hat, sind die Reaktionen der anderen überzeugend und beeindruckend genug.

Autogenes Training

Das Autogene Training ist ein Übungsverfahren, eine Methode der »konzentrativen Selbstentspannung«. Durch zunehmende Konzentrationsfähigkeit und Vorstellungskraft wird autogen (selbstgesteuert) ein Zustand der Versenkung, der körperlich-seelischen Entspannung, herbeigeführt.

Die richtige Sitzhaltung finden
Die Teilnehmerinnen sitzen auf Stühlen im Kreis. Erläutern Sie, dass Liegen die optimale Entspannungshaltung ist, dass das Üben im Sitzen aber auch Vorteile hat. Es kann auf alle möglichen Alltagssituationen übertragen werden: In der Mittagspause im Büro, beim Sonnenbad auf der Parkbank, in einem öffentlichen Verkehrsmittel, im Auto, im Wartezimmer des Arztes, sogar im Konferenzraum ist es möglich, autogene Übungen durchzuführen.
Schlagen Sie die Droschenkutscherhaltung als Ausgangspunkt vor:

- Die Füße sind beckenbreit auseinander und haben festen Kontakt zum Boden.
- Die Unterarme liegen locker auf den Beinen, so dass die Hände an der Innenseite der Oberschenkel herabhängen. Diese sollen sich nicht berühren, um Ablenkungen zu vermeiden.
- Die Übende richtet sich betont auf, so als ob sie besonders groß erscheinen möchte, dann lässt sie sich schlaff zusammensinken.
- Der Kopf sinkt auf die Brust, der Rücken ist gebeugt. Durch eine leichte Pendelbewegung nach vorne und hinten muss die Haltung korrigiert werden, bis ein Gleichgewichtszustand erreicht ist.

In dieser passiven Körperhaltung benötigt man keine Muskelkraft. Der Körper hängt in den elastischen Bändern, die längs der Wirbelsäule verlaufen. Nachteilig ist, dass der Atem nicht frei fließen kann, wenn der Brustkorb eingesunken ist. Die Haltung ist auch nicht dazu angetan, die Konzentration zu fördern. Eher bewirkt sie, dass man döst oder einschläft. Da der Droschkenkutschersitz als »klassische Sitzhaltung« für Autogenes Training gilt, sollten die Teilnehmerinnen ihn dennoch auf jeden Fall kennen lernen und ausprobieren.

Variationen:
Die Teilnehmerinnen sollen in der Haltung entspannen, in der sie sich am wohlsten fühlen. Zur Anregung können Sie deshalb weitere Möglichkeiten vorschlagen.

Aufrechte Sitzhaltung auf einem Stuhl
Günstig sind Stühle mit Rückenlehnen, die die natürliche Krümmung der Wirbelsäule unterstützen. Auch Arm- und Kopflehnen können zu einer entspannten Haltung beitragen. Auf jeden Fall sollten die Füße festen Kontakt zum Boden haben, damit sich in den Beinen keine unnötige Spannung aufbaut. Bei kleinen Personen, die mit den Füßen nicht ganz auf den Boden reichen, kann eine Deckenrolle unter die Füße geschoben werden. Die Hände liegen locker und entspannt auf den Oberschenkeln, die Schultern werden ein paar Mal mit dem Einatmen sanft angehoben, um sie mit dem Ausatmen wieder sinken zu lassen.

Aufrechte Sitzhaltung auf einem Stuhl mit angelehntem Kopf
Manche Übende bevorzugen es, sich mit dem Kopf an einer Wand anzulehnen. Ein Kissen als Kopf- und Nackenstütze kann gute Dienste leisten. Weisen Sie die Teilnehmerinnen auch auf diese Möglichkeit hin.

Droschkenkutscherhaltung

Im Schneidersitz auf einem Stuhl sitzen
Es kommt immer wieder vor, dass sich Teilnehmerinnen bei konzentrativen Entspannungsübungen wie dem Autogenen Training im Schneidersitz auf den Stuhl setzen. Auch in dieser Sitzhaltung ist Autogenes Training möglich.

Die Schwereübung
Sprechen Sie in Ich-Form mit ruhiger, etwas monotoner Stimme. Bitten Sie die Teilnehmerinnen, die Übung innerlich mit nachzuvollziehen. Machen Sie ausreichende Pausen, in denen Stille eintritt. Bei der Rücknahme heben Sie die Stimme etwas an.

Ruhetönung
- Ich stelle mich darauf ein, ruhig zu werden, ruhig und entspannt.
- Die nächsten Minuten gehören mir und meiner Entspannung.
- Alles, was mich beschäftigt, kann ich jetzt ein wenig hinter mir lassen.
- Die Gedanken sind gleichgültig, ich lasse sie vorüberziehen wie Wolken am Himmel.
- Ich spüre meinen Körper und die Berührung mit der Sitzfläche und mit der Lehne.
- Mit dem Ausatmen lasse ich Spannungen los, mit jedem Ausatmen beginne ich, mehr und mehr zu entspannen.

Konzentration auf angenehme Schwere
- Ich gehe mit meiner Aufmerksamkeit in meine rechte Hand und in meinen rechten Arm.
- Ich spüre, wo die Hand aufliegt. Ich fülle den Arm aus mit meiner Aufmerksamkeit.
- Wenn ich den Arm so spüre, beginnt er sich ganz von alleine zu entspannen.
- Mein rechter Arm ist angenehm schwer.
- Mein rechter Arm ist angenehm schwer.
- Mein rechter Arm ist angenehm schwer.
- Ich spüre das angenehme Schweregefühl.
- Ich lasse es geschehen, dass sich die wohltuende Entspannung ausbreitet.

Konzentration auf Ruhe
- Im Körper breitet sich Ruhe aus. Ruhe durchströmt mich. Ganz von alleine entspanne ich mich mehr und mehr.
- Ich bin ganz ruhig und entspannt.
- Ich bin ganz ruhig und entspannt.
- Ich bin ganz ruhig und entspannt.
- Ich genieße eine Weile das angenehme Gefühl von Ruhe und Entspannung.

Rücknahme
- Ich stelle mich darauf ein, die Übung zu beenden.
- Bitte die Fäuste schließen,
- die Arme ein paarmal kräftig beugen,
- lang und tief ein- und ausatmen –
- und die Augen öffnen.

Kurzformel für die Rücknahme
Arme fest. Tief atmen. Augen auf!

Die Rücknahme ist notwendig, damit der Organismus ein Signal bekommt, sich wieder auf Aktivität umzustellen. Idealerweise weicht das Gefühl von Schwere, die innere Ruhe und Gelassenheit werden mit ihr in den Alltag genommen.

Rückmeldung

Geben Sie den Teilnehmerinnen Gelegenheit, ihre Erfahrungen, die während der Entspannungsübung gemacht wurden, mitzuteilen. Erfahrungsgemäß werden die einkehrende Ruhe und das gemeinsame Entspannen in der Gruppe unter Anleitung als wohltuend erlebt. Nicht wenige Teilnehmerinnen spüren bereits beim ersten Mal die Schwere im rechten Arm oder im ganzen Körper. Manche berichten von Wärmeempfindungen, andere, dass sie sich ruhiger fühlen. In einigen Fällen kommt es auch zu paradoxen Reaktionen: Die Arme werden als leicht, als schwebend empfunden.
Geben Sie einige Erläuterungen zur Schwereübung (*siehe Seite 86 f.*).

Die Wärmeübung

Stimmen Sie die Gruppe auf die Wärmeübung ein, indem Sie Erlebnisse und Situationen thematisieren, die in der Vorstellung mit angenehmer, wohltuender Wärme verbunden werden.
Beispiele für Wärmeassoziationen:

- Ich sitze vor einem offenen Kamin und schaue dem Spiel der Flammen zu.
- Ich liege am Strand im weichen, warmen Sand. Meine Katze sitzt auf meinem Schoß und schnurrt.
- Ich sitze an einem Lagerfeuer und höre es knistern und sehe die Funken aufstieben.
- Ich sitze auf einer Bank in der Morgensonne und habe viel Zeit.

Bitten Sie die Teilnehmerinnen, ihnen angenehme Wärmeassoziationen zu einem Symbol zu verdichten. Weisen Sie darauf hin, dass dieses Symbol in der Entspannung genutzt werden kann, um die Wärmeempfindungen zu verstärken.
Auch im Alltag kann das an die Entspannungssituation gekoppelte Symbol positive Assoziationen auslösen. Ein allgemein bekanntes und beliebtes Symbol für Wärme ist die Sonne. Die Sonne kann gut visualisiert werden. Sie löst nicht nur Wärmeempfindungen aus, sondern weckt auch Lebensfreude und Energie.
Wie die Schwereübung beginnt die Wärmeübung mit der Ansage zur Ruhetönung. Dann erfolgt die Konzentration auf Wärme.

- Ich gehe mit meiner Aufmerksamkeit in meine Hände und in meine Arme.
- Ich spüre, wo die Hände aufliegen und ich fülle meine Arme aus mit meiner Aufmerksamkeit.
- Vor meinem inneren Auge erscheint eine Sonne.
- Ich spüre die Sonnenstrahlen warm auf meinen Händen und auf meinen Armen.
- Ich genieße die sonnige Wärme auf der Haut.
- Meine Arme sind angenehm warm (dreimal wiederholen).
- Ich bin ganz ruhig und entspannt (dreimal wiederholen).
- Ich lasse es geschehen, dass sich die wohltuende Wärme immer mehr ausbreitet.
- Ruhe und Wärme durchströmen mich.

Jetzt erfolgt wieder die Rücknahme wie bei der Schwereübung.

Variation:
Statt in der klassischen Form des Autogenen Trainings können Sie die Wärmeübung auch im Rahmen einer Geschichte vermitteln. Wählen Sie als Einstieg in die Übung und als Ruhetönung die Konzentration auf die Atmung.

- Schließe deine Augen und richte deine Aufmerksamkeit auf die Atmung.
- Während du leicht und ruhig atmest, wird dein Körper immer entspannter.
- Wiederhole gefühlsmäßig: Ich bin ganz ruhig. Ich bin ganz ruhig. Ich bin ganz ruhig.
- Stelle dir vor, du bist in einem türkischen Bad. In einem Raum, der in den verschiedensten Blautönen gekachelt ist, siehst du im Boden ein großes, rundes Becken eingelassen. Aus kupfernen Hähnen sprudelt warmes Wasser. Türkisfarbenes Wasser, mit duftenden Ölen angereichert, verlockt zu einem Bad.
- Du legst deine Kleider ab und steigst in das warme Wasser. Wohlige Wärme umgibt dich. Du fühlst das warme Wasser streichelnd an deiner Haut. Wohlige Wärme breitet sich aus.
- Der Körper ist wohlig warm. Der Körper ist wohlig warm. Der Körper ist wohlig warm.
- Ich bin ganz ruhig und entspannt. Ich bin ganz ruhig und entspannt. Ich bin ganz ruhig und entspannt.

Jetzt erfolgt wieder die Rücknahme: Arme fest. Tief atmen. Augen auf.

Rückmeldung und Erläuterung

Geben Sie auch nach der Durchführung der Wärmeübung den Teilnehmerinnen Gelegenheit, sich dazu zu äußern.
Anregungen für einen Kurzvortrag finden Sie auf Seite 87.
Weisen Sie in diesem Zusammenhang abschließend auf innere Stressoren wie »Schwarzmalerei« oder »Pechvogeldenken« hin, die Stress auslösen oder verstärken können.
Stellen Sie eventuell das Zitat von G. Chr. Lichtenberg zur Diskussion:

Mein Körper ist derjenige Teil der Welt,
der meine Gedanken beeinflussen kann.
Sogar eingebildete Krankheiten können
wirkliche werden.
Georg Christoph Lichtenberg, Aphorismen, ca. 1790

Ruheübung: »Der See«

Manchen Menschen liegt es besonders, sich mit Hilfe von bildhaften Vorstellungen zu entspannen. Führen Sie als weitere Entspannungsübung im Sitzen eine Imagination durch, die innere Ruhe bewirken soll.

- Schließen Sie Ihre Augen und richten Sie Ihre Aufmerksamkeit auf die Atmung. Während Sie leicht und ruhig atmen, wird Ihr Körper immer entspannter.
- Vor Ihrem inneren Auge erscheint ein See. Ruhig liegt er da in der Morgensonne. Die Sonnenstrahlen spiegeln sich auf der Wasseroberfläche. Seerosen haben ihre Blüten geöffnet. Auf den Blättern schimmern Tautropfen. Ruhig ziehen ein paar Enten ihre Bahn. Es ist ganz still, nur ein leises Vogelzwitschern ist zu hören. Versetzen Sie sich gefühlsmäßig in die ruhige Morgenstimmung.

- Wiederholen Sie innerlich: Ich bin ganz ruhig. Ich bin ganz ruhig. Ich bin ganz ruhig.

Jetzt erfolgt wieder die Rücknahme.

Variation: Rosengarten

- Schließen Sie Ihre Augen und richten Sie Ihre Aufmerksamkeit auf die Atmung. Während Sie leicht und ruhig atmen, wird Ihr Körper immer entspannter.
- Vor Ihrem inneren Auge erscheint ein schöner Garten. Sie sitzen inmitten blühender Blumen ganz ruhig und entspannt auf einer Bank. In Ihrer Nähe blühen die herrlichsten Rosen. Sie riechen den Rosenduft.
- Wiederholen Sie in Gedanken: Ich bin vollkommen ruhig. Ich bin vollkommen ruhig. Ich bin vollkommen ruhig.
- Die Ruhe wird immer tiefer und tiefer.
  Die Ruhe wird immer tiefer und tiefer.
  Die Ruhe wird immer tiefer und tiefer.
- Ich ruhe in mir. Ich ruhe in mir. Ich ruhe in mir.

Die Rücknahme nicht vergessen.

Fragen Sie die Teilnehmerinnen, ob Sie sich den See bzw. den Rosengarten vorstellen konnten und ob Sie Ruhe empfunden haben. Auch hier sind wieder paradoxe Reaktionen möglich: Unruhe oder sogar Angst könnten bei einzelnen entstehen. Einige Teilnehmerinnen werden sich die Bilder weniger gut vorstellen können. Geben Sie ihnen diesen Hinweis: Die Fähigkeit zur bildhaften Vorstellung (Imagination) ist unterschiedlich entwickelt und ausgeprägt. Kinder verfügen in der Regel über eine reiche Fantasietätigkeit, die es ihnen erlaubt, sich alle Dinge in den schönsten Farben auszumalen. Viele Erwachsene arbeiten in Berufen, die linear-logisches Denken erfordern. Das bildhafte, kreative, assoziative Denken wird zu wenig beansprucht. Jedoch können diese Fähigkeiten mit Imaginationsübungen entwickelt und trainiert werden.

Bei Teilnehmerinnen, die sagen, dass sie sich nichts bildhaft vorstellen können, haben Sie die Möglichkeit, Fotos und Postkarten mit den entsprechenden Motiven einzusetzen. Diese können dann nach einer Betrachtungsphase visualisiert werden.

Hinweise zum Umgang mit inneren Bildern

- Bei allen Vorstellungsübungen gilt: Teilnehmerinnen, denen das Bild, das entsteht, nicht angenehm ist, sind ausdrücklich aufgefordert, sich ein Bild zu suchen, das ihnen besser gefällt, oder ganz aus der Vorstellung auszusteigen. Es gibt kein noch so schönes Bild, das von einzelnen nicht auch als unangenehm empfunden werden kann: Ein See kann Assoziationen zur Möglichkeit des Ertrinkens wach rufen, der Rosengarten an die lebensbedrohliche Wespenallergie erinnern, das goldene Licht an Feuer erinnern oder Erstickungsgefühle auslösen, das türkische Bad ein Ort des Überfalls sein, der Wald voller modriger, verseuchter Baumstümpfe … Solche Vorstellungen sind vielleicht nicht oft in Kursen zu finden, aber möglich. Das braucht kein Grund zu sein, auf die Übung zu verzichten. Die Erlaubnis das Bild zu wechseln genügt.
- Interpretationen der Bilder können die Grenze zur therapeutischen Arbeit übersteigen und sind nicht gefragt. Teilnehmerinnen, die von ihren Bildern erzählen wollen, müssen aber die Gelegenheit dazu haben. Dazu dient der Erfahrungsaustausch.
- Sollte eine Teilnehmerin unangenehme Empfindungen haben, fragen Sie sie danach, ob es ein anderes Bild geben könnte, das auf sie angenehm und entspannend wirkt oder eine Übung, die die Teilnehmerin jetzt gerne machen würde.
- Vermeiden Sie Formulierungen, die nahe legen, man würde den Körper verlassen.
- Vermeiden Sie Situationen, in denen Sie sich längere Zeit auf eine Person konzentrieren müssen: Der Rest der Gruppe ist in das Geschehen einbezogen.
- Nach jeder suggestiven oder imaginativen Übung müssen Sie darauf achten, dass die Rücknahme vollständig erfolgt.
- Wenn einzelne Teilnehmerinnen irgendwie benommen wirken, führen Sie mit der ganzen Gruppe »erdende« Übungen durch: Fäuste schnell ballen und wieder öffnen, stampfend tanzen – sanfte Trommelmusik ist hier meist gut geeignet – , sich ausschütteln etc. Augenkontakt ist sinnvoll. Auch die Yogaübungen der Katzenserie (*siehe Seiten 59 bis 63*) können dafür geeignet sein.
- Beenden Sie das Treffen niemals mit einer Imagination, ohne anschließende Möglichkeit darüber zu sprechen und wach zu werden.

»Goldenes Licht«

Die Teilnehmerinnen haben eine Ruhehaltung in Rückenlage eingenommen. Um den Rücken zu entlasten, können Kopf, Nacken und Kniekehlen mit Kissen und Nackenrollen unterstützt werden.

Zur Einstimmung auf die Übung ist die CD »Listening to the Heart« von Oliver Shanti & Friends geeignet. Lassen Sie die Musik nur am Anfang laufen, bevor Sie anleiten.

Atementspannung

- Stellen Sie sich innerlich darauf ein, ruhig zu werden – ruhig und entspannt.
- Spüren Sie, wie Ihr Körper auf dem Boden liegt und wie Ihr Bauch sich beim Atmen auf und ab bewegt.
- Zählen Sie acht Atemzüge und spüren Sie, wie der Atem dabei langsamer und ruhiger wird.
- Fühlen Sie bei den nächsten acht Atemzügen, wie der Atem beim Einatmen in den Bauch strömt und ihn ausdehnt und wie die Bauchdecke beim Ausatmen einsinkt.
- Fühlen Sie nun, wie Sie sich mit jedem Ausatmen entspannen.

Imagination

- Stellen Sie sich eine Lichtkugel vor, die über Ihnen schwebt. Sie verbreitet ein warmes, goldenes Licht. Holen Sie die Lichtkugel näher heran.
  Das warme Licht fließt über Ihren Körper wie ein Wasserfall. Es ergießt sich über Gesicht und Hals und wäscht alle Spannungen weg. Es fließt über Schultern und Brustkorb und den Rücken hinunter. Ihre Arme und Hände, Beine und Füße baden in goldenem Licht.
  Das Licht fließt über den ganzen Körper und nimmt alle Spannungen, die sich angesammelt haben, mit sich fort.
- Lenken Sie das goldene, warme Licht überall dorthin, wo es besonders gebraucht wird. Baden Sie Ihre Augen darin, wenn Sie müde und überanstrengt sind, und Ihre überbelasteten Ohren. Die sanfte Lichtenergie beruhigt Ihren Magen und Ihr Herz. Lassen Sie das Licht von Ihrem Sonnengeflecht aus durch den Körper strömen. Spüren Sie die sanfte, heilende Energie auch im Körperinneren

Rücknahme

- Stellen Sie sich allmählich darauf ein, die Übung zu beenden.
- Ich zähle jetzt langsam von eins bis zehn. Wenn ich bei fünf angelangt bin, fangen Sie an, sich zu bewegen.
- Öffnen Sie bei eins die Augen, erholt und erfrischt.

Nach der Übung wohlig räkeln, recken und strecken, dehnen und gähnen.

»Komm mit an meinen Ruheort«

Bitten Sie die Teilnehmerinnen, sich eine Partnerin zu suchen und sich paarweise auf Stühlen im Raum zu verteilen. Bevor die Partnerinnenübung beginnt, erinnert sich jede an einen Ruheort, den sie besonders schätzt, an dem sie sich gerne aufhält, an den sie immer wieder zurückkehren möchte. Sie malt sich diesen Ort mit allen Sinnen aus. Wenn es ein Platz am Meer ist, »hört« sie das Rauschen der Wellen, fühlt den Sand unter den Füßen, sieht die unterschiedlichen Farbnuancen des Meeres, riecht und schmeckt die salzige Luft, fühlt die Sonne auf der Haut usw.
Nach dieser Besinnungsphase laden sich die beiden Partnerinnen gegenseitig ein, an ihrem Ruheort zu entspannen.

A schließt die Augen und nimmt eine entspannte Sitzhaltung ein. B beginnt mit der Beschreibung ihres Ruheortes:
Stell Dir vor, Du bist auf einem Waldweg. Der Boden, auf dem Du gehst, ist weich und moosig. Es riecht nach Tannennadeln. Von ferne hörst Du einen Specht. Du kommst auf eine Lichtung, dort steht eine einsame kleine Bank. Du lässt Dich nieder. Es ist ganz still usw.

Danach wird gewechselt und A ist mit der Beschreibung ihres Ruheortes an der Reihe. Beide Partnerinnen tauschen sich am Ende aus, wie Sie die Übung erlebt haben. Auch hier gilt: Wenn B die Bilder von A als unangenehm erlebt, ändert sie das Bild so lange ab, bis es ihr angenehm wird.

Autogenes Training in Frage und Antwort

Die Teilnehmerinnen sitzen wieder im Stuhlkreis. In der Mitte auf dem Boden liegen Karten, die das Autogene Training und die Vorstellungskraft betreffen.

- Woher kommt der Name Autogenes Training?
  Wie entstand das Autogene Training?
  Wie funktioniert das Autogene Training?
  Für wen ist Autogenes Training geeignet?
  Wie ist das Autogene Training aufgebaut?
  Wobei kann Autogenes Training helfen?
  Können Gedanken Stress auslösen?
  Können Gedanken den Körper beeinflussen?
  Positive Selbstbeeinflussung?
  Formeln?
  Konzentrative Selbstentspannung?
  Vorstellungskraft?
  Was ist Imagination?
  Wo kommt der Name her?
  Wie oft soll geübt werden?

Sie sollen die Gruppe animieren, Fragen zu stellen, und die Diskussion anregen. Stellen Sie die Methode des Autogenen Trainings dar, indem Sie die Bedürfnisse der Gruppe berücksichtigen und an deren Interessen anknüpfen.
Verweisen Sie auch darauf, dass Autogenes Training eigentlich nicht zur Fremdsuggestion gedacht ist, sondern nach der Phase des Erlernens die Methode eigentlich selbst angewendet werden soll. In diesem Zusammenhang kann auch auf das Thema »Entspannung aus der Konserve«, also von CD oder Kassette, eingegangen werden.
Erläutern Sie, dass auch über Entspannungsmusik ähnliche Ergebnisse erzielt werden können. Fragen Sie nach Erfahrungen damit. Sie können auch von anderen Methoden erzählen, die mit Imagination arbeiten. Die Simonton-Methode in der Krebstherapie ist ein Beispiel dafür. Mentales Training oder positives Denken sind andere Beispiele. Erläutern Sie Unterschiede und Gemeinsamkeiten.
Ermuntern Sie dazu, Vorstellungen, die einer Person angenehm sind, zu nutzen, um sich Entspannung zu verschaffen.

Fragen Sie die Teilnehmerinnen danach, was sie an den Methoden dieses Treffens als hilfreich und entspannend empfunden haben und was weniger. Fragen Sie abschließend danach, welche Teilnehmerinnen die Vorstellungskraft als einen Weg zu ihrer persönlichen Entspannung erleben und welche mit anderen bisher erlernten Verfahren mehr anfangen können.

Gut zu wissen: Zusatzinformationen

Autogenes Training in Fragen und Antworten

Wie entstand das Autogene Training?
»Autogen« kommt aus dem Griechischen und bedeutet »aus sich selbst entstanden, selbsttätig«. Es ist eine Methode, die an die suggestiven Fähigkeiten des Menschen anknüpft, um über Selbstbeeinflussung einen tiefen Entspannungszustand herbeizuführen. Das Autogene Training wurde von dem Berliner Neurologen Prof. J. H. Schultz (1884-1970) in den zwanziger Jahren entwickelt. Schultz versetzte im Rahmen von Behandlungsplänen Patienten in Hypnose. Diese berichteten immer wieder von angenehmen Schwere- und Wärmeempfindungen, die während der Hypnose auftraten. Schultz entwickelte daraufhin eine Methode, die Menschen befähigen sollte, diese angenehmen Gefühle selbstgesteuert auszulösen – in einer Art Selbsthypnose. Die Verwandtschaft mit Yoga-Nidra, der Tiefenentspannung im Yoga, ist deutlich erkennbar. Elemente wie Autosuggestion, suggestive Formeln (im Yoga »Sankalpa«), die Konzentration auf Organsysteme und das Atemerlebnis sind die gleichen.

Was ist Autogenes Training und worauf zielt es ab?
Das Autogene Training ist eine Entspannungsmethode und darüber hinaus eine Methode der positiven Selbstbeeinflussung, die das vegetative Nervensystem ausgleichend und beruhigend stimuliert. Ziel ist die vegetative Umschaltung von der sympathischen auf die parasympathische Funktion. Das Autogene Training bewirkt unmittelbar eine »organismische Umschaltung« in Richtung Entspannung. Mittelbar kann dieses Verfahren das Gleichgewicht zwischen Spannung und Entspannung wiederherstellen.

Wie funktioniert das Autogene Training?
Um zu einer tiefen Entspannung zu gelangen, wird die angestrebte körperliche Veränderung (z. B. Entspannung der Muskulatur) nicht direkt angegangen, sondern man gibt sich in der Vorstellung dem Gefühl hin, das mit dieser Veränderung einhergeht. Mit dem Umweg über die »Vorstellung« wird das vegetative Nervensystem erreicht, das willentlich nicht zu beeinflussen ist.

Autogenes Training – konzentrative Selbstentspannung
Autogenes Training erfordert ein gewisses Maß an Konzentration und gleichzeitig entwickelt sich die Konzentrationsfähigkeit mit zunehmender Übung. Um die organismische Umschaltung zu erreichen und die Methode als wirksames Instrument im Umgang mit Stress einsetzen zu können, muss regelmäßig geübt werden. Man konzentriert sich auf die in den sechs Grundübungen beschriebenen Einstellungen.

Wie ist das Autogene Training aufgebaut?
Das Autogene Training umfasst sechs Grundübungen:
Die Einstellung auf Schwere.
Die Einstellung auf Wärme.
Konzentration auf die Atmung.
Konzentration auf den Puls, z. B. in den Fingerspitzen.
Konzentration auf das Sonnengeflecht – Bauchwärme.
Konzentration auf Stirnkühle.

Während die ersten beiden Übungen einen Umschaltvorgang im vegetativen Nervensystem bewirken, zielen die Organübungen darauf ab, den Entspannungsprozess zu vertiefen.
Die ersten beiden Übungen werden aktiv eingestellt, während die folgenden Übungen passiv beobachtend sind.
Von D. Langen wurde 1992 eine vereinfachte Form des Autogenen Trainings entwickelt, die genauso wirksam ist, aber Schwierigkeiten, die bei einzelnen Menschen zum Beispiel bei der Herzübung oder der Sonnengeflechtübung entstehen können, vermeidet. Sie beschränkt sich auf die Schwereübung, die Wärmeübung und die Atemübung.

Für wen ist das Autogene Training geeignet?
Das Autogene Training ist eine Entspannungsmethode, die im Prinzip für jeden geeignet ist. Tägliches Üben, Geduld, eine positive Einstellung und der Glaube, dass die Methode wirksam ist, sind Voraussetzungen, die fast jeder Mensch erfüllen kann. Suggestive Fähigkeiten sind immer vorhanden und können systematisch geschult werden.
Psychisch kranke Menschen mit Depressionen, Phobien oder psychotischen Schüben sind von der Methode in der Regel überfordert. Wenn überhaupt, können sie im Rahmen einer therapeutischen Behandlung die Methode erlernen.
Bei Menschen mit Herzkrankheiten ist insbesondere bei der Herzübung Vorsicht geboten.
Kinder ab acht bis zwölf Jahren können das Autogene Training ebenfalls erlernen. Die Anwendung der Methode ist anders als bei Erwachsenen. Dem kindlichen Bewegungsdrang sollte entsprochen werden.

Wobei kann das Autogene Training helfen?
Das Autogene Training dient dem Ziel, innere Ruhe und Gelassenheit zu erreichen, die über die Übung hinaus auch im Alltag wirksam wird. Bei regelmäßiger Übung kann das Autogene Training eine Vielzahl körperlicher und seelischer Beschwerden lindern und beheben, z. B. Schlafstörungen, Bluthochdruck, innere Unruhe, Nervosität, Prüfungsangst, Konzentrationsstörungen. Mit Hilfe der »formelhaften Vorsatzbildung«, einem Anwendungsgebiet des Autogenen Trainings, können Schmerzzustände beeinflusst und lästige Angewohnheiten verändert werden. Autogenes Training wird auch im therapeutischen Umfeld genutzt. Es ist eine wirksame Hilfe zur Selbsthilfe.

Die Schwereübung

Die Konzentration auf die Vorstellung von Schwere löst Muskelentspannung aus. Das Gefühl von angenehmer Schwere tritt auch kurz vor dem Einschlafen, nach einer langen Wanderung, nach dem Sport und nach körperlicher Betätigung überhaupt ein. Auch wenn man sich nur auf den Boden legt, wird das Eigengewicht des Körpers deutlicher erlebt und als wohltuend schwer empfunden.

Während des Autogenen Trainings kommt es darauf an, sich solche positiven Erfahrungen wieder zu vergegenwärtigen und sich eine gefühlsmäßige Vorstellung davon zu machen. Vorstellungen, wenn sie intensiv genug sind, lösen Körperreaktionen aus. Dies hat sich bereits in dem vorangegangenen Experiment gezeigt. Im Autogenen Training nutzt man die Vorstellungskraft, um systematisch einen Entspannungsprozess einzuleiten.

Über Vorstellungen ist es möglich, das vegetative Nervensystem zu beeinflussen, das willentlich nicht zu beeinflussen ist. Das Wiederholen der Formel unterstützt die Konzentration auf den erwünschten Zustand. Ganz wesentlich ist eine passive Hingabe an die Zielvorstellung. Anstrengung und Wollen, Ehrgeiz und eine zu hohe Erwartungshaltung erzeugen Anspannung. Eine lockere, spielerische Grundhaltung, Offenheit und Neugier und ein Schuss Humor sind gute Voraussetzungen, dass die Entspannung ganz von alleine geschieht – nur mit Hilfe der Vorstellung

Jeder Mensch hat suggestive Fähigkeiten, die er wecken und üben kann. Um den Entspannungsprozess zu fördern, hilft es manchen Menschen, sich vorzustellen,

- dass der Arm nach unten sinkt,
- dass man vorher eine schwere Tasche getragen hat, deren Gewicht man noch spürt,
- dass man einen großen, runden Stein in der Hand hält, der die Hand nach unten zieht,
- dass vor dem inneren Auge ein Elefant auftaucht, dessen Schwergewicht das Gefühl von Schwere im Arm hervorruft.

Wichtig ist, dass die Vorstellung von Schwere positiv getönt ist, darum gibt es in der Formel den Zusatz »angenehm«.

Nach einiger Zeit der Übung, manchmal bereits beim ersten Mal, überträgt sich die Schwereempfindung auf beide Arme und beide Beine, obwohl nur der rechte Arm angesprochen wurde. Man sagt dazu, die Schwere generalisiert sich. Dies ist mit einer Kettenreaktion vergleichbar. Einmal angestoßen, schreitet der Entspannungsprozess ganz von alleine voran.

Das Autogene Training als Einschlafhilfe

Die Schwereübung wird erfolgreich zur Schlafanbahnung und bei Schlafstörungen eingesetzt. Willentlich kann der Schlaf nicht herbeigeführt werden. Wenn man sich aber auf die angenehmen Gefühle und Empfindungen konzentriert, die mit dem Einschlafen verbunden sind, stellt sich der Schlaf eher ein.

Viele Menschen sind zwar müde, wenn sie sich ins Bett legen, aber nicht wohlig müde. Sie fühlen sich eher zerschlagen und sind innerlich unruhig. Nach kurzen Schlafperioden schrecken sie wieder auf. Das Autogene Training, regelmäßig vor dem Einschlafen durchgeführt, führt zu einer angenehmen, wohligen Bettschwere – man sinkt entspannter in den Schlaf.

Allein das Wissen, dass Autogenes Training bei Schlafstörungen eingesetzt werden kann und in vielen Fällen geholfen hat, wirkt schon beruhigend. Statt sich unruhig im Bett hin und her zu wälzen, kann man sich angenehmen Empfindungen, Bildern, Gefühlen hingeben, die den Schlaf anbahnen. Regelmäßiges Entspannungstraining hilft außerdem, mit Problemen, die den Schlaf verhindern, distanzierter und gelassener umzugehen.

Wärmeübung

Obwohl jeder Mensch weiß, wie sich warme Hände und warme Arme anfühlen, sind Teilnehmerinnen immer wieder erstaunt, dass diese Empfindung autosuggestiv hervorgerufen werden kann.

Körperlich spielt sich Folgendes ab: Mit der Vorstellung von Wärme geht eine Gefäßentspannung einher. Durch die Weitstellung der Gefäße in der Körperperipherie kommt es nachweislich zu einem Anstieg der Hauttemperatur, hauptsächlich in Händen und Armen.
Ebenso wie bei der Schwereübung, die Muskelentspannung auslöst, geht es bei der Wärmeübung darum, über Vorstellungen den Körper zu beeinflussen. Das Autogene Training macht es möglich, die Wechselwirkung von körperlichen und seelischen Vorgängen immer wieder zu erfahren. Dieses Erfahrungswissen wird allmählich auch im Alltag fest verankert und hilft dann auch in Stresssituationen. Gefühle und Empfindungen, die mit Stress und Anspannung einhergehen, werden deutlich als solche wahrgenommen – im Kontrast zu denen, die beim Autogenen Training auftreten.

Selbst Teilnehmerinnen, die erstmalig mit dem Autogenen Training in Berührung kommen, machen die Erfahrung, dass der Körper auf Gedanken und Vorstellungen reagiert. Indem die Vorstellungskraft systematisch trainiert wird, wachsen die Möglichkeiten der positiven Selbstbeeinflussung und das Vertrauen in die inneren Kräfte wird gestärkt.

Die von den Teilnehmerinnen empfundene höhere Hautwärme ist keine Einbildung, sondern ein messbarer physiologischer Vorgang. Menschen, die im Autogenen Training geübt sind, können die Wärmeregulierung im ganzen Körper beeinflussen, das heißt, sie können sich zum Beispiel suggerieren, dass ihre kalten Füße warm werden, was dann auch tatsächlich geschieht.

Wesentlich bei der Vermittlung der Grundübungen des Autogenen Trainings im Kontext von Stressbewältigung ist, deutlich zu machen, dass Gedanken und Vorstellungen sowohl Entspannung als auch Stress auslösen können. Dieses Erfahrungswissen ist bei weitem wirksamer als jedes theoretische Wissen über Stress auslösende Kognitionen.

Kalte Hände und Füße in Stresssituationen werden nach der Erfahrung der Wärmeübung deutlicher als Stressreaktionen registriert. Wenn »jemand kalte Füße bekommt«, bedeutet dies umgangssprachlich, dass diese Person Angst hat und am liebsten weglaufen möchte.

Autogenes Training – Stressbewältigung

Autogenes Training ist ein psychosomatisches Verfahren, das die Einheit von Körper und Seele berücksichtigt. Vielen Menschen ist nicht bewusst, dass es möglich ist, allein über die Vorstellungskraft körperliche Entspannung und positiv getönte Gefühle hervorzurufen. Diese Erfahrung, wenn sie häufiger bewusst erlebt wird, stärkt das Vertrauen in die eigenen inneren Kräfte und eröffnet neue Lösungswege für stressbedingte Probleme.

Chronischer Stress entsteht nicht nur durch ungünstige äußere Bedingungen, sondern immer auch unter Mitwirkung der betreffenden Person. Der erste Schritt, Stress abzubauen, ist die Erkenntnis der eigenen Beteiligung daran.

Die Erfahrung, dass der Körper auf Gedanken und Vorstellungen reagiert, ist allen Menschen mehr oder weniger vertraut. Fast jeder kennt das Gefühl, »sich selber verrückt zu machen«, wenn er sich in etwas hineinsteigert und sich ein bevorstehendes Ereignis in den schrecklichsten Farben ausmalt.

Wenn beim Autogenen Training immer wieder die Erfahrung gemacht wird, dass über positive Selbstbeeinflussung Entspannung ausgelöst wird, trägt diese Erfahrung auch im Alltag. Die suggestiven Formeln werden im Bewusstsein fest verankert und entfalten auch in Stresssituationen ihre Wirkung. Allmählich verändert sich darüber die innere Einstellung und ungeeignete Stressbewältigungsstrategien wie »jammern«, »schimpfen«, »toben« werden als solche erkannt. Statt zu denken »nur Stress heute«, taucht die Formel auf »ich bin ganz ruhig und gelassen«.

Formelhafte Vorsätze

Die formelhafte Vorsatzbildung ist eines der Hauptanwendungsgebiete des Autogenen Trainings. Zusätzlich zu den Entspannungsformeln werden die formelhaften Vorsätze im Zustand der Innenwendung innerlich wiederholt und verankert. Die Wirksamkeit von formelhaften Vorsätzen beruht auf folgenden Prinzipien:

- Worte, Gefühle und Körperzustände sind miteinander verknüpft. Sprachliche Formeln wirken wie Symbole für psychosomatische Zustandsbilder.
- Innere Zwiegespräche haben wie Vorstellungsbilder die Tendenz, sich zu verwirklichen. Leitsätze haben eine suggestive Wirkung, es sind positive Selbstbeeinflussungen.
- Im entspannten Zustand der Innenwendung besteht eine besondere Beeinflussbarkeit. Die Leitsätze gelangen ins Unbewusste und entfalten von da aus ihre Wirkung.

Im Autogenen Training werden formelhafte Vorsätze als zusätzliche Übung nach den sechs Übungen der Grundstufe eingeführt. Als Erstes muss ein Leitsatz gefunden werden, der die gewünschte positive Veränderung beschreibt. In gleicher Weise wie die Entspannungsformeln wird der Leitsatz im Autogenen Training mehrfach innerlich wiederholt. Erst wenn der Entspannungszustand eingetreten ist, wird der Leitsatz eingesetzt.

Die zusätzliche Formel soll, um ihre Wirksamkeit zu entfalten, für einige Wochen oder auch länger zum festen Bestandteil des Autogenen Trainings werden. Es hat sich auch bewährt, den Leitsatz tagsüber im normalen Alltag häufiger zu wiederholen.

Es wird ein Verhalten, eine Empfindung oder eine Erwartung ausgesucht, die positiv entwickelt werden soll. Der Leitsatz soll so gestaltet sein, dass er die guten Absichten ausdrückt.

Aus der langjährigen Erfahrung und Praxis, die mit der Verwendung von formelhaften Vorsätzen schon besteht, haben sich einige Regeln herausgebildet, die es bei der Gestaltung von Leitsätzen zu berücksichtigen gilt. Die Leitsätze sollen

- … einem tatsächlich vorhandenen Bedürfnis entsprechen. Eine wesentliche Voraussetzung für die Wirksamkeit von formelhaften Vorsätzen ist die eigene Motivation, wirklich etwas verändern zu wollen. Es sollten keine formelhaften Vorsätze ausgewählt werden, nur um jemandem einen Gefallen oder einer Pflicht genüge zu tun. Die Person, die den formelhaften Vorsatz gestaltet, muss dahinter stehen können.
- … auf ein klar umgrenztes Ziel gerichtet sein. Der angestrebte Zielzustand muss eindeutig sein. Die Ziele dürfen nicht zu hoch gesteckt werden, sondern müssen realisierbar sein.
- … positiv formuliert sein. Formelhafte Vorsätze sind ein Appell an das Unbewusste. Sie richten sich nicht an das logisch-lineare Denken. Verneinungen zeigen nicht die gewünschte Wirkung. Beispiel: Bei dem Satz »Ich habe keine Angst« setzt sich in der Vorstellung der Begriff Angst durch. Statt dessen könnte der Leitsatz heißen: »Ich bin mutig. Ich traue mir etwas zu.«
- … in der Gegenwartsform stehen. Formelhafte Vorsätze werden Bestandteil des inneren Zwiegespräches und entfalten ihre Wirkung am besten, wenn sie in der Gegenwart stehen. Zukunftsbezogene Formeln wirken unverbindlich, »sie sind zu weit weg«. Der Zeitpunkt der Änderung bleibt unbestimmt. Auch bei den Grundübungen des Autogenen Trainings liegt das gleiche Prinzip zugrunde: »Der rechte Arm ist angenehm schwer«, »Der rechte Arm ist angenehm warm«.
- … verknüpft sein mit einer bildhaften Vorstellung. Bildhafte Vorstellungen haben die größte suggestive Wirkung und prägen sich am besten ein. Assoziationen wie »leicht wie eine Feder«, »mutig wie ein Löwe«, »frei wie ein Vogel« erhöhen die Wirkung eines Leitsatzes.
- … möglichst rhythmisch, kurz und eindrücklich oder in Versform gestaltet werden. Rhythmisch gestaltete Sätze oder Verse werden sehr viel besser erinnert, sie haben eine »Eselsbrückenwirkung«. Ein viel zitierter Leitsatz aus dem Autogenen Training heißt »Überall und jederzeit Ruhe und Gelassenheit«.
- … eventuell humorvoll sein; auf keinen Fall aber tierisch ernst. Wie allgemein im Autogenen Training üblich, wird auch die formelhafte Vorsatzbildung mit einer spielerischen Grundhaltung geübt. Es sollen Lösungen angestrebt, aber nicht erzwungen werden. Humorvoller Abstand, ein vergnügtes Augenzwinkern haben sich bewährt.

Besonders bewährt haben sich formelhafte Vorsätze im Umgang mit Schmerzen. Dabei wird nicht in erster Linie der physiologische Schmerzreiz verändert, sondern das Schmerzerleben.

Vielen Menschen helfen kleine Gegenstände dabei, sich tagsüber immer wieder an den Leitsatz zu erinnern. Zum Beispiel kann ein Obsidian (glasiges Gestein) in der Hosentasche bei jedem Griff in die Tasche an den Satz erinnern: »Ich weiß, was ich will.« Dies ist wahrscheinlich die eigentlich heilende Funktion von Gegenständen wie Edelsteinen, Amuletten oder Ähnlichem, wie sie im Schamanismus eingesetzt werden.

Formeln sollten nicht einfach übernommen werden, sondern es sollte überprüft werden, ob sie wirklich passen und ob man dazu stehen kann.

Beispiele für formelhafte Vorsätze

Konzentration
Ich denke klar.
Meine Gedanken sind klar.
Meine Gedanken fließen.
Ich behalte Zusammenhänge.
Ich integriere das Gelernte sinnvoll.
Ich konzentriere mich ohne Anstrengung.
Konzentration macht Spaß.
Ich bündele meine Aufmerksamkeit.
Ich konzentriere mich leicht.
Ruhe stärkt meine Konzentration.
Ich bin aufmerksam.
Ich konzentriere mich.
Ich konzentriere mich gut.
Ich bin achtsam.
Ich konzentriere mich mit der Atmung.

Frei von Stress
Ich bin ruhig.
Ich bin entspannt.
Ich bin selbstsicher.
Ich schaffe Raum für das, was wichtig ist.
Ich trage Verantwortung.
Ich habe die Kontrolle über mich.
Ich bin gelassen.
Ich lebe in Frieden mit meiner Umwelt.
Ich erledige eins nach dem anderen.
Ich bin zufrieden.
Ich mag mich.
Ich mag mich und die anderen.
Ich liebe Überraschungen.
Ich liebe das Leben.
Ich entspanne regelmäßig.
Ich ruhe in mir.
Ich vergebe mir selbst und den anderen.
Das Leben ist Freude.
Heute lege ich Besinnungsmomente ein.

Gedanken
Ich lasse die Gedanken kommen und gehen ohne sie zu werten.
Ich lasse die Gedanken vorbeilaufen.
Ich lasse die Gedanken vorüberziehen wie Wolken.
Die Gedanken sind gleichgültig.

Selbstvertrauen
In mir ist eine Quelle der Kraft.
Ich schaffe es.
Ich vertraue meinem Können.
Ich vertraue meinem Durchhaltevermögen.
Ich bin mir der helfenden Kräfte bewusst.
Ich habe die Kraft, Schwierigkeiten zu überwinden.
Ich fühle mich geborgen bei mir selbst.
Ich vertraue mir und den anderen.
Ich setze die Kraft der Konzentration ein.
Ich bin offen für gute Ideen.
Ich spüre meine Kraft und lasse sie wirken.

Optimismus
Ich bin offen für neue Erfahrungen.
Ich sehe in jedem Problem eine Herausforderung.
Ich bin optimistisch in jeder Lebenssituation.

Problembezogene Beispiele
- Zähneknirschen: Die Zähne bleiben nachts auseinander.
- Kopfschmerzen: Der Kopf ist frisch und klar.
- Bronchien: Der Brustraum ist weit und warm.
- Redeangst: Ich spreche flüssig und frei.
- Schlafprobleme: Ich schlafe tief die ganze Nacht, bis ich am Morgen frisch erwache.

Visualisieren und Imagination

Im Rahmen von Entspannungsübungen wird mit bildhaften Vorstellungen eine vertiefte Entspannung erreicht. Ein Sonnenuntergang, ein Meeresstrand, eine blühende Sommerwiese, ein wogendes Kornfeld können zum Beispiel geeignete Vorstellungsobjekte sein. Da das Autogene Training als Methode Vorstellungsbilder nutzt, fällt es Menschen, die es beherrschen oft leichter, mit Imagination zu arbeiten.

Während Entspannung im Rahmen von Gesundheitsvorsorge eher unspezifisch eingesetzt wird, zur Stärkung des vegetativen Gleichgewichtes, wird Imagination oft auch gezielt therapeutisch angewandt. Die Imagination kombiniert die umfassende Wirkung von Entspannung mit speziellen Zielen, z. B. soll das Immunsystem angeregt werden, um die Selbstheilungskräfte zu stärken. Für Krankheits- und Stresssymptome wie Bluthochdruck, Herzrasen etc. werden in der Imagination Symbole und Bilder entwickelt. Mit entsprechenden Gegenbildern wird der Heilungsvorgang visualisiert und in der Fantasie eine Wandlung zum Guten vollzogen. Folgende Schritte gehören dazu:

- Einen Entspannungszustand bewirken mit Autogenem Training, einem anderen Entspannungsverfahren oder über die Atmung.
- Das Problem oder Symptom, das verändert werden soll, wird visualisiert in Form von Symbolen und Bildern. Reale Gegebenheiten spielen dabei keine Rolle. So können z. B. Verspannungen im Körper als dunkle Flecken visualisiert werden oder Migräne als eingestauter Fluss. Wesentlich ist allein, dass das Bild gefühlsmäßig stimmig ist.
- Es wird eine Gegenvorstellung entwickelt, die eine Verwandlung des Symptoms zum Guten beinhaltet. Beim Bild der dunklen Flecken für Verspannungen wären Licht oder Farbe entsprechende Gegenvorstellungen. Das Bild des gestauten Flusses für Migräne könnte in einen strömenden Fluss oder Wasserfall verwandelt werden.
- Der Verwandlungsprozess wird möglichst genau visualisiert. Beispielsweise kann bei Verspannungen im Schulter-Nackenbereich eine dunkle Regenwolke visualisiert werden, die abregnet. An ihre Stelle tritt eine helle, lichte Wolke.

Mit ähnlichen Schritten arbeitet zum Beispiel die Simonton-Therapie in der begleitenden Behandlung von Krebskranken. Es werden u.a. Immunzellen imaginiert, die die Krebszellen auffressen.
Mit den gleichen Schritten können auch Stresssituationen visualisiert und in der Phantasie verändert und verwandelt werden. Wichtig ist dabei, auch die dahin führenden Schritte zu visualisieren. Dieses Vorgehen eröffnet den Blick für Lösungsmöglichkeiten, die vorher nicht gesehen wurden. Im entspannten Zustand ist die rechte Hirnhemisphäre aktiver, die kreative Problemlösungen ermöglicht.

Eine verbreitete Technik ist auch das Visualisieren eines inneren Ratgebers, der für die »Quelle der inneren Weisheit« steht und ein Symbol für unbewusste Teile der Persönlichkeit ist. Indem dieser inneren Instanz Gestalt verliehen wird – in Form von Tieren, einer Märchenfigur, eines weisen, alten Mannes oder anderer Personen – ist es möglich, an diese Fragen zu stellen und mit ihnen zu kommunizieren. Wichtig ist, die Vorstellung zu visualisieren, dass die Person nur dann Rat gibt, wenn sie gerufen wird und sich danach von ihr zu verabschieden. Menschen, die gelegentlich Schwierigkeiten haben, Wirklichkeit von Vorstellung zu unterscheiden (Borderline), sollten auf solche Vorstellungen verzichten.

Psychoneuroimmunologie

Dieser junge Forschungszweig untersucht das komplexe Zusammenspiel von Gedanken, Vorstellungen und Gefühlen einerseits und Nerven-, Hormon- und Immunsystem andererseits. Umfangreiche Untersuchungen haben gezeigt, dass es einen engen Zusammenhang von Stress auslösenden Gedanken und Vorstellungen und der Aktivität des Immunsystems gibt. Es lassen sich Wirkungsketten von Stress, erlebter Hilflosigkeit, verringerter Immunabwehr und Krankheit erkennen. Das von Antonovsky im Umgang mit Stress als so wesentlich erachtete Kohärenzgefühl ist in seiner Wirkungsweise dieser negativen Dynamik genau entgegengesetzt. Vereinfacht ausgedrückt, können Gedanken und Vorstellungen gesundheits- oder krankheitsfördernd wirken.

Beispiel einer psychotherapeutischen Imagination: »Mein Ort der Entspannung: Das Haus meiner Großmutter«

In meiner Fantasie habe ich mir eine Großmutter geschaffen, zu der ich immer dann gehen kann, wenn ich mich ausruhen muss und Geborgenheit brauche. Sie wohnt in einem kleinen Haus in der Nähe eines Sees in einer weiten Ebene. Wenn ich sie besuchen will, sehe ich schon von Ferne das Licht, das sie mir ins Fenster gestellt hat, um mir zu zeigen, dass ich bei ihr immer willkommen bin. Im Haus angekommen, ist es angenehm warm. Meine Großmutter begrüßt mich lächelnd und mit einer herzlichen Umarmung. Bei einer Tasse Kakao auf der gemütlichen Küchenbank kann ich mich von meiner Wanderung ausruhen. Wenn mir danach zu Mute ist, einfach zu schweigen und nur still da zu sein, dann ist dies völlig in Ordnung. Sie sitzt dann in ihrem Ohrensessel und strickt, erkundigt sich gelegentlich danach, ob ich noch einen Wunsch habe. Wenn ich erzählen will, dann hört sie mir aufmerksam zu und gibt mir nach einer Weile einen Rat, den ich immer als hilfreich empfinde. Meist ist es nicht viel, was sie dazu sagt, nur ein oder zwei Sätze, aber die treffen den Kern. Manchmal zeigt sie mir auch nur durch ein Lächeln, dass ich auf dem richtigen Weg bin, mit der Lösung, die ich ihr vorgeschlagen habe. Oft macht sie mir deutlich, dass viele Dinge im Leben gar nicht so wichtig sind, wie ich im ersten Augenblick glaube.
Nach einer Weile verabschiede ich mich dann von ihr und mache mich auf den Heimweg. Es ist ein schönes Gefühl zu wissen, dass ich jederzeit wiederkommen kann. Deshalb brauche ich auch nichts von dort mitzunehmen. Manchmal, wenn ich im Alltag nicht richtig weiter weiß, dann reicht es mir, mich zu fragen, was meine Fantasie-Großmutter mir denn raten würde. Eigentlich fällt mir immer sofort ein, was sie dazu sagen würde.

Beispiel einer therapeutischen Vorstellung körperlicher Vorgänge: »Heilendes Grün«

Wenn mein Rücken wieder so schmerzt, seit dem Unfall ein dauerndes Problem für mich, dann schließe ich die Augen und versuche dem Schmerz eine Farbe zu geben. Mir sind Farben insgesamt sehr wichtig, deshalb erschien mir das die für mich passende Vorstellung zu sein. Meist ist es ein feuriges Rot, das mir an der Stelle meiner entzündeten Knochen erscheint. Dann probiere ich aus, welche Farbe das Rot neutralisieren kann. Anfangs habe ich mir Blau vorgestellt, weil es eine so schöne, kühlende Farbe ist. Aber das kühlende Blau hat sich mit dem feurigen Rot zu einem intensiven Violett vermischt, einer Farbe, die mir in Bezug auf meinen Körper gar nicht angenehm ist. Darum habe ich angefangen, mir Grün vorzustellen. Das frische Grün der Frühlingsblätter, durch die ein sanfter, kühlender Windhauch fährt. Wenn dieses Grün sich in meiner Vorstellung mit dem Rot vermischt, dann neutralisieren sich beide Farben und es entsteht so ein zarter, warmer Braunton, sehr hell, ein bisschen ähnlich wie Hautfarben. Diese Vorstellung behagt mir deutlich besser. Meist gelingt es mir gut, mir dieses Grün vorzustellen, aber es gibt auch Tage, an denen dies nicht gelingt. Ich versuche, dann nicht ungeduldig mit mir zu sein. Natürlich nimmt die Vorstellung den Schmerz nicht wirklich, aber sie hilft mir für eine Weile darüber weg und ich kann die Dosis der Schmerzmittel reduzieren.

Die Sichtweise verändern: Lösungsorientiert denken und handeln

Auf einen Blick

Thema	Ziel	Methode	Medien	Zeit
Man sieht nur das, wonach man schaut	Unterschiedliche Sichtweisen erkennen	Gesprächskreis	Stuhlkreis, Postkarten, Kippbilder, halb gefülltes Weinglas	10 Min.
Welche Brille habe ich auf?	Eigene Wahrnehmungstendenzen erkennen	Partnerinneninterview	Sitzgelegenheiten	15 Min.
Nehmen Sie eine andere Perspektive ein!	Umdeutungen ausprobieren	Übung zu zweit	Arbeitsbogen mit Beispielsituationen, *siehe Seite 119*	30 Min.
Was denke ich? Wie bewerte ich?	Systematische Gedankenbeobachtungen	Einzelübung, Schriftliche Verhaltensanalyse	Overheadprojektor oder Flipchart Alternativ: Karteikarten mit den Beispielen für das Refraiming	25 Min.
Was nehme ich aus diesem Treffen mit?	Erfahrungsaustausch	Gesprächskreis	Sitzgelegenheiten	10 Min.

Variationen:

- Keine Alternative: Statt Reflexion von Sichtweisen noch mehr Entspannung anbieten. Denn Stressbewältigen erfordert mehr als nur entspannen können.
- »Herausforderungen sehen« – eine Ergänzung zu »Nehmen Sie eine andere Perspektive ein!«
- »Positiv Refraiming« bietet zusätzlichen Stoff zu »Was denke ich?«
- Wenn Sie eine Ausbildung in systemischer Familientherapie oder in Gestalttherapie haben, fallen Ihnen sicher noch ganz andere Möglichkeiten ein. Ihre Aufgabe ist es dann aber, sie von der therapeutischen Arbeit auf die pädagogische Arbeit zu übertragen.

Beschreibung der Kurseinheit

Man sieht nur das, wonach man schaut

Zu Beginn dieses Treffens sitzen die Teilnehmerinnen auf Stühlen im Kreis, in dem sich eine gestaltete Mitte befindet. Auf einem Tuch liegen die folgenden Materialien: Vergrößerungen von Kippbildern, Postkarten mit außergewöhnlichen Situationen und als bekanntes Symbol für unterschiedliche Sichtweisen ein halb gefülltes Weinglas.
Geben Sie den Teilnehmerinnen Gelegenheit, die Mitte in Ruhe zu betrachten und bitten Sie sie, sich zu den einzelnen Gegenständen zu äußern. Dabei soll jede Teilnehmerin in einer Runde zu Wort kommen.
Die Kippbilder lösen in der Regel Erstaunen aus, besonders, wenn es einzelnen Teilnehmerinnen nicht gelingt, ihre Wahrnehmung zu verändern und den jeweils anderen Bedeutungsgehalt zu erkennen.

Welche Brille habe ich auf?

Nehmen Sie die Metapher »das halb gefüllte Weinglas« (halbvoll/halbleer) als Aufhänger, um die Teilnehmerinnen auf die sich anschließende Partnerinnenübung einzustimmen.

Bitten Sie die Teilnehmerinnen, sich paarweise aufzuteilen und ein Partnerinneninterview zu der folgenden Fragestellung durchzuführen:

- Sehen Sie in ganz alltäglichen Situationen wie z. B. einem verpassten Bus, einem Regentag oder einem unerwarteten Besuch eher das halb volle oder das halb leere Glas Wein?

Geben Sie den Partnerinnen insgesamt fünfzehn Minuten Zeit für die Interviews und einen Austausch darüber.

Geben Sie auch Gelegenheit zu einem Erfahrungsaustausch zu dieser Übung in der Gruppe. Schließen Sie ein Kurzreferat an, indem Sie Folgendes erläutern:
Normalerweise gehen die meisten Menschen davon aus, dass die Wirklichkeit und unsere Wahrnehmung davon übereinstimmen. Der Kommunikationsforscher Watzlawick dagegen sagt: *Wir haben es nie mit der Wirklichkeit schlechthin zu tun, sondern immer nur mit Bildern der Wirklichkeit, also mit Deutungen.*
Im Umgang mit Stress, den kleinen und großen Belastungen, ist das Bild, das ein Mensch sich von diesen »Wirklichkeiten« macht, von entscheidender Bedeutung. Ein griechischer Philosoph sagt: *Nicht die Dinge selbst sind es, die uns beunruhigen, sondern unsere Meinungen von den Dingen.*
Bestimmte Bilder, Ansichten, Sichtweisen sind nicht zwangsläufig mit einer Situation, einem Erlebnis verbunden, sondern veränderbar.
So ist es durchaus möglich, sich von der Vorstellung zu lösen, dass eine Arbeit nur Stress bedeutet, der Kollege nur nervt oder tägliche Hektik zum modernen Leben dazugehört. Das einfache Beispiel der Kippbilder sollte einen Eindruck vermitteln, wie in einem Bild zwei unterschiedliche »Wirklichkeiten« gesehen werden können.

Sichtweisen von Wirklichkeit (1)

Nehmen Sie eine andere Perspektive ein!

In dieser Phase des Treffens erhalten die Teilnehmerinnen die Möglichkeit, im Rahmen einer vorgegebenen Beispielsituation (*vgl. Service, Seite 119, und Kursbuch, Seite 88*) selber Umdeutungen vorzunehmen.

Bitten Sie die Teilnehmerinnen, sich erneut zu zweit zu gruppieren und zunächst jede Partnerin für sich alleine Umdeutungsvorschläge auf dem Arbeitsbogen festzuhalten. Im Anschluss daran folgt ein Austausch zwischen den Partnerinnen. Es bietet sich an, in einem anschließenden Gesprächskreis Umdeutungen vorzustellen und sich darüber auszutauschen.

Sichtweisen von Wirklichkeit (2)

In einer folgenden Runde können Sie die Teilnehmerinnen ermutigen, eigene Erfahrungen mit gelungenen Umdeutungen einzubringen.

In dem Beispiel »Wer ist gestresst? – Sechs Reaktionen, ein Stressor« (*vgl. Service, Seite 119, und Kursbuch, Seite 88*) sind viele mögliche Lösungsansätze und alternative Sichtweisen enthalten, je nachdem, welche Perspektive eingenommen wird. Die Personen in dem Beispiel könnten möglicherweise folgende Perspektivwechsel bzw. Umdeutungen vornehmen:

- **A:** Die Mutter nimmt die Perspektive des Säuglings ein und denkt: *Ich tue mein Bestes. Die anstrengende Phase wird bald vorbei sein.*
- **B:** Frau B. sagt sich: *Wenn ich jetzt nicht arbeiten kann, nutze ich doch die Gelegenheit, endlich eine Stunde an die frische Luft zu kommen.*
- **C:** Die alte Dame versetzt sich in die Lage der Mutter und denkt: *Es ist wirklich eine anstrengende Zeit. Ich könnte ihr ja anbieten, das Kind mal spazieren zu fahren; dann hätte ich auch noch etwas Bewegung.*
- **D:** Der Vater versetzt sich in die Lage des Kindes: *Er kann ja nichts dafür. Ich fahre noch eine Runde im Kinderwagen mit ihm herum, dann schläft er bald ein. Dabei kann ich gut abschalten.*
- **E:** Der Hausmeister denkt sich: *Das geht bald vorbei. Außerdem bringt so ein Kind doch Leben ins Haus.*
- **F:** Die Klavierlehrerin sagt, sich in die übrigen Hausbewohner hineinversetzend: *Für meinen Klavierunterricht bin ich auch auf das Verständnis meiner Mitbewohner angewiesen.*

Alternative:
Herausforderung sehen und Singgebung entdecken

Wenn Sie ausreichend Zeit zur Verfügung haben, können Sie die Teilnehmerinnen auf sinngebende Aspekte der Beispielsituation hinweisen, z. B. mit der Frage:
Welche Herausforderung steckt in der Situation?
Was kann ich daraus lernen? (Sinngebung)
Bitten Sie die Teilnehmerinnen, sich in der Gruppe dazu zu äußern. Ermutigen Sie unter der Einbeziehung eigener Erfahrungen zu einem lebendigen Dialog über dieses Thema. Als Anregung können die möglichen Reaktionen der Personen aus dem Beispiel herangezogen werden:

- **A:** Mutter: *Ich kann lernen, Geduld zu entwickeln und mich unabhängiger von der Beurteilung durch die Nachbarn zu machen.*
- **B:** *Ich kann lernen, mich in die Mutter und das Kind hineinzuversetzen. Das hilft mir, andere Menschen besser verstehen zu lernen.*
- **C:** Alte Dame: *Im Zusammenleben mit jungen Leuten sehe ich die Herausforderung, tolerant zu sein, und ich kann lernen, flexibel zu bleiben.*
- **D:** Vater: *Im Umgang mit einem kleinen Kind entwickle ich ganz andere Fähigkeiten als im Berufsalltag. Ich übe mich darin, die Situation genau so anzunehmen, wie sie ist, ohne mich innerlich dagegen zu sperren.*
- **E:** Hausmeister: *Es ist eine gute Aufgabe für mich, das Zusammenleben der Menschen im Haus positiv zu beeinflussen.*
- **F:** Klavierlehrerin: *Ich sehe für mich die Chance, die Toleranz zu entwickeln, die ich auch von den anderen Hausbewohnern erwarte. Ich kann trainieren, mich mit Unvermeidlichem abzufinden.*

In der abschließenden Auswertung sollten Sie auf eine mögliche Verbindung zwischen der Sichtweise auf eine Stresssituation als Herausforderung bzw. Lernchance und dem Aspekt der Sinnhaftigkeit im Kohärenzgefühl bei Antonovsky hinweisen.

Was denke ich? Wie bewerte ich?

Stellen Sie jetzt das ABC-Modell aus der Rational-Emotiven-Therapie von N. Ellis mit Hilfe des Overheadprojektors oder des Flipcharts vor und erläutern Sie die Anwendungsmöglichkeiten am folgenden Beispiel:

Die ABC-Hilfe aus der Rational-Emotiven-Therapie (Verhaltensanalyse)

Die ABC-Hilfe kann eingesetzt werden, um automatisierte Denk- und Verhaltensmuster bewusst zu machen.
In diesem Modell bedeuten

A	»activating event«	auslösendes Ereignis
B	»belief-system«	Bewertung einer Situation, Glaubenssystem
C	»consequences«	Gefühle und Verhalten

Stresssituationen laufen häufig nach folgendem Muster ab:
Frau M. leidet seit einiger Zeit unter einem lästigen Ohrgeräusch. Seitdem ist sie leichter gereizt und weniger belastbar. Im Streit mit einem Kollegen kommt es zu keiner Einigung. Frau M. bemerkt, dass ihr Ohrgeräusch nach dem Streit lauter geworden ist und gibt dem Kollegen die Schuld daran. Frau M. ist wütend auf den Kollegen, findet ihn rücksichtslos und vermeidet in der nächsten Zeit den Kontakt.

Unter Anwendung der ABC-Hilfe wären eine andere Bewertung und ein anderer Verlauf möglich:

A	auslösendes Ereignis:	Streit mit dem Kollegen
B	Bewertung/Was denke ich?:	Mein Ohrgeräusch ist lauter geworden. Daran ist der Kollege schuld.
C	Gefühle und Verhalten:	Ich bin wütend. Ich will mit dem nichts mehr zu tun haben.

Im nächsten Schritt gilt es zu überprüfen, ob statt der vorgenommenen auch andere Bewertungen des auslösenden Ereignisses möglich sind. Diese Überprüfung erfolgt mit

D	dialogue	innerer Dialog

Frau M. nimmt sich die Zeit, in einem inneren Selbstgespräch ihre Gefühle und Gedanken wahrzunehmen und darüber zu reflektieren:

Was ist los mit mir? Seit ich das Ohrgeräusch habe, bin ich ausgesprochen empfindlich geworden. Was ist eigentlich genau passiert? Ist der Kollege wirklich Schuld? Was bringt es mir, wenn ich wütend bin und den Kontakt meide? Ich muss versuchen, in Auseinandersetzungen ruhiger zu bleiben. Ich spreche noch einmal mit dem Kollegen, wenn ich mich beruhigt habe.

Eine Stresssituation – verschiedene Sichtweisen:

- Bitten Sie die Teilnehmerinnen, die gerne dazu bereit sind, ihre Stresssituation vorzutragen.
- Um deutlich zu machen, wie viele Sichtweisen auf ein Problem möglich sind, lassen Sie alle Teilnehmerinnen mit folgender Frage zu Wort kommen:
  Wenn ich in der gleichen Situation wäre, würde ich … .

Es soll nicht darum gehen, Ratschläge zu erteilen, sondern Ideen zu sammeln. Weisen Sie dabei noch einmal auf die besondere Bedeutung der Bewertung hin, durch die eine Situation eher als Belastung oder eher als Herausforderung gesehen werden kann. Durch das Zusammentragen der verschiedenen Sichtweisen wird das in der Gruppe vorhandene Potenzial genutzt und der Blick auf Ressourcen, die vorher nicht gesehen wurden, wird frei. Häufig erkennen sich die Teilnehmerinnen in dem vorgetragenen Beispiel wieder und können von den unterschiedlichen Sichtweisen der anderen profitieren. Durch dieses Vorgehen kann das Gefühl von Verbundenheit und Verständnis innerhalb der Gruppe gestärkt werden.

Alternative: »Positiv-reframing« – positive Konnotation

Der Kursbaustein »Die Sichtweise verändern – Lösungsorientiert denken und handeln« bietet vielfältige Ansatzpunkte für die Thematisierung in der Gruppe. Sie können ebensogut *die in Kapitel 5 erwähnte formelhafte Vorsatzbildung* mit einbeziehen, als auch »Positiv-reframing« mit der Gruppe als Variante von Umdeuten üben.

Da »Positiv-reframing« zu einer entspannten Gruppenatmosphäre beiträgt und außerdem ein Bindeglied zu dem nachfolgenden Kursbaustein »Entspannt kommunizieren« darstellt, soll diese Technik hier ergänzend vorgestellt werden. Außerdem können Sie darauf zurückgreifen, falls Ihnen die in diesem Kursbaustein vorgestellten Methoden nicht zusagen.

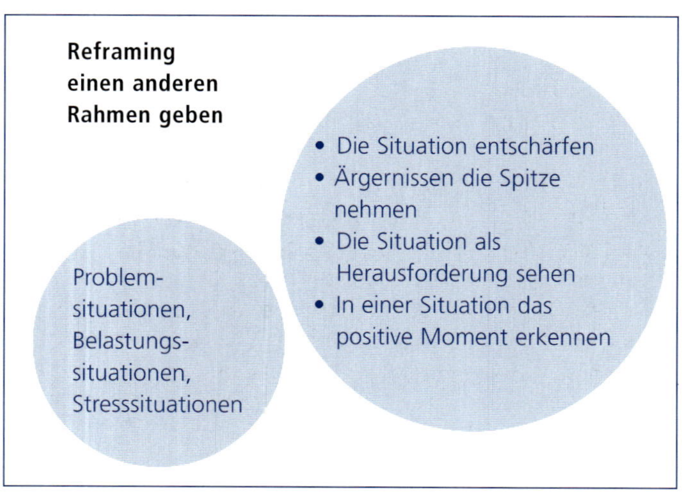

Erläutern Sie anhand von Beispielen die Technik des »Positiv-reframing«. Die Beispiele können Sie dann folgendermaßen einsetzen: Übertragen Sie die Texte auf große Karteikarten. Die Karten werden in die Mitte des Stuhlkreises gelegt. Die Teilnehmerinnen wählen sich eine Karte, zu der ihnen ein »Positiv-reframing« einfällt und tragen dieses der Gruppe vor. Sie können die Karten auch in der Partner- oder Kleingruppenarbeit einsetzen.
Diese Übung hilft, den Blick zu schärfen für die kleinen, eher harmlosen Ärgernisse, die sich leicht zu Stresssituationen aufschaukeln können. Die im »Positiv-reframing« enthaltene Komponente »Humor« hilft in vielen Fällen, nicht alles so »tierisch ernst« zu nehmen. Lachen ist das Antistressmittel Nr. 1.

Beispiele

- In einem Büro sagt ein Kollege zum anderen:
  In Ihrem Text fehlen aber wesentliche Gesichtspunkte.
  »Positiv-reframe«: *Du hast dir mehr Gedanken gemacht als ich.*
- In einem Kaufhaus sagt ein Kunde zur Verkäuferin:
  Was Sie mir bis jetzt gezeigt haben, ist mir nicht gut genug von der Qualität.
  »Positiv-reframe«: *Sie haben einen auserlesenen Geschmack.*
- In einer Bücherei sagt ein Besucher zur Bibliothekarin:
  Können Sie mir nicht mal etwas Neues empfehlen?
  »Positiv-reframe«: *Sie sind aber wirklich belesen.*
- Ein Fahrgast sagt zum Busfahrer: *Der Bus hat jeden Abend mindestens eine Viertelstunde Verspätung.*
  »Positiv-reframe«: *Da haben Sie aber gut aufgepasst.*
- In einem Entspannungskurs sagt ein Teilnehmer zur Kursleiterin: *Ich fühle mich heute ganz verspannt und unruhig.*
  »Positiv-reframe«: *Nach einem anstrengenden Tag sind Sie jetzt in der Lage, diese unangenehmen Empfindungen und Gefühle wahrzunehmen. Dieses ist der erste Schritt zur Entspannung.*
- Ein Schüler sagt zu seinem Lehrer: *Ich werde immer so schnell wütend.* »Positiv-reframe«: *Du wünschst dir noch andere Möglichkeiten, deinen Unmut auszudrücken.*
- Am Telefon beklagt ein Anrufer: *Sie sind jetzt schon die fünfte Abteilung, mit der ich verbunden werde.*
  »Positiv-reframe«: *Da mussten Sie aber schon viel Geduld aufbringen.*
- Eine Frau beklagt sich bei ihrer Freundin: *Diese dauernden Anrufe machen mir richtig Stress.* »Positiv-reframe«: *Da siehst du mal, wie viele Menschen an dir interessiert sind.*
- Ein Arbeitgeber sagt zu seiner Angestellten: *Sind sie immer noch mit derselben Arbeit beschäftigt?* »Positiv-reframe«: *Ich weiß, wie wichtig diese Sache für Sie ist. Ich bemühe mich um eine besonders sorgfältige Erledigung.*

Was nehme ich aus diesem Treffen mit?

Fragen Sie die Teilnehmerinnen danach, was sie an den Methoden dieses Treffens als hilfreich und entspannend empfunden haben und was weniger. Geben Sie zum Abschluss des Treffens den Teilnehmerinnen die Möglichkeit eines Erfahrungsaustausches unter den Fragestellungen: Was nehme ich von diesem Treffen mit? Was kann ich davon in meinem Alltag umsetzen?

Gut zu wissen: Zusatzinformationen

Springbilder – Wahrnehmungskonstruktionen

Springbilder weisen darauf hin, dass eine scheinbar eindeutige Reizkonfiguration zwei unterschiedliche, sogar gegensätzliche Bedeutungen haben kann. »Es springt ins Auge«, dass eine äußere Realität nicht mit der inneren Realität übereinstimmen muss, so wie es naiverweise häufig angenommen wird. »Was ist hier wirklich abgebildet?« könnte man bei den beiden *Abbildungen auf Seite 92* fragen.
Beide Wirklichkeitsinterpretationen sind »richtig«. Interessanterweise dauert es manchmal ein bisschen, bis der Betrachter in der Lage ist, auch die andere Gestalt wahrzunehmen. Selbst wenn Hinweise und Hilfestellungen gegeben werden, scheint die alternative Sicht trotz noch so vieler Bemühungen versperrt zu sein. Eine Analogie zur Organisation der Wahrnehmung in Stresssituationen kann hergestellt werden:
Es sind immer verschiedene Sichtweisen möglich, jedoch hängt es von meiner »inneren Landkarte« ab, welche Sichtweise mir möglich ist. Wenn der in Stresssituationen typische »Tunnelblick« vorherrscht, fällt es schwer, sich auf andere Sichtweisen einzulassen.
Kippbilder sind Sinnbilder dafür, dass es keine Wirklichkeit als solche gibt. Sie weisen darauf hin, dass es manchmal notwendig ist, zweimal hinzusehen oder ganz anders zu schauen, um mögliche Lösungen für ein Problem zu sehen.

Das halb volle Glas Wein

Befragt man Personen nach ihrer Sichtweise zu ein und derselben Situation, so ist es immer wieder erstaunlich, wie viele Interpretationsmöglichkeiten dabei zu Tage treten. Auch bei einer Person wechselt die Sichtweise auf einen Sachverhalt je nach innerer Verfassung, Bedürfnislage und äußeren Bedingungen. Für alternierende Sichtweisen wird gerne das typische Bild des halb vollen bzw. halb leeren Glas Weines herangezogen, um positives und negatives Denken zu illustrieren. So simpel dieses Beispiel auch erscheint, so ist es doch ein sehr einprägsames Bild für zwei grundsätzlich mögliche Herangehensweisen in Stress- bzw. Belastungssituationen:

- Sehe ich mehr das Problem oder mehr die Lösung?
- Sehe ich eher die Nachteile oder eher die Vorteile?
- Sehe ich eher die Belastung oder eher die Herausforderung?

Diese unterschiedlichen Herangehensweisen bestimmen nicht nur die Wahrnehmung einer Situation, sondern haben auch wesentlichen Einfluss auf das Handeln. Ein Festhalten am Problem führt zu Gefühlen wie Lähmung, Hilflosigkeit und hat einen Mangel an Energie zur Folge.
Gemäß der Erkenntnis, dass Gedanken und Gefühle Körperreaktionen auslösen, stellt der Organismus die Energie bereit, welche über die Vorstellung freigesetzt wird. Die Konzentration auf die Lösung eines Problems erzeugt positive Gefühle von Zuversicht, Selbstvertrauen, Sicherheit, weckt Ressourcen und setzt Energien frei.

Umdeuten – »Reframing«

Der Begriff des Umdeutens stammt aus der systemischen Familientherapie. Die Umdeutung gilt als eine der wichtigsten systemischen Interventionen. Mit Hilfe dieser Technik bekommen Situationen einen anderen Sinn, indem man sie in einen anderen Rahmen (engl. »frame«) stellt. Der veränderte Rahmen verändert die Bedeutung des Geschehens.

Die wichtigste Funktion des »Reframings« ist eine Art Verstörung der bisherigen Sichtweisen. Allein die Erfahrung, dass andere Sichtweisen möglich sind, bewirkt bereits, dass sich in festgefahrenen Situationen etwas bewegt. Dieses Vorgehen lässt sich auch auf den Umgang mit Stress übertragen. Man kann z. B. eine Stresssituation nur aus der eigenen Bedürfnislage heraus sehen oder aber den engen Bezugsrahmen verändern und die Bedürfnisse der mitbeteiligten Person einbeziehen. Dadurch relativiert sich das eigene Problem und es wird vielleicht eine gemeinsame Lösung des Problems möglich. Eine bei sich selbst im Arbeitsleben abgelehnte Eigenschaft kann in einem anderen Kontext durchaus wertvoll sein. Gelingt es, belastende Ereignisse in einem anderen Bedeutungszusammenhang zu sehen, ihnen einen anderen Rahmen zu geben, verändern sich die Gefühle und das Verhalten.

Bestimmte Gegebenheiten müssen manchmal einfach hingenommen werden, z. B. Krankheit, Trennung, Arbeitslosigkeit. Die Änderung der Sichtweise ist hier die einzig verbleibende Möglichkeit, mit der Situation konstruktiv umzugehen, so dass kein chronischer Stress entsteht. Wenn es gelingt, auch beschwerlichen Lebensereignissen einen Sinn zu geben – wie es Antonovsky in dem Konstrukt Kohärenzgefühl als den wesentlichen Aspekt beschreibt – können gesundheitsförderliche Ressourcen zur Stressbewältigung aktiviert werden.

Reinhard Tausch führt in seinem Buch »Hilfen bei Stress und Belastung« Untersuchungen an, die gezeigt haben, dass Ereignisse und Erfahrungen, die üblicherweise als Unglück und Leiden eingestuft werden, häufig zur persönlichen Weiterentwicklung beitrugen. Was zunächst nur Schmerzen und Leiden auslöste und als Niederlage interpretiert wurde, konnte umgedeutet werden als Herausforderung zum Lernen. Auch Tausch empfiehlt bei kleineren und größeren Belastungen immer wieder die Fragen zu stellen:

- Welche förderlichen Gesichtspunkte gibt es?
- Kann ich auch eine günstige Bedeutung in dem Ereignis sehen?
- Welchen Sinn kann ich dem Ereignis geben?

Um den Blick für das Wesentliche zu schärfen, empfiehlt er einen Blick in die Zukunft vorzunehmen. Man sollte sich die Frage stellen: Wie werde ich das Ereignis in einer Woche, einem Monat, einem Jahr beurteilen?
Auch der Vergleich mit ganz anders gearteten Lebenssituationen als der eigenen stellt einen anderen Bezugsrahmen her und relativiert die eigene Problemwahrnehmung.

Systemisches Denken – systemische Therapie

Unter systemischem Blickwinkel wird der Einzelne immer als Teil eines Ganzen wahrgenommen. Das Tun des Einzelnen ist das Tun des anderen. Familien, Teams, Schulklassen, Wohngemeinschaften, Organisationen sind Systeme, innerhalb derer alle Teile voneinander abhängen. Problemlösungen werden dabei als Veränderungen eines Teils des Systems verstanden – als Veränderungen von Wahrnehmungen, Gedanken, Gefühlen, Werthaltungen, Verhaltensmustern der beteiligten Personen.

Jede individuelle Veränderung wirkt sich rückkoppelnd auf das ganze System aus. Unter systemischer Sichtweise ist nicht das Individuum interessant, sondern das komplexe System an Interaktionsmustern und Rückkopplungen. In der systemischen Therapie sind die Symptome des Einzelnen Hinweise auf die »Funktionsweise« des Systems.

Unter diesem Blickwinkel werden Symptome nicht als Zeichen von Krankheit gewertet, sondern umgedeutet als Verhaltens- und Erlebensweisen, die innerhalb des Systems Sinn machen. Das Denken des Klienten in Ursache-Wirkungszusammenhängen wird erweitert und konfrontiert mit einer »prozesshaft zirkulären Weltsicht« (Lehrbuch der systemischen Therapie und Beratung, S. 179).

Prämissen des systemischen Modells sind z. B.:

- Es gibt keine vom Kontext gelöste Eigenschaft einer Person.
- Jedes Verhalten hat eine sinnvolle Bedeutung für das Gesamtsystems.
- Jeder scheinbare Nachteil in einem System zeigt sich an anderer Stelle als möglicher Vorteil.

Feste, erstarrte und möglicherweise hinderliche Konzepte über das, was ist oder was sein sollte, werden durch die Erfahrung eines dynamischen Wechsels von Wirklichkeitsinterpretationen abgelöst. (Unger/Unger, Yoga und Psychologie, S. 199)

Stresssituationen unter systemischen Gesichtspunkten zu betrachten, ist ein Training der inneren Flexibilität. Wenn es darum geht, zu einem als festgefahren erlebten, Stress verursachenden Problem verschiedene Sichtweisen zu entwickeln, kann die systemische Sichtweise auch von Nichttherapeuten immer einbezogen werden.

Beispiel: In einer Familie gilt der dreijährige Sohn als Haupt-Stressfaktor. Er schreit bei jeder sich nur bietenden Gelegenheit. Aus Fragen unter systemischen Gesichtspunkten: »Was macht das Schreien für einen Sinn innerhalb der Familie? Was bewirkt es?« ergeben sich andere Verhaltenskonsequenzen als bei der eingeschränkten Fragestellung: »Wie stellen wir das Schreien am besten ab?«

Innerhalb von Arbeitsteams ist das flexible Einnehmen verschiedener Perspektiven unter Berücksichtigung des Gesamtkontextes Voraussetzung für Zusammenarbeit und konstruktive Problemlösungen. Bekannte Techniken in der systemischen Denkweise sind die Umdeutung und als Variante die »positive Konnotation«.

Konstruktivismus

Die Philosophie des Konstruktivismus ist die erkenntnistheoretische Grundlage des systemischen Denkens.

- Die äußere Welt ist nicht objektiv erkennbar. Alles, was erkannt wird, wird von einem Beobachter erkannt. Wirklichkeit und Betrachter sind so gesehen nicht voneinander zu trennen. Die Beschreibung eines Beobachters besagt mehr über ihn selbst als über das, was er beobachtet hat.
- Jeder Mensch konstruiert sich aufgrund seine interaktiven Erfahrungen mit der Umwelt seine eigene Wirklichkeit. Er kann nur die Grenzen der Modelle erkennen, wenn sein Wirklichkeitsbild sich als nicht »passend« erweist.
- Wirklichkeitskonstruktionen beeinflussen wiederum die Weltsicht und die Bewertung dessen, was geschehen wird, mit entsprechenden Verhaltenskonsequenzen.

Die Kernfrage des Konstruktivismus lautet: Wie kommen Wirklichkeitskonstruktionen zustande? Innere Anspannung, Stress auslösende Gedanken und Gefühle entstehen immer in der »inneren Wirklichkeit« eines Menschen.

Die letztendliche Wahrheit über die Gedanken und Gefühle eines anderen Menschen erforschen zu wollen, kann bereits zur Stressquelle werden. In der Konfrontation mit anderen Menschen stoßen unterschiedliche innere Landkarten, verschiedene Konstruktionen der Wirklichkeit aufeinander. Wenn jeder auf seinem Wirklichkeitsanspruch beharrt, unfähig, die Perspektive des anderen einzunehmen, kommt es zu Stress verursachenden Kommunikationsformen. Systemische Therapie versucht durch geeignete Denkanstöße alternative Möglichkeiten von Wirklichkeitskonstruktionen anzuregen, um damit Handlungsalternativen zu eröffnen.

Gesundheitsbild

Ein Beispiel für eine Form des Umdeutens und Anders-Fragens aus systemischer Sicht ist die von Herbert Merl entwickelte Methode, sich sein Gesundheitsbild zu schaffen. Jeder Organismus ist nach der Auffassung von Merl ständig damit beschäftigt, sich selbst zu heilen, sofern nicht gravierende Störungen wie AIDS dies verhindern. Die Frage der Salutogenese – nach Gesundheit zu fragen statt nach Krankheit ist ein Beispiel für Umdeutung – ist nun die, wie es möglich ist, diese im Menschen liegenden Fähigkeiten mittels Imagination zu fördern. Auch andere Therapeuten arbeiten mit der Kraft der Vorstellung in der Behandlung von Krankheiten *(siehe Seite 89 f.)*. Von Merl stammt die Idee, in der Förderung von Gesundheit damit zu arbeiten und das visualisierte Bild dabei nicht vorzugeben. Die Teilnehmerinnen können so dazu aufgefordert werden, sich ihr eigenes Gesundheitsbild zu schaffen. Diese Idee ließe sich leicht übertragen auf das eigene Bild einer entspannten Person: Wie bist du, wenn du ganz entspannt den täglichen Aufgaben nachgehen kannst?

Aufgabe des Therapeuten in der Arbeit mit dem Gesundheitsbild oder dem Entspannungsbild ist es zunächst nur, die passenden Fragen zu stellen, die sich die Teilnehmenden selbst beantworten sollen, z. B.: Wie siehst du aus, wenn du deine Entspannung erreicht hast? Wie stehst du da, wenn du dich körperlich und seelisch und ganz entspannt fühlst? Wie sieht dein Mund aus, deine Augen? Wie bist du in diesem Zustand heute bekleidet? Wie klingt deine Stimme lauter, leiser, tiefer, höher? Wo im Körper fühlst du deine Entspannung am deutlichsten? Wie riechst du, wenn du dich so gesund und kräftig fühlst? Welchen Geschmack hast du im Mund?

Im zweiten Schritt wird das Gesundheitsbild in der Arbeit von Merl in den individuell an diesem Tag passenden Farben markiert und ein Muster gelegt, das dem aktuellen Zustand von Entspannung entspricht. Den Fähigkeiten, die einem dabei helfen, diesem Bild nahe zu kommen, wird von den Teilnehmenden ebenfalls eine Farbe gegeben. Danach fordert der Therapeut dazu auf, auf das Bild zuzugehen und hinein zu schlüpfen wie in einen Mantel.

Jetzt wird gefragt: Was kannst du als entspannter Mensch alles tun, für dich und für andere? Wer von den Menschen, mit denen du zusammenlebst und arbeitest, wird sich über dich in deiner Entspannung freuen? Wer würde dagegen sein oder darunter leiden? Würdest du deswegen darauf verzichten wollen? Welche Einstellung zu dir selbst und anderen ist dem Erreichen dieses Zustandes von Entspannung förderlich? Was kannst du jetzt schon als ersten Schritt in Richtung Entspannung mit dir selbst und den Menschen, mit denen du zusammenlebst, unternehmen?

Man geht anschließend den Weg zu seinem Entspannungsbild ein zweites Mal von einem anderen Standpunkt aus, wählt einen anderen Weg und vergleicht, welches der beste Weg ist.

Dieses Bild lässt sich dann zu Hause leicht festigen.

Ressourcenorientierung – Lösungsorientierung

Die Annahme, dass jedes System im Besitz aller Ressourcen ist, die zur Lösung von Problemen notwendig sind, ist zentral. Um Ressourcen zu finden und bereitzustellen, ist es nicht notwendig, sich mit dem Problem zu beschäftigen, sondern es werden von vorneherein die Problemlösung und die Ressourcenfindung fokussiert.

Lösungsorientiertes Denken steht im Gegensatz zu »Defizitkonzepten«, die Störungen und Dysfunktionalitäten in den Vordergrund stellen. Aus lösungsorientierter Sicht stellt sich nicht die Frage, ob es Defizite gibt oder nicht, sondern welche Möglichkeiten sich daraus ergeben oder verschließen.

Ein Beispiel: Stresssymptome können als wichtige Hinweise interpretiert werden, in welche Richtung Veränderungen in die Wege geleitet werden.

Ressourcenfindung: Soziale Kontakte

Fragebogen: Soziales Umfeld

Welche Menschen (in meinem Umfeld) sind mir wichtig?

____

____

Mit wem kann ich über mich und meine persönlichen Angelegenheiten reden?

____

____

Mit wem teile ich Aktivitäten?

____

____

Mit welchen Menschen möchte ich gerne intensiveren Kontakt haben?

____

____

Welche Menschen haben meine Hilfe schon einmal beansprucht?

____

____

Wessen Hilfe würde ich in Anspruch nehmen?

____

____

»Kristallkugel-Technik« (Milton Erickson)

Eine beliebte Technik bei Psychotherapeuten ist die »Frage nach dem Wunder«.

Der Klient, der zunächst in einen Zustand der Trance versetzt wird, erhält die Anweisung, sich eine Kristallkugel vorzustellen, in der er seine Zukunft sehen kann. Er soll insbesondere beschreiben, welche Entwicklung er von der Gegenwart bis in die Zukunft sehen kann. Der Blick in die Kristallkugel bedeutet, sich bildhaft vorzustellen, dass sich gegenüber der Jetzt-Situation etwas verändert hat.

Die Bewusstmachung von Unterschieden sowie die Nutzung von Imagination und suggestiven Elementen geben Impulse für die entsprechenden Schritte einer wirklichen Veränderung.

Aufgabe des Therapeuten ist es, die Phantasie des Klienten, sich in Richtung Lösung zu bewegen, zu beflügeln. Das Autogene Training als Methode der positiven Selbstbeeinflussung kann auch unabhängig von einem Therapeuten genutzt werden, um lösungsorientierte Bilder für Stresssituationen im entspannten Zustand entstehen zu lassen.

ABC-Hilfe aus der Rational-Emotiven-Therapie

Die Rational-Emotive-Therapie nach N. Ellis gehört zu den kognitiven Ansätzen der Verhaltenstherapie. Bei dieser Therapieform sind dysfunktionale Kognitionen (Bewertungen, Schlussfolgerungen, Ideen) in Form von Glaubenssystemen (»belief-systems«) und deren Bedeutung für das Erleben und Verhalten zentral.

Der Verdienst von Ellis liegt darin, mit der R-E-T eine pragmatische, wirkungsvolle Therapieform entwickelt zu haben, die ihrer Eingängigkeit wegen auch im Alltag als Hilfe zur Selbsthilfe genutzt werden kann. Die R-E-T zählt heute im deutschen Sprachraum neben der Psychoanalyse, der Gesprächspsychotherapie, den Verhaltenstherapien und der Gestalttherapie zu den am weitesten verbreiteten Therapieformen *(vgl. J. Kriz, Grundkonzepte der Psychotherapie, S. 160)*.
Der Name dieser Therapie beinhaltet, dass durch eine Veränderung der Ratio, des Denkens, eine Veränderung der Emotionen, der Gefühle, herbeigeführt werden kann.

Das Kernstück dieser Therapie ist das sogenannte ABC-Schema, mit dessen Hilfe auch das Denken und Verhalten in Stresssituationen analysiert werden kann. Im Verständnis der Alltagspsychologie werden bestimmte Ereignisse häufig als auslösende Ursache für Beeinträchtigungen, Belastungen und Stress angesehen.

Ellis bezieht sich auf Epiktekt, der sinngemäß gesagt hat: *Menschen werden nicht durch die Dinge an sich beunruhigt, sondern durch die Meinungen, die sie darüber haben.* Wenn z. B. jemand einen autoritären Chef hat und er eng mit diesem zusammenarbeiten muss, so sieht er diese Situation als Ursache für seine Daueranspannung an. Er übersieht dabei, dass auch die eigene Bewertung der Situation hierbei eine Rolle spielt.

Nach dem Schema der ABC-Hilfe wäre nicht
C (»consequences« – emotionale oder verhaltensmäßige Konsequenzen): Daueranspannung
die Folge von
A (»activating event« – aktivierendes oder auslösendes Ereignis): die Situation mit dem autoritären Chef, sondern dazwischen steht
B (»belief-system« – Glaubenssystem)
die Bewertung einer Situation.

Zwar tragen die Ereignisse der Außenwelt zu den Gefühlen und dem Verhalten bei, aber sie sind nicht die direkte Ursache. Mit Hilfe von B gilt es zu analysieren, wie Gefühle und Verhalten zustande kommen.

Ellis geht davon aus, dass häufig irrationale Einstellungen (»irrational belief-systems«) zu falschen Schlussfolgerungen und ungünstigen Verhaltenskonsequenzen führen. In dem dargestellten Beispiel könnte der Arbeitnehmer dahinter kommen, dass ihn der Chef in seinen Verhaltensweisen an seinen Vater erinnert und er deswegen so angespannt reagiert.

Die von Ellis zur Erweiterung dieses Schemas eingeführte Kategorie D (dialogue – innerer Dialog) kann genutzt werden, den eigenen Stress auslösenden Anteilen auf die Spur zu kommen.

Fragen wie
- Verhält sich mein Chef immer so?
- Reagiere ich nicht auch oft gereizt?
- Wünsche ich mir wirklich einen anderen Arbeitsplatz?
- Hat das Verhalten meines Chefs nicht auch positive Seiten, indem er sich um alles kümmert?

können den inneren Dialog anregen, eine Veränderung der bisherigen Bewertungen bewirken und veränderte Gefühle und Verhaltensweisen nach sich ziehen.

Ellis geht es um kognitive Umstrukturierungen, die es möglich machen, Probleme grundsätzlich anders anzugehen. Negative Bewertungskriterien, denen häufig irrationale Ideen zugrunde liegen, und negative emotionale Konsequenzen verstärken sich gegenseitig und bilden Rückkopplungsschleifen, die eine Stressspirale auslösen und in Gang halten. Bei den kognitiven Umstrukturierungen geht es darum, diesen sich selbst verstärkenden Mechanismus zu erkennen und aufzubrechen.

Auch in der Stressbewältigung kommt es darauf an, nicht bei jedem Stressor neu zu überlegen, wie er zu bewältigen ist, sondern die zugrunde liegenden automatisierten Denk- und Verhaltensmuster aufzudecken und zu verändern.

Alle in diesem Buch vorgestellten Methoden und Übungen tragen dazu bei, den Prozess der Selbstreflexion und Neubewertung von Stress- und Belastungssituationen in Richtung lösungsorientierten Denkens und Handelns zu unterstützen.

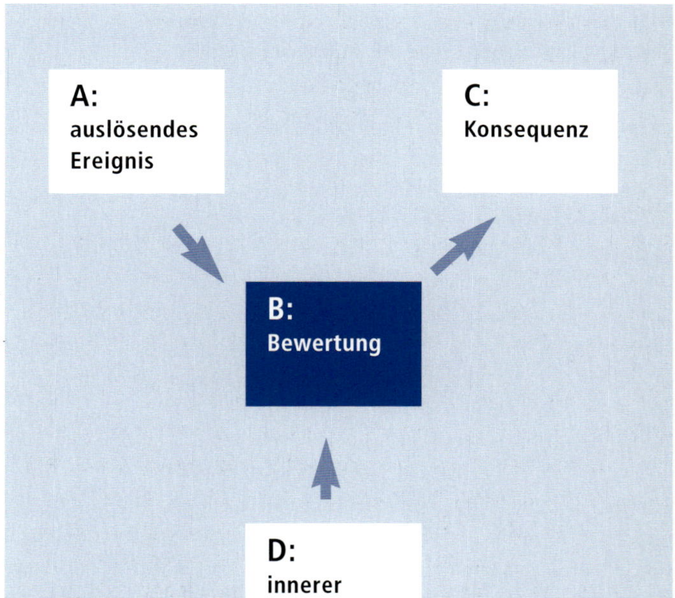

Die Situation neu bewerten zu lernen, ändert die Folgen

Verbindungen herstellen: Entspannt kommunizieren

Auf einen Blick

Thema	Ziel	Methode	Medien	Zeit
Einstieg	Bewusstsein und Wahrnehmung für Kommunikation als Stressfaktor ansprechen und stärken	Bildmethode, Kurzvortrag	Stuhlkreis, Bilder / Postkarten mit unterschiedlichen Kommunikationssituationen, Moderationskarten oder Plakat	20 Min.
Aktives Zuhören	Positive Wirkung des Zuhörens erfahren	Übung zu zweit		20 Min.
Kommunikation versachlichen	Gesprächstechnik zur Versachlichung kennen lernen und anwenden	Übung zu dritt	Karten / Infobögen mit Merkmalen bzw. Satzanfängen zum Paraphrasieren, Arbeitsbögen mit Übungen (*siehe Seite 120*)	20 Min.
Ich-Botschaften aussenden	Unterschiedliche Wirkung von Ich- und Du-Botschaften erfahren	Übung zu dritt	Karten / Infobögen mit Merkmalen von Ich-Botschaften, Kärtchen mit Initialsätzen (*siehe Seite 121*)	20 Min.
Reflexion	Erfahrungen austauschen	Gesprächsrunde	»Sprechstein«	10 Min.

Hinweise:

- Schließen Sie jede Übungsphase mit einem kurzen Erfahrungsaustausch ab.
- Wenn Sie nicht ausreichend Zeit zur Verfügung haben, verzichten Sie auf das Aussenden von Ich-Botschaften. So vermeiden Sie Zeitdruck.

Variationen:

- In einer gut eingespielten Gruppe können Sie das Paraphrasieren auch an von den Teilnehmerinnen eingebrachten Themen üben lassen. In jedem Fall ist es wichtig, auf die Regeln für diese Gesprächstechnik zu verweisen.
- Bei Schulz von Thun finden Sie weitere Anregungen für Übungen zum Kommunikationsverhalten.
- Schulz von Thun ist nicht der Einzige, der eine sinnvolle Kommunikationstheorie entwickelt hat. Systemisch ausgebildet könnten Sie natürlich auch mit der CMM-Theorie (Coordinated Management of Meaning) arbeiten. Allerdings ist Schulz von Thun vor allem deswegen so bekannt geworden, weil er auch für Laien leicht verständlich ist.

Beschreibung der Kurseinheit

Einstieg

Zu Beginn dieses Treffens laden Sie die Teilnehmerinnen ein, sich in einen Stuhlkreis zu setzen, der am Ende der Kurseinheit und immer mal wieder zwischendurch eingenommen wird.

Fotos oder Postkarten mit unterschiedlichen Kommunikationssituationen liegen in der Mitte des Stuhlkreises. Jede Person wählt sich eine der Abbildungen aus und teilt der Gruppe die persönlichen Assoziationen dazu mit.

- Wie nehme ich die abgebildeten Personen wahr?
- Wie empfinde ich ihre Beziehung zueinander?
- Berührt mich die Szene eher angenehm oder unangenehm?
- Wodurch wird meine Empfindung ausgelöst?

Geben Sie den Teilnehmerinnen Gelegenheit, ohne Kommentar und Nachfragen ihre Gedanken der Gruppe mitzuteilen. Knüpfen Sie bei den vorgestellten Assoziationen an und sammeln Sie mit den Teilnehmerinnen die gemeinsamen Merkmale dieser Situation:

Angenehm erlebt:	**Unangenehm erlebt:**
Gefühl von Zeit	Anspannung
Zuhören	Hektik, Zeitdruck
Kein Streit	Streit in der Luft
Zugewandt sein	Keiner hört zu
Entspannte Atmosphäre	Gegeneinander

Sie können diese Merkmale auch auf Moderationskarten festhalten bzw. festhalten lassen.
Stellen Sie im Anschluss in einem kurzen Vortrag den Stress durch Kommunikationsstörungen und die darin wirksamen Mechanismen dar. Weisen Sie auch auf die besondere, gesprächsfördernde Bedeutung des Zuhörens hin.

Aktives Zuhören

Die sich anschließende Übung gibt den Teilnehmerinnen Gelegenheit, im Wechsel aktives Zuhören selbst auszuprobieren und die wohltuende Wirkung zu erfahren. Die Teilnehmerinnen setzen sich zu Paaren über den Raum verteilt zusammen oder begeben sich an ruhige Orte außerhalb des Seminarraumes und führen die folgende Übung durch.

Jede der beiden Partnerinnen erhält die Gelegenheit, fünf Minuten zu einem vorgeschlagenen Thema von sich zu erzählen. Wählen Sie dazu möglichst positiv besetzte Themen aus:

- Was unternehme ich gerne in meiner Freizeit?
- Über welches erfreuliche Ereignis aus der letzten Woche kann ich berichten?
- In welcher Stresssituation ist es mir einmal gelungen, ruhig zu bleiben?

Jetzt erzählt die andere Person ebenfalls fünf Minuten lang zum selben Thema.
Bei dieser Übung ist es wichtig, dass sich die Partnerinnen nicht unterbrechen, möglichst keine – allenfalls offene – Fragen stellen, gleichzeitig aber durch eine zugewandte Körperhaltung, Kopfnicken u.ä. Interesse und Verständnis auszudrücken versuchen.

Im Anschluss daran erfolgt eine Auswertung zwischen den Partnerinnen unter der Fragestellung:

- Wie habe ich diese Partnerinnenübung erlebt?
- Wie erging es mir als Erzählender?
- Wie erging es mir als Zuhörerin?

Geben Sie im Anschluss die Gelegenheit zu einem kurzen Erfahrungsaustausch in der Gruppe.

Zuhören will gelernt sein

Kommunikation versachlichen

Zur Vertiefung und Weiterführung der Übung im aktiven Zuhören erläutern Sie zunächst im Stuhlkreis die Merkmale und die gesprächsfördernde Wirkung des Paraphrasierens. Sie können dieses auf vorbereiteten Karten nach und nach in die Mitte legen und kurz darauf eingehen:

Merkmale:
- kurz mit eigenen Worten den Sachinhalt einer Aussage wiedergeben
- keine eigenen Zusätze machen
- keine Wertungen vornehmen
- nicht interpretieren
- direkte Ansprache

Wirkung:
- Interesse bekunden
- Verständnis vermitteln
- Möglichkeit zu weiteren Klärungen eröffnen
- versachlichen und Spannung vermeiden helfen

Bitten Sie die Teilnehmerinnen, sich zu Dreiergruppen zusammenzufinden und in dieser Kleingruppe gemeinsam Paraphrasen zu gegebenen Textbeispielen (*siehe Seite 120*) zu finden und sich zu notieren. Erläutern Sie, dass es günstig ist, dabei bestimmte Satzanfänge zu verwenden:
- Ich habe Sie so verstanden, dass …
- Sie meinen, dass …
- Habe ich Sie richtig verstanden, dass …
- Das heißt, dass …

Sie können den einzelnen Kleingruppen die Merkmale und die Satzanfänge beim Paraphrasieren als Arbeitshilfe auch gedruckt zur Verfügung stellen.
Nach Abschluss dieser Übung stellen die Kleingruppen ihre Paraphrasen in der Gruppe vor. Geben Sie Gelegenheit, die Ergebnisse zu erläutern und ausreichend Zeit für Nachfragen Bieten Sie ein Blitzlicht an zur Frage: *Wie habe ich diese Übung erlebt?*

Variation:
Lassen Sie ebenfalls Dreiergruppen bilden, in denen dann eine Person über ein Thema berichtet. Die beiden anderen Teilnehmerinnen versuchen dann unter Beachtung der Merkmale und Satzanfänge zu paraphrasieren. Es ist auch möglich, die Rollen zu wechseln. Ein Hinweis auf gesprächsförderndes Verhalten wie bei der ersten Übung kann unterstützend wirken. Machen Sie die Durchführung dieser Übung auch davon abhängig, wie viel Sicherheit und Vertrauen sich in der Gruppe aufgebaut hat. Lassen Sie ausreichend Zeit für einen Erfahrungsaustausch in den Kleingruppen darüber, wie die einzelnen Mitglieder die Übung erlebt haben.

Ich-Botschaften aussenden

Stellen Sie den Teilnehmerinnen diese oder eine vergleichbare Situation vor: Ein Paar hat sich zu einem gemeinsamen Besuch verabredet. Der Mann verspätet sich um eine halbe Stunde und die Frau wird zunehmend aufgebrachter. Als er endlich fröhlich erscheint, empfängt sie ihn mit den Worten: *Du kannst wohl nie mal pünktlich sein. Immer muss ich auf Dich warten.*

Bitten Sie die Teilnehmerinnen, sich in die Lage des Mannes zu versetzen. Wie wirken auf Sie dann die Sätze der Frau? Welche Reaktion ist auf Seiten des Mannes zu erwarten?
Ermutigen Sie die Gruppe zur Formulierung eigener gesprächsfördernder Antworten auf das Verhalten des Mannes.
Stellen Sie im Anschluss die Technik der Ich-Botschaften vor und erläutern Sie deren Wirkung im Gegensatz zu Du-Botschaften.

Ich-Botschaften:
- Beschreibung eines konkreten Verhaltens »Wenn Sie/du … (Verhalten)«
- Beschreibung der Reaktion »Dann … (mache ich/passiert bei mir)«
- Benennung des ausgelösten Gefühls »Und dann fühle ich …« (nach Th. Gordon)

Wirkung:
- Offenlegung der eigenen Betroffenheit und Gefühle
- Vermeidung von Vorwürfen
- Ermöglichung von Verständigung
- Versachlichung und Vermeidung von Spannungen

Es kann auch klärend sein, wenn eine Ich-Botschaft noch mit einem Wunsch an die Gesprächspartnerin verbunden wird.

In Dreiergruppen erhalten die Teilnehmerinnen jeweils drei Situationsbeschreibungen, auf die die anderen mit Ich-Botschaften reagieren (*siehe Seite 121*). Auch hier können Sie den einzelnen Kleingruppen die Merkmale der Ich-Botschaften als Arbeitshilfe gedruckt zur Verfügung stellen. Die Auswertung der Erfahrungen erfolgt in den Kleingruppen.

Reflexion

Fragen Sie die Teilnehmerinnen danach, was sie an den Methoden dieses Treffens als hilfreich und entspannend empfunden haben und was weniger. Ein Stein »erteilt« dabei das Wort, indem er von Hand zu Hand wandert. Geben Sie den Teilnehmerinnen ausreichend Raum für den abschließenden Erfahrungsaustausch über diese Kurseinheit.
Leitfragen dazu können sein:
- Wie haben Sie die verschiedenen Übungen insgesamt erlebt?
- Können Sie sich vorstellen, etwas davon in Ihren Alltag zu übernehmen?

Gut zu wissen: Zusatzinformationen

Kommunikation und Interaktion

Kommunikation wird im Allgemeinen verstanden als Oberbegriff für ein Geschehen zwischen einem »Sender« und einem »Empfänger«, in dem auf der einen Seite etwas signalisiert und auf der anderen Seite etwas empfangen wird. In diesem Sinne können daran Personen, aber auch technische Systeme wie Computer, Video oder Radio beteiligt sein.

Kommunikation kann dabei als ein einseitiger Prozess der Nachrichtenübermittlung vom »Sender« zum »Empfänger« ablaufen. Wenn es dagegen zu einer wechselseitigen Beeinflussung kommt, bedeutet dieses die Aufnahme einer sozialen Beziehung. Aktion und Reaktion der Kommunikationspartnerinnen sind aufeinander bezogen, es kann eine gemeinsame Verständigung stattfinden. Kommunikation wird so zur Interaktion, die über verbale und nonverbale Signale abläuft und in gesellschaftliche Zusammenhänge eingebunden ist. Moderne Kommunikationstheorien benutzen diese technische Vorstellung von Kommunikation nicht mehr. Als Metapher genutzt ist diese aber immer noch einleuchtend und leicht verständlich.

Grundannahmen und Störungen

Besonders intensiv hat sich der Kommunikationsforscher Paul Watzlawick mit dem Zusammenhang von Kommunikation und Verhalten beschäftigt. Er hat Grundannahmen über die Eigenschaften der menschlichen Kommunikation entwickelt und Störungen im Kommunikationsprozess untersucht. Axiome der menschlichen Kommunikation sind nach Watzlawick u.a.:

- Man kann nicht nicht kommunizieren.
- Jede Kommunikation hat einen Inhalts- und einen Beziehungsaspekt, derart, dass der letztere den ersteren bestimmt … .
- Die Natur einer Beziehung ist durch die Interpunktion der Kommunikationsabläufe seitens der Partner bestimmt.
- Menschliche Kommunikation bedient sich digitaler und analoger Modalitäten … .
- Zwischenmenschliche Kommunikationsabläufe sind entweder symmetrisch oder komplementär, je nachdem, ob die Beziehung zwischen den Partnern auf Gleichgewicht oder Unterschiedlichkeit beruht.

Bezogen auf das Ziel, entspannt, d.h. möglichst störungsfrei, zu kommunizieren, können diese Axiome bedeuten:

- Die Unmöglichkeit, nicht zu kommunizieren, kann auch dazu führen, einer ungewollten Kommunikation nicht ausweichen zu können. Gleichzeitig entsteht das Problem, wie mit der Situation umgegangen werden kann. Es ist möglich, den anderen zurückzuweisen, sich gegen den eigenen Wunsch auf die Kommunikation einzulassen, das Angebot des Gegenübers zu entwerten oder sich auf wichtige Ablehnungsgründe zurückzuziehen. Alle diese Reaktionen führen in der Interaktion eher zu einer Stressreaktion als zu einer entspannten Kommunikation.
- Die in jeder Kommunikation getroffene Sachaussage und die gleichzeitigen Signale über die Beziehung der Interaktionspartner können im günstigsten Fall übereinstimmen. Störungen bis hin zu erheblichen Beziehungsproblemen und Stress können sich ergeben, wenn auf einer oder sogar beiden Ebenen keine Übereinstimmung besteht. Zu Verwirrungen kann es auch führen, wenn in der Kommunikation Inhalts- und Beziehungsaspekte vermischt werden.
- Der Inhaltsaspekt einer Botschaft wird vorwiegend über Sprache (digital) vermittelt, während der Beziehungsaspekt im Wesentlichen nonverbal über Körpersprache (analog) ausgedrückt wird. Auch hier können Kommunikationsprobleme entstehen, wenn das Gesagte und die Körpersprache nicht übereinstimmen. Die Situation wird uneindeutig, es ist unklar, auf welche Botschaft zu reagieren »richtig« ist.
- Je nachdem, wo der Beginn eines Kommunikationsablaufes geschehen wird, bekommt er eine unterschiedliche Struktur und Bedeutung: *Ich gehe ständig aus dem Haus, weil du andauernd schimpfst* nimmt eine andere Sichtweise ein als *Ich schimpfe andauernd, weil du ständig aus dem Hause gehst*. In dieser unterschiedlichen Setzung des Anfangspunktes wird die unter Umständen Stress auslösende Kommunikationsstörung deutlich.
- In einer als unproblematisch erlebten zwischenmenschlichen Beziehung verbinden sich die auf Gleichheit bzw. Unterschiedlichkeit beruhenden Interaktionen in einem dynamischen Wechselspiel. Wird dagegen eine der beiden Beziehungsformen einseitig betont und daran festgehalten, ist eine Störung nahezu unvermeidlich. Heftige Eskalationen, weil z. B. bei einem Streit keiner nachgeben will, oder Gefühle von Anpassungsdruck und Verzweiflung, weil z. B. eine Vorgesetzte trotz eines Fehlers jede Kritik zurückweist, können die Folgen sein.

Metakommunkation

In einer Kommunikationssituation wird durch den nonverbal vermittelten Beziehungsaspekt gleichzeitig mitgeteilt, wie eine Sachaussage verstanden werden soll. Wie der Satz *Ich fühle mich prächtig* zu verstehen ist, wird erst durch die ihn begleitende Körpersprache deutlich.
Die nonverbale Sprache ist einerseits sehr ausdrucksreich, andererseits aber auch nicht eindeutig, oft missverständlich und dadurch Auslöser von Kommunikationsstörungen.
Die sogenannte Metakommunikation, die Verständigung über die zwischen zwei Personen gerade ablaufende Kommunikation, bietet hier Möglichkeiten für Klärungen und zur Vermeidung von sich anbahnenden Konflikten.

Vier Zungen und vier Ohren

Der Hamburger Kommunikationswissenschaftler Schulz von Thun geht in seinen Veröffentlichungen »Miteinander Reden 1 – 3« von dem Bestreben aus, Erkenntnisse der Kommunikationsforschung anschaulich zu vermitteln und auch für Alltagshandeln nutzbar zu machen. Auf der Grundlage der humanistischen Psychologie ist es für ihn das Ziel von Kommunikation und Interaktion, zu einer positiven Entwicklung des einzelnen Menschen als Teil sozialer Gruppe beizutragen.

Das von ihm entwickelte Kommunikationsmodell setzt dabei am Individuum und am sozialen Umgang miteinander an.

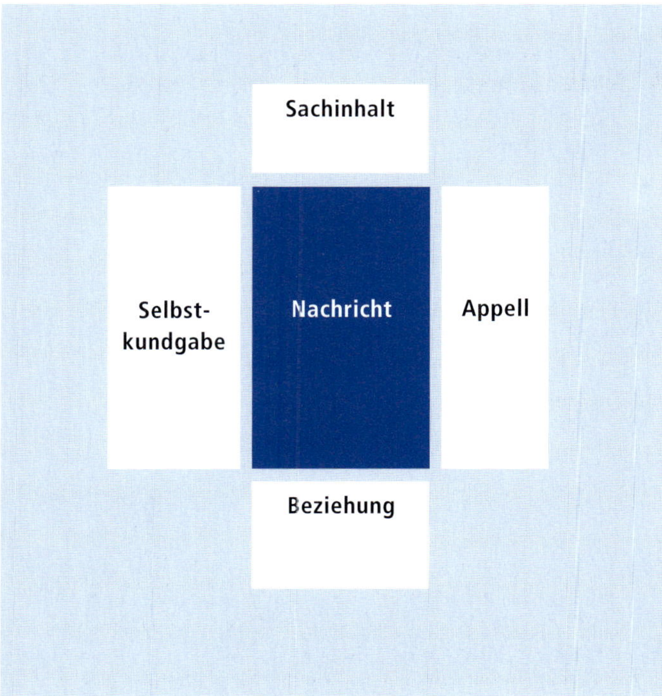

Vier Ebenen der Kommunikation

- Sachinhalt meint einfach nur die in einer Nachricht enthaltene sachliche Information.
- Unter Selbstkundgabe ist das zu verstehen, was der »Sender« von oder über sich selber mitteilt.
- Appell bedeutet eine Aufforderung gegenüber der Gesprächspartnerin.
- Beim Beziehungsaspekt geht es um die Frage, was der »Sender« von seinem Gegenüber hält und wie sie aus seiner Sicht zueinander stehen.

Jeder Botschaft zwischen »Sender« und »Empfänger« werden diese vier Aspekte zugeordnet, die prinzipiell gleichrangig sind. Aber nicht nur die Anfangsbotschaft eines Kommunikationsablaufes enthält diese vier Seiten. Nachdem der »Empfänger« die Botschaft wahrgenommen, interpretiert und gefühlsmäßig bewertet hat, enthält seine Antwort wiederum die besagten vier Bestandteile. Schulz von Thun spricht davon, dass Menschen prinzipiell mit vier Zungen sprechen und mit vier Ohren hören.

Störungen

In diesem komplizierten Zusammenspiel von »Sender« und »Empfänger« und ihren unterschiedlichen Interpretationen und Bewertungen einer Nachricht liegen viele Ansatzpunkte für kleinere oder größere Kommunikationsstörungen, für die mit Hilfe dieses Modells die Wahrnehmung geschärft werden kann:

- Eine der vier Seiten wird überbetont, andere dagegen werden ausgeblendet oder nur gering gewichtet. So stehen besonders in Betrieben und Institutionen die Sachinhalte einseitig im Vordergrund. Obwohl es aber auch immer um die Beziehungen zueinander geht, werden diese ausgeblendet und können nur schwer oder gar nicht thematisiert werden.
- Indem einer der Beteiligten sich nicht auf die dem anderen wichtige Seite seiner Botschaft bezieht, diese damit entwertet, entsteht zumindest Unbehagen.
- Beziehen sich die Gesprächspartnerinnen auf ständig wechselnde Aspekte einer Botschaft, kann das zu erheblicher Verwirrung führen.
- Ähnliche Wirkungen rufen widersprüchliche Botschaften hervor. Die Selbstkundgabe »Lass mich in Ruhe« kann, vermittelt über nonverbale Signale, durchaus auch heißen »Kümmere dich um mich«. Solche nicht-kongruenten Botschaften sind dazu geeignet, Stress auszulösen.

Aber nicht nur im Zusammenwirken der vier verschiedenen Anteile einer Nachricht liegen Quellen für mögliche Kommunikationsstörungen. Auch für sich genommen können daraus Probleme für die Interaktion entstehen.

- Auf der Sachebene ist es wichtig, sich um Sachlichkeit und Verständlichkeit zu bemühen und so Störungen vorzubeugen.
- Auf der Seite der Selbstkundgabe sind die Befürchtungen, etwas von sich zu zeigen, das Aufbauen bzw. Aufrechterhalten einer Fassade, Imponiergehabe, offensichtliche Selbstverkleinerungen und das Aussenden von Du- statt Ich-Botschaften zentrale Kommunikationshemmnisse.
- Auf der Beziehungsseite gibt es häufig Auseinandersetzungen über die Beziehungsdefinition, ob diese als symmetrisch oder komplementär anzusehen ist. Die dabei eingesetzten Techniken der Bevormundung, des Ignorierens oder Zurückweisens sowie ablaufende Projektionen und Übertragungen sind ebenfalls nicht kommunikationsfördernd.
- Auch Appelle können zu Problemen führen, wenn sie nicht offen, sondern verdeckt ausgesprochen werden, spontane Handlungen verhindern oder gar paradoxen Charakter haben.

Klärungen

Schulz von Thun stellt in seiner Beschäftigung mit Kommunikationsabläufen neben ihre allgemeine Darstellung und die Untersuchung von Störungen als weiteren Schwerpunkt die Klärung von Kommunikationssituationen.

Als aussichtsreiches Heilmittel gegen eine gestörte Kommunikation hat sich die Metakommunikation herausgestellt, d.h. Kommunikation, über die Art, wie wir miteinander umgehen.
F. Schulz von Thun, a.a.O., S. 18

Über die Technik der Metakommunikation ist es möglich, zu innerer und äußerer Klarheit zu gelangen, was sich wiederum Stress vermeidend oder Stress abbauend auswirkt

Kommunikationssperren

Von einem vorwiegend praktischen Interesse herkommend, wie sich auf der Grundlage von Forschungsergebnissen Kommunikation positiv beeinflussen lässt, nimmt Thomas Gordon eine Kategorisierung verbaler Äußerungen vor, die gesprächshemmend oder blockierend und damit möglicherweise Stress fördernd wirken können. In Alltagssituationen tritt diese Art der Kommunikation häufig auf und die gesprächshemmende Wirkung ist allgemein vertraut.

1. Befehlen, kommandieren, anordnen:
   Lassen Sie die Finger davon.
   Sie müssen aber ... .
2. Warnen, drohen:
   Wenn Sie nicht ... dann ... .
3. Moralisieren, predigen, mit »müsstest« oder »solltest« argumentieren: *Sie wissen doch, dass Sie besser ... sollten.*
4. Raten, Lösungen oder Vorschläge anbieten:
   Es wäre besser für Sie, wenn ...
   Wenn Sie mich fragen, ...
5. Belehren, Vorträge halten, mit logischen Argumenten kommen: *Es ist doch ganz logisch, dass ... .*
   Die Erfahrung lehrt uns, ...
   Sie kommen nicht an der Tatsache vorbei, dass ... .
6. Verurteilen, kritisieren, widersprechen, beschuldigen:
   Entweder sind Sie einfach nur naiv oder richtig durchtrieben.

Mit ...

... oder ohne Hindernis

7. Beschimpfen, Klischees verwenden, etikettieren:
   Sie stellen sich so dumm an wie der erste Mensch.
8. Interpretieren, analysieren, diagnostizieren:
   Das sagen Sie doch nur, weil Sie ... .
9. Loben, zustimmen, positive Bewertungen geben:
   Eigentlich sind sie doch ein vernünftiger Mensch.
   Sie schaffen das schon.
10. Beruhigen, mitfühlen, trösten, unterstützen:
    So schlimm ist das doch gar nicht.
    Jeder hat schon mal ... .
11. Fragen, sondieren, verhören:
    Warum haben Sie ...?
    Mussten Sie unbedingt ...?
12. Zurückziehen, ablenken, zerstreuen:
    Lassen Sie uns lieber von etwas anderem reden.

Die Äußerungen der verschiedenen Kategorien haben jeweils eine eigene kommunikationshemmende Wirkungsweise:

- Bei den Äußerungen der Punkte 1 - 5 wird der betroffenen Person von oben herab begegnet und sie enthalten eine starke Aufforderung, das in den Augen des Sprechers »Richtige« zu tun.
- In den Punkten 6–8 werden hauptsächlich Herabsetzungen und Bewertungen einer Person vorgenommen.
- Ein mangelndes Ernstnehmen wird in den Punkten 9 und 10 deutlich.
- Die Art, wie unter Punkt 11 reagiert wird, geht eher vom Bedürfnis des Fragers aus, mehr Informationen für seine Art einer Problemlösung zu bekommen und nicht von den Vorstellungen des Betroffenen.
- In Punkt 12 wird versucht, ein unangenehmes Thema zu beenden.

Die gemeinsame negative Wirkung aller dieser Kommunikationssperren liegt darin, dass sich der Betroffene in seinen Gefühlen, seinen Überlegungen, seinen Bemühungen, unter Umständen sogar seiner ganzen Person, nicht angenommen erlebt. Diese fehlende Annahme wird in den einzelnen Reaktionen nur unterschiedlich ausgedrückt.
Gerade in Stresssituationen treten solche Kommunikationssperren gehäuft auf, weil der Gesprächspartner als Kontrahent erlebt wird, gegenüber dem es sich durchzusetzen gilt. Solche Einschätzungen existieren allerdings in vielen Fällen nur in der eigenen Vorstellung ohne eine reale Grundlage. Wenn es gelingt, in einer Stresssituation die gegenseitige Unterstützung und eine gemeinsame Zielsetzung in den Vordergrund zu stellen, verändert sich damit auch das Gesprächsverhalten, indem es Akzeptanz und Empathie dem anderen gegenüber ausdrückt.

Mit einer solchen Grundhaltung eingesetzte Gesprächsöffner zeigen im Allgemeinen eine positive Wirkung: Aus *Lassen Sie uns lieber von etwas anderem reden* könnte werden *Wir können in Ruhe darüber sprechen.* Statt *Das sagen Sie doch nur, weil Sie ...*, wäre möglich *Habe ich Sie richtig verstanden, dass Sie ...*

Gesprächshaltungen

Der Begründer der Gesprächspsychotherapie, Carl Rogers, spricht in seinen Arbeiten von drei Grundhaltungen, die für ihn zentrale Voraussetzungen für eine erfolgreiche therapeutische Arbeit sind:

- Echtheit und Selbstkongruenz bedeuten im Kern, bei sich selbst zu sein und sich nicht hinter einer Fassade zu verbergen.
- Positive Zuwendung, Wärme, Wertschätzung, vermitteln dem Gegenüber das Gefühl, akzeptiert zu werden, keine Bewertung der Person zu erfahren.
- Einfühlendes Verstehen, Empathie, meint die Erlebnisse und Gefühle des anderen möglichst genau zu erfassen und in ihrer inneren Logik zu verstehen.

Diese drei Grundhaltungen, die alle eng miteinander verbunden sind, werden in ihrer Bedeutung als unabhängig von bestimmten Situationen, Vorgehensweisen oder Gesprächstechniken angesehen. Rogers geht sogar ausdrücklich davon aus, dass sie auch im alltäglichen menschlichen Umgang von großer Wichtigkeit und positiver Wirkung sein können. Sie können entscheidend zur Vermeidung und zum Abbau der Flucht- bzw. Angriffsreaktion als Auslöser von Kommunikationsstress beitragen.

Selbstverständlich lassen sich diese Haltungen nicht wie eine beliebige Technik erlernen; sie können jedoch in einem persönlichen, sozialen Selbsterfahrungsprozess entwickelt werden.

Kommunikationsstress vermeiden

Gesprächstechniken

Bestimmte äußere Bedingungen und erprobte Gesprächstechniken können dabei für die beteiligten Personen sehr hilfreich sein. Sie alle fördern Kongruenz, Akzeptanz und Empathie:

- Gespräche möglichst nicht unter Zeitdruck führen und nur dann, wenn eine innere Bereitschaft dazu vorhanden ist.
- Der schnelle Wechsel vom Anliegen der Gesprächspartnerin zu einem eigenen Thema drückt wenig Akzeptanz und Empathie aus. Kommunikationsfördernd wirkt dagegen ein abwartendes Verhalten.
- In Gesprächen nicht nur im Blickkontakt aufmerksam zuhören, sondern auch auf die nonverbalen Signale achten. Sie vermitteln häufig die wichtigeren Botschaften.
- Ich-Botschaften statt Du-Botschaften aussenden, da sie Vorwürfe und Schuldzuweisungen vermeiden helfen. Das Ausdrücken eigener Gefühle, Wünsche, Motive trägt zu einer gesprächsfördernden Klarheit bei.
- Offenes Nachfragen signalisiert dem Gesprächspartner Interesse, vermeidet das Gefühl festgelegt und eingeengt zu werden und wirkt dadurch als Gesprächsöffner.

Eine besondere Rolle spielen in diesem Zusammenhang die Gesprächstechniken des Wiedergebens bzw. Zusammenfassens des Sachinhaltes einer Aussage (Paraphrasieren) und des Widerspiegelns der wahrgenommenen Gefühle, Wünsche, Erwartungen (Reflektieren).

Für die Technik des Paraphrasierens typische Formulierungen sind z. B. *Ich verstehe Sie so, dass …?* oder *Sie meinen also, dass …?*. In diesen Redewendungen drückt sich das Bemühen um Verständnis für die andere Person aus, die gleichzeitig die Möglichkeit erhält, in ihrer Antwort auf die Paraphrase Ergänzungen, Korrekturen oder Differenzierungen vorzunehmen. Indem beim Wiedergeben des Sachinhaltes keine eigenen Zusätze oder Wertungen vorgenommen werden, muss die Gesprächspartnerin sich nicht verteidigen oder rechtfertigen. Sie fühlt sich angenommen und verstanden, es kommt nicht zu einem Schlagabtausch, sondern das Gespräch wird versachlicht.

Diese Gesprächstechnik kann sich besonders in nicht privaten, beruflichen Bereichen als hilfreich erweisen, in denen Sachfragen im Mittelpunkt stehen und Gefühle und Beziehungen kaum zum Thema werden können.

Beim Reflektieren sind Sätze wie *Ich empfinde Sie als …* (Gefühlszustand), oder *Sie sind …* (Gefühlszustand)? charakteristisch. So werden Verständnisbereitschaft und Einfühlungsvermögen deutlich, ohne zu werten oder zu diagnostizieren. Dieses Gesprächsverhalten vermittelt nicht das Gefühl *Ich weiß genau, was mit dir los ist. Du bist eben …* (Gefühlszustand)!
Die Gesprächspartnerin fühlt sich nicht auf etwas festgelegt, kann stattdessen bei ihrem Erleben bleiben und muss sich nicht mit der Sichtweise ihres Gegenübers auseinandersetzen. Das Reflektieren ist eine Technik, die einige Übung erfordert und in eher persönlichen, vertrauten Zusammenhängen genutzt werden sollte.

Innere Stille erfahren: Möglichkeiten der Meditation

Auf einen Blick

Thema	Ziel	Methode	Medien	Zeit
Meditation – Mit anderen Augen schauen	Eine erste kontemplative Erfahrung vermitteln	Meditative Betrachtung, z. B. eines Schneckenhauses	Stuhlkreis, Schneckenhäuser	10 Min.
»Wenn ich sitze, dann sitze ich …«	Sitzhaltung für die Meditation ausprobieren – Atemfluss spüren	Yoga - Sitzhaltungen am Boden, Sitzhaltung auf einem Stuhl, Sitzhaltungen auf einem Meditationsbänkchen	Kissen, Meditationshocker, Decken, Hocker, Stühle	20 Min.
Konzentration auf ein Mantra	Konzentrationsübung, Hinführung zur Meditation	Yoga, gegenständliche Meditation	Kissen, Meditationshocker, Decken, Hocker, Stühle	15 Min.
Mit Mandalas die Mitte finden	Eine Alternative aufzeigen – über kreatives Tun die Gedanken beruhigen	Ausmalen von Mandala-Vorlagen	Mandala-Vorlagen *siehe Seite 122 bis 127*	30 Min.
Meditative Momente im Alltag	An die meditativen Erfahrungen und Stilleerlebnisse im Alltag anknüpfen	Gesprächsrunde	Stuhlkreis	15 Min.

Variationen:

- Wenn Sie mit Meditation in der klassischen Form nichts anfangen können, wäre ein Treffen zur kreativen Stille eine mögliche Alternative. Sie können die Betrachtung des Schneckenhauses durch die Betrachtung eines anderen Gegenstandes aus der Natur oder der Kunst ersetzen. Probieren Sie in jedem Fall unterschiedliche Sitzpositionen aus, um dann einem ruhigen Stück klassischer Musik in meditativer Ruhe zu lauschen. Im Anschluss daran werden Sie mit der Gruppe künstlerisch kreativ mit Farben oder Knetmasse tätig, wobei es nicht auf die Ästhetik des Produktes, sondern die Versenkung und Konzentration bei der Gestaltung ankommt.
- Sind Sie in der Gruppenarbeit mit »Meditativer Kunst- und Atemtherapie« ausgebildet? Im bildenden, nicht im therapeutischen Sinn lässt sich diese Methode hier wunderbar einbringen und das Treffen entsprechend gestalten.

Beschreibung der Kurseinheit

Meditation – Mit anderen Augen schauen

Verteilen Sie an alle Kursteilnehmerinnen, die im Kreis auf Stühlen sitzen, ein Schneckenhaus.
Leiten Sie die Übung sinngemäß mit folgenden Worten ein:
Viele Menschen erinnern sich beim Anblick von Schneckenhäusern an Schädlinge im Garten, die Blumen und Pflanzen auffressen. Es werden eher negative Assoziationen geweckt. Bei dieser kontemplativen Übung kommt es darauf an, sich von den üblichen, durch Vorlieben und Abneigung geprägten Vorstellungen einmal zu lösen. Schauen Sie das Schneckenhaus in Ihrer Hand einmal mit fremden Augen an, so als ob Sie es zum ersten Mal sehen. Nehmen Sie Gedanken und Bilder, die dabei aufsteigen, achtsam wahr, ohne sie zu werten.

Beispiele zu Assoziationen aus einem Entspannungskurs

- Die Spiralform erinnert an Unendlichkeit.
- Das Schneckenhaus wird als Symbol für Rückzug angesehen.
- Es tauchen Erinnerungen an Kindheitserlebnisse auf.
- Die Leichtigkeit und Zartheit des Schneckenhauses, das trotzdem Schutz bietet, werden herausgestellt.
- Das Schneckenhaus erinnert an die Schönheit im Alltäglichen, die oft zu wenig Beachtung findet.
- Es ruft Vorstellungen von der Langsamkeit und Stetigkeit der Schnecke hervor.
- Es werden Urlaubserinnerungen geweckt.
- Es klingt die Frage nach dem Zuhause an: Die Schnecke ist überall zu Hause, sie trägt ihr Haus mit sich herum.

Geben Sie den Teilnehmerinnen ausreichend Zeit, das Schneckenhaus auf sich wirken zu lassen, es zu befühlen, zu betrachten, Gedanken, Gefühle und Erinnerungen aufsteigen zu lassen. Machen Sie danach eine Runde, in der jede Teilnehmerin zu Wort kommt. Indem Sie einzelne Beiträge aufgreifen, ohne sie zu werten, können Sie zu einer kurzen Einführung in das Thema Meditation überleiten.
Folgende Stichworte können Sie zu Erläuterungen anregen:

- Meditation ist ein Zustand des Zeit-Habens, der Betrachtung, der Versenkung.
- Es ist kein Nachdenken über etwas, sondern ein Kommen und Gehenlassen von Bildern und Gedanken, die im Inneren aufsteigen.
- Die inneren Vorgänge werden mit freundlicher Distanz, beobachtend wahrgenommen, ohne sie zu werten. Es entsteht Raum für etwas Neues. Losgelöst von gewohnheitsmäßigen Ansichten entwickeln sich neue Sichtweisen und Einsichten.
- Der für Stresszustände typische Tunnelblick weitet sich.

Betrachtungsgegenstände aus der Natur

»Wenn ich sitze, dann sitze ich ...«

Die äußere Haltung in der Meditation ist Ausdruck der inneren Achtsamkeit. Die Teilnehmerinnen sollen Gelegenheit bekommen, verschiedene für die Meditation geeignete Sitzhaltungen auszuprobieren. Sie können herausfinden, in welcher Position es ihnen am leichtesten gelingt, mit aufgerichteter Wirbelsäule, ohne Anspannung, zu sitzen.

Sitzen auf einem Stuhl
Am besten sind harte Stühle von 45 Zentimetern Sitzhöhe geeignet. Gepolsterte Stühle suggerieren eher Ausspannen und Schlafen, es fällt schwerer, aufgerichtet zu sitzen, ohne zusammenzusinken.
Die Teilnehmerinnen sitzen frei, ohne sich anzulehnen, etwas abgerückt von der Lehne in Richtung der vorderen Stuhlkante. Dies ist besonders wichtig, wenn die Sitzfläche nicht eben ist. Die Füße haben guten Kontakt zum Boden und liegen bei ein wenig geöffneten Beinen parallel nebeneinander, Ober- und Unterschenkel sind im rechten Winkel zueinander. Die Knie sollten nicht höher stehen als die Hüftgelenke, wie es bei niedrigen Stühlen der Fall ist.

- In dieser Position können die beiden Sitzhöcker (Beckenbodenknochen) gespürt werden.
- Das Becken kann mit den Händen an den Beckenknochen auf und ab bewegt werden, um die richtige Beckenstellung zu finden.
- Kleine Pendelbewegungen über den Körperschwerpunkt hinweg erleichtern es, ins Gleichgewicht zu kommen.
- Fordern Sie die Teilnehmerinnen auf, kleine kreisende Bewegungen zu machen, um in der Mitte zur Ruhe zu kommen.
- Die Hände liegen locker geöffnet auf den Beinen.
- Die Sitzhaltung ist dann ideal, wenn der Rücken, von der Wirbelsäule getragen, gerade bleibt und alle anderen Muskeln vollkommen locker sind.
- Der Kopf sollte auf der Halswirbelsäule, wie von einem unsichtbaren Faden nach oben gezogen, frei schweben.
- Wichtig ist die Entspannung der Gesichtsmuskulatur. Manchmal kann ein Lächeln dabei helfen.

Ein inneres Bild benutzen

Beim Sich-Aufrichten und Einpendeln in der Sitzhaltung kann ein inneres Bild eingesetzt werden. Wie eine Tanne in den Wäldern, so gerade und aufgerichtet sitzen die Teilnehmerinnen da. Um Spannungen in den Schultern aufzulösen, hilft es, an die lang herunterhängenden Äste der Tanne zu denken. Alles Beschwerliche gleitet ab. Die Schultern fallen zu lassen, ist eine Geste der Gelassenheit gegenüber dem äußeren Geschehen. Sich wie eine Tanne zu fühlen, erinnert an Verwurzeltsein und den Waldboden als gemeinsame Basis.
Geben Sie den Teilnehmerinnen ausreichend lange Zeit, das aufrechte Sitzen auf einem Stuhl oder Hocker als Ausdruck einer inneren Haltung auszuprobieren.

Variante: Baummeditation

- Stell dir vor, du sitzt vor einem schönen großen Baum.
- Du siehst die Wurzeln, wie sie tief verzweigt in die Erde hineinreichen.
- Du lässt deinen Blick am Stamm entlang gleiten.
- Du kannst in deiner Vorstellung die Rinde fühlen.
- Dein Blick gleitet höher nach oben.
- Du siehst die Äste in ihren vielen Verzweigungen.
- Über dir wölbt sich die Baumkrone und durch das Blätterdach hindurch siehst du den Himmel.
- Fühle dich jetzt ein wenig selber wie ein Baum.
- Ruhig, gelöst, entspannt.
- Spüre, wie dein Atem beim Einatmen nach oben fließt und beim Ausatmen nach unten an der Wirbelsäule entlang.

Sitzhaltungen am Boden

Das Sitzen auf dem Boden vermittelt ein Gefühl von Sicherheit und Geerdetsein. Die klassische Meditationshaltung ist der Lotussitz, der für die meisten westlichen Menschen zu schwierig ist. Es erfordert eine längere Übungszeit, um die dafür erforderliche Beweglichkeit der Hüft- und Beingelenke zu erreichen. Sie können den Teilnehmerinnen verschiedene Alternativen vorstellen, die alle Stabilität vermitteln und für die Meditation geeignet sind.

Der Schneidersitz oder »einfacher Sitz« (Sukhasana)

Die bekannteste Sitzhaltung am Boden ist der Schneidersitz. »Sukha« bedeutet »der Leichte, der Angenehme« – es ist der Name für eine Yoga-Sitzposition, die jeder lernen kann. Früher saßen die Schneider in dieser Position auf dem Tisch, daher der Name »Schneidersitz«.
Die Teilnehmerinnen sitzen mit ausgestreckten Beinen auf dem Boden. Sie überkreuzen Füße und Beine und ziehen mit den Händen beide Füße so nah an den Körper heran, dass sie noch bequem sitzen können. Das Gewicht wird abwechselnd auf die rechte und linke Gesäßhälfte verlagert, um die angenehmste Sitzposition zu finden.

Schneidersitz in Varianten

Variante:

Ein Bein liegt vor dem anderen am Boden, die Fersen sind möglichst dicht an den Körper herangezogen. Das Becken ist aufgerichtet – die Schulterblätter auseinander geschoben. Für diese Position können auch ein Meditationskissen oder eine zusammengerollte Decke unter das Gesäß geschoben werden. Durch die erhöhte Beckenstellung wird die Aufrichtung der Wirbelsäule erleichtert.

Halber Lotussitz

Halber Lotussitz

- Der rechte Fuß liegt am linken Oberschenkelansatz.
- Der linke Fuß wird auf die Oberseite des rechten Oberschenkels platziert.
- Unter dem Gesäß liegen eine zusammengerollte Decke oder ein Kissen. Die Knie sollten den Boden berühren.

Fersensitz

Lassen Sie die Teilnehmerinnen danach den Fersensitz ausprobieren, der auch mit Hilfe eines Meditationsbänkchens ausgeführt werden kann. Die Teilnehmerinnen lassen sich aus dem Kniestand heraus in den Fersensitz hinunter. Der Brustkorb ist ein wenig angehoben, die Bauchdecke etwas nach innen gezogen. Die Schultern fallen entspannt nach unten.
Bieten Sie, wenn vorhanden, Meditationsbänkchen an, die Beine und Füße vom Druck des Körpergewichtes entlasten. Auch eine zusammengerollte Decke, auf die man sich rittlings setzt, ist eine Hilfe beim Sitzen auf den Fersen. Ebenso kann ein Kissen zwischen Gesäß und Oberschenkel geschoben werden.

Konzentration auf ein Mantra

»Mantra« bedeutet wörtlich »Denkwerkzeug« und sinngemäß »das, was den Geist beruhigt«. Ein Mantra kann aus einer oder mehreren Silben bestehen. Das bekannteste aller Mantras ist die Silbe »Om«, die das Absolute repräsentiert. Beim Meditieren bewirkt das ständige Wiederholen des Mantras Konzentration auf einen Punkt unter allmählicher Ausschaltung anderer Gedanken. Mantra-Yoga ist uralt und geht auf die rituellen Anfänge der Yoga-Tradition zurück. Das Rezitieren des Mantras diente damals wie heute als Instrument zur Beruhigung und Konzentration des Geistes.

Die Teilnehmerinnen sitzen mit geschlossenen Augen in verschiedenen Sitzpositionen am Boden, einige bevorzugen vielleicht das Sitzen auf einem Stuhl. Daumen- und Zeigefingerkuppe der jeweils rechten und linken Hand berühren einander (Jnana-Mudra).

Um erste Erfahrungen mit Meditation zu machen, ist ein Mantra als Konzentrationsobjekt gut geeignet. Es fällt den meisten Menschen leichter, die Aufmerksamkeit konstant zu halten, wenn diese auf ein Wort oder eine Silbe gelenkt wird.
Beginnen Sie die Meditationsübung mit der Konzentration auf die Wirbelsäule und die Körperrichtung:

- Richten Sie Ihre Aufmerksamkeit auf Ihre Wirbelsäule. Beim Einatmen atmen Sie in Ihrer Vorstellung vom Steißbein bis zur Halswirbelsäule, beim Ausatmen den gleichen Weg zurück. Richten Sie sich mit jedem Atemzug ein wenig mehr auf.
- Die Gesichtsmuskeln sind locker und gelöst, die Kau- und Kiefermuskeln entspannt, die Augenlider ruhig.
- Sprechen Sie innerlich in einem selbst gewählten Rhythmus »om shânti« (übersetzt Frieden, Harmonie). Sie können beim Einatmen »om« wiederholen, beim Ausatmen »shânti«. Ersetzen Sie Ihre Gedanken durch das Mantra »om shânti«.

Insgesamt sollte die Übung zehn bis 15 Minuten dauern.

Variation:
Ein Wort aus dem eigenen Sprachgebrauch benutzen
Sanskritworte haben symbolhafte Bedeutung und einen besonderen Klang. Sie sind reich an Vokalen, die Resonanzen im Körper hervorrufen. Falls Ihnen das Mantra »om shânti« zu fremd ist, wählen Sie ein Wort oder eine Silbe aus dem eigenen Wortschatz. Sie können sich gemeinsam mit der Gruppe auch auf Worte wie Ruhe, Stille konzentrieren und diese im eigenen Rhythmus innerlich wiederholen. Stimmen Sie sich auch gefühlsmäßig auf Ruhe und Stille ein.

Fersensitz mit Hilfsmitteln

Geben Sie Gelegenheit zu einer kurzen Äußerung und geben Sie für das Üben zu Hause einige Hilfestellungen:

- Anfangs lieber nur wenige Minuten meditieren, dafür aber mehrmals am Tag.
- Einen festen Platz für die Meditation einrichten und dort eine angenehme Atmosphäre schaffen.
- Frische Kleidung und ein Duschbad vor der Meditation sind eine gute Einstimmung.
- Atem- und Körperübungen vor der Meditation lösen Spannungen auf und verhelfen zu einer friedlichen, entspannten Grundstimmung. Die wechselseitige Nasenatmung (*siehe Seite 75*) ist z. B. als vorbereitende Übung gut geeignet.
- Meditationslehrerinnen empfehlen die frühen Morgen- und Abendstunden als besonders geeignete Zeiten zum Meditieren.
- Bei großer Unruhe hilft es, den Geist zunächst eine Weile frei schweifen zu lassen, nach dem Motto »Die Gedanken dürfen da sein«. Danach fällt es leichter, die Aufmerksamkeit auf den gewählten Konzentrationsgegenstand zu lenken.

Mit Mandalas die Mitte finden

Mandalas gemeinsam zu gestalten oder Mandala-Vorlagen auszumalen, sind weitere Möglichkeiten, die Erfahrung von Stille in einer ruhigen Atmosphäre zu vermitteln.

Aus Naturmaterialien gestalten Sie in Kleingruppen ein Mandala. Je nach Gruppengröße können vier bis fünf Teilnehmerinnen ein Mandala legen.
Kastanien, Eicheln, getrocknete Blätter und Blüten, Muscheln, Steine, Schneckenhäuser, Wurzeln, Baumrinden, auch Beeren und Früchte sind geeignet. Am besten ist es, wenn alle etwas mitbringen. Auf einer strapazierfähigen Unterlage breiten Sie das Material übersichtlich geordnet aus. Eine einfarbige Decke oder ein Bettlaken dienen als Untergrund. Mit einem Stoffmalstift können die äußere Kreislinie und ein Mittelpunkt vorgegeben werden.
Vom Zentrum ausgehend beginnen die Teilnehmerinnen das Mandala zu gestalten. Im kreativen Tun entwickelt sich ohne Worte eine entspannte Atmosphäre.

Nach der Fertigstellung kann jede Teilnehmerin zu dem »Kunstwerk aus Natur« eine persönliche Deutung abgeben, die unkommentiert aufgenommen wird. Mandalas regen symbolhaftes Denken an. Symbole sind wie eine Schutzhülle für Bedürfnisse und Wünsche, die in stressigen Zeiten meist nicht ausreichend wahrgenommen werden können.

Variationen: Ein Mandala ausmalen

- Sie bringen verschiedene Kopien von Mandala-Vorlagen mit, die es mittlerweile in großer Auswahl in fast jeder Buchhandlung zu kaufen gibt. Im Anhang (*siehe Seiten 122 bis 127*) finden Sie einige Muster. Mit Mandalas aus verschiedenen Kulturen können Sie an die Vorlieben und Neigungen der Teilnehmerinnen anknüpfen. Diese wählen eine Vorlage aus, die sie besonders anspricht.
- Alle bekommen die gleiche Vorlage. In diesem Fall sind die Teilnehmerinnen von dem Gruppenergebnis zumeist überrascht. Ein und dieselbe Vorlage wirkt durch die unterschiedliche Farbgebung der ganz individuell gestalteten Mandalas jedesmal anders. Jedes Mandala vermittelt einen eigenen optischen Eindruck.
- Sie können auch eine Mandala-Vorlage mit dem Zirkel anfertigen lassen. Es genügt, nur den Mittelpunkt und die Kreislinie zu markieren.

Stellen Sie genügend verschiedene Farbstifte in vielen Farbabstufungen bereit. Die Teilnehmerinnen sollen sich für eine Maltechnik entscheiden. Beim Ausmalen sollen sich die Teilnehmerinnen ganz von ihrer Intuition leiten lassen. Es können z. B. auch Flächen frei bleiben. Gedanken und Gefühle während des Malens sollen wahrgenommen werden, ohne sie zu werten.

Bevor das Ausmalen beginnt, können Sie zur Einstimmung eine Atemübung (*siehe Seite 73 ff.*) machen.

Während das Mandala gestaltet wird, sollte nicht gesprochen werden. Manche Gruppen mögen es gerne, wenn leise Musik im Hintergrund läuft.

Meditative Momente im Alltag

Nach der Gestaltung eines Mandalas laden Sie die Teilnehmerinnen ein, über meditative Momente im Alltag zu sprechen.
Folgende Fragen können das Gespräch anregen:

- Haben in Ihrem Leben meditative Momente einen Platz?
- Welche Erfahrungen und Erlebnisse verbinden Sie mit Stille?
- Was kann ich tun, damit für meditative Momente in meinem Alltag mehr Raum ist?

Reflektieren Sie abschließend noch einmal die verschiedenen Formen der »Hilfen gegen Stress« in diesem und den anderen Treffen. Was war besonders hilfreich? Was wurde in den Alltag eventuell schon übernommen?

Falls Sie noch ein Treffen anschließen, sollten Sie mit der Gruppe vereinbaren, welchen Schwerpunkt sie gerne in diesem letzten Treffen vertiefen möchte.
Falls dies Ihr letztes Treffen ist, sollten Sie mit der Gruppe ein Abschlussritual durchführen. Wie wäre es zum Beispiel mit der Gehmeditation aus dem Beginn des ersten Treffens?

Gut zu wissen: Zusatzinformationen

Was ist Meditation?

Meditation hat mit Sammlung des Geistes zu tun, mit Konzentration und Kontemplation, mit Versenkung, Stille, Rückzug der Sinne von der Außenwelt, Hinwendung zu inneren Erfahrungen, Erforschung der Innenwelt.

Bewusst oder unbewusst sind alle Menschen auf der Suche nach dem Frieden in ihrer Seele, den die Meditation bringen kann. In dem Wort Meditation schwingt die Verheißung, auch im hektischen Chaos und unter schwierigen Lebensumständen einen Ort der besinnlichen Ruhe und Kraft finden zu können, mit. Meditation ist so gesehen das Gegenteil von Stress, der Körper und Psyche alarmiert und Kraft kostet.

Heute werden alle möglichen Entspannungsübungen, Tanz- und Bewegungsarten als Meditation bezeichnet. Meditation im engeren Sinne ist ein Zustand, der durch Stille gekennzeichnet ist. Es gehört eine bestimmte Körperhaltung dazu, die Körperstille begünstigt und die eine bewusste Beruhigung des Organismus einschließt. Meditation beinhaltet ebenso eine mentale und emotionale Stille – sie führt zur Beruhigung der Gedanken und Gefühle.

Meditation unterscheidet sich von Entspannungsübungen durch die bewusste Ausrichtung auf eine erweiterte Bewusstseinsebene. W. Linden weist darauf hin, dass Meditation zwar mit Entspannungsverfahren vieles gemeinsam hat, letztlich aber doch einzigartig ist.
Meditation ist nicht als Entspannungstherapie konzipiert worden, sie ist eine Form religiöser, spiritueller Praxis. Sie wird meistens nicht in standardisierter Form praktiziert und die wissenschaftliche Zugehensweise ist nicht leicht mit der ursprünglichen Absicht der Meditation zu vereinen.
Handbuch der Entspannungsverfahren, Bd. 1, S. 215

Gemeinsam mit Entspannung ist

- sich auf eine Sache konzentrieren zu können,
- Probleme nicht zu generalisieren,
- ein Gefühl der Kontrolle zu entwickeln,
- das Vertrauen, Ressourcen freisetzen zu können,
- der positive Transfer der in der Meditation erworbenen Fähigkeiten auf andere Lebensbereiche.

Die physiologischen Veränderungen, die bei der Praxis der Meditation beobachtet wurden, sind die gleichen, die bei der Ausübung von Entspannungsverfahren gemessen werden (*siehe Seite 53 f.*).

Bezogen auf die Stressthematik ist wesentlich, dass alle Meditationsrichtungen hilfreich sind, wenn es darum geht, seelische und körperliche Anspannungen aufzuspüren und loszulassen Sie schärfen den Blick für das Wesentliche und verhelfen mehr zu innerer Ruhe und Klarheit.

In der langen Tradition des Meditierens gibt es eine große Vielfalt von Formen und Zugangsweisen:

- Buddhisten richten ihre Aufmerksamkeit auf die Atmung.
- Mystiker suchen die Vereinigung mit Gott.
- Zen-Buddhisten rätseln über einen Koan.
- Christen beten oder üben sich in Kontemplation.
- Sufis tanzen.
- Der Yogi sucht in der Meditation die Verbindung des individuellen Bewusstseins mit dem kosmischen Bewusstsein.

So verschieden die einzelnen Meditationstechniken auch sein mögen: Sie zielen alle darauf ab, zu innerem Frieden und zu einem höheren Bewusstsein zu gelangen. Während in der östlichen Sichtweise und der westlichen religiösen die spirituelle Dimension betont wird, sehen westliche Physiologen den Sinn der Meditation primär in der körperlichen Entspannung. Psychotherapeuten sehen in der Meditation vorwiegend ein Hilfsmittel, unerledigte Konflikte und Stress bearbeiten zu können.

Meditation im Yoga

Zusammengefasst in den Yoga-Sutras des Weisen Patanjali stellen die acht Glieder des Raja-Yoga eine fortlaufende Reihe von Schritten und Disziplinen dar, die Körper und Geist reinigen und auf die höheren Techniken von Konzentration und Meditation vorbereiten:

- Yamas (fünf moralische Gebote)
- Nyamas (fünf positive Eigenschaften)
- Asanas (Körperübungen – Hatha-Yoga)
- Pranayama (Regelung des Atems)
- Pratyahara (Zurückziehen der Sinne nach innen)
- Darana (Konzentration)
- Dhyana (Meditation)
- Samadhi (Überbewusstsein)

Im Yoga geht man davon aus, dass sich der Geist durch Konzentration stärken und schärfen lässt. Fortgesetzte Meditation bewirkt Zielstrebigkeit, Willenskraft, klares und kontrolliertes Denken. Wenn die Bewegungen des Geistes zur Ruhe gekommen sind, hat man nach der Quelle der Vorstellung im Yoga Zugang zur Quelle der inneren Weisheit und Intuition. Statt sich mit Gefühlen, Taten und Gedanken zu identifizieren, werden sie genau wie in der Achtsamkeitsmeditation leidenschaftslos betrachtet. Ziel ist es, Kontrolle über Geist und Körper zu erlangen.

Konzentration

Wie die Erfahrung mit Konzentrations- und Meditationsübungen zeigt, führen die Gedanken ein Eigenleben. Die »Gedankenmühle« im Kopf, trotz körperlicher Müdigkeit nicht abschalten zu können, ist ein Haupt-Stressfaktor. Konzentrations- und Meditationsübungen dienen dazu, aus der Rolle eines neutralen Beobachters heraus Gedanken und Vorstellungen vorbeiziehen zu lassen, ohne sich mit ihnen zu identifizieren. Dadurch verlieren sie an Macht. Es entwickelt sich die Fähigkeit, innere Ruhe einkehren zu lassen.

Der Geist wird ständig bewegt durch Gedankenformation. Je mehr Wünsche, Erinnerungen und Gedanken in das Feld der bewussten Wahrnehmung gelangen, desto unruhiger und zerstreuter wird der Geist. Systematische Konzentrationsübungen dienen zur bewussten Lenkung der Gedanken und zur Befreiung von negativen Gedankeninhalten.

Im Yoga wird eine Unterscheidung zwischen automatischer und willentlicher Konzentration getroffen. Automatische Konzentration manifestiert sich unabhängig vom Willen im Geist, z. B. in Form von Fixierungen auf selbstquälerische Gedanken. Willentliche Konzentration hingegen ist immer ein Prozess, der freiwillig ist. Fortwährende Übung ermöglicht es, den Geist von einem Zustand, in dem lähmende, zerstörerische Gedanken vorherrschen, zurückzuziehen und ihn auf etwas Positives, Kraftgebendes zu lenken.

Willentliche Geisteskonzentration, die Lenkung des Geistes, ist das Wesen von Yoga. Die Kunst der Konzentration wird in allen Yoga-Disziplinen entwickelt. Sie soll zu innerem Frieden führen und eine größere Unabhängigkeit von den Wechselfällen des Lebens ermöglichen.

In der Meditation entfaltet sich Konzentration als eine Art schwebende Aufmerksamkeit, die einen Entschluss voraussetzt, aber nicht willentlich erzeugt werden kann. Die Konzentrationsphasen ohne ablenkende Gedanken sind anfänglich kurz und werden mit zunehmender Übung länger. Der Übergang zum meditativen Zustand ist fließend.

Während der Konzentration hält man den Geist an festen Zügeln; während der Meditation sind die Zügel nicht mehr notwendig, denn der Geist bleibt aus freien Stücken auf einer einzigen Gedankenwelle. Swami Viskum

Konzentration lässt sich entwickeln, indem ein bestimmtes Objekt, beispielsweise der Atem, ein inneres Bild oder ein Wort in den Brennpunkt der Aufmerksamkeit gerückt wird. Dies bezeichnet man als »einspitzige Konzentration«. Durch intensive Konzentrationsübung entwickelt sich eine stabile innere Ruhe, die nicht so leicht zu erschüttern ist.
Die Fähigkeit, Ruhe und Gelassenheit in den gegenwärtigen Moment hineinzubringen, bildet die Grundlage für Achtsamkeit im Alltag. Um die Vernetztheit von Dingen und Ereignissen im sozialen Umfeld vor dem Hintergrund eigener Erfahrungen erkennen zu können, ist geschulte Aufmerksamkeit erforderlich.

Einpunktige Konzentration und Achtsamkeit ergänzen einander. Sie sind wie das Licht eines Scheinwerfers, der sich auf einen Punkt richten kann oder mit seinem Kegel eine ganze Szene erfasst.

Wie in den anderen Bausteinen schon dargestellt, versetzen angstbesetzte Gedanken und Vorstellungsbilder den Körper ebenso in Alarmbereitschaft wie äußere Stressoren. Die Unterdrückung oder Verdrängung negativer Gedanken ist kein Ausweg. In der Meditation besteht dagegen die Möglichkeit, die belastenden Gedanken und Gefühle angstfrei anschauen zu können. Dadurch ist es möglich, sich von ihnen zu lösen.

Die Wirkung von Meditation beruht nach Schwäbisch/Siems auf folgenden sechs Punkten:

- Die Psyche der meisten Menschen ist angefüllt mit alten Stressoren, unangenehmen und angstbesetzten Informationen. Diese sind meistens unbewusst.
- Die Stressoren versetzen den Organismus in erhöhte Alarmbereitschaft. Innere Reize werden schnell zur Bedrohung und müssen deswegen abgewehrt werden. Diese doppelte Belastung führt zu Schädigungen der Psyche wie des Körpers.
- Durch Meditation kommt der Organismus in einen Zustand der Tiefenentspannung, in dem er sich erholen kann. Gleichzeitig ist der Geist hellwach.
- Während der Meditation werden alte Stressoren gelöst, das heißt, durch den Vorgang der Desensitivierung werden verdrängte innere Reize von der mit ihnen assoziierten Angst abgekoppelt und damit dem Bewusstsein wieder zugänglich.
- Außerdem wird während der Meditation ein Gefühl der Geborgenheit, Selbstakzeptanz und angenehmen Gelöstheit erfahren, das als Stärkung des Grundvertrauens heilsam wirkt.
- Das Ergebnis ist eine größere Selbstakzeptanz, weniger Belastung durch alte Stressoren, mehr Bewusstheit. Es muss weniger Energie zur Verdrängung unangenehmer psychischer Inhalte verbraucht werden, also bleibt mehr Energie zur konstruktiven Auseinandersetzung mit der Umwelt übrig.

Auch die buddhistische Achtsamkeitspraxis lässt sich mit diesem westlichen Verständnis vereinbaren, weil auch dort die Bearbeitung und Bewältigung alter Stressoren ein wichtiges Anliegen sind. Achtsamkeit als Meditationsmethode leitet einen systematischen Prozess der Selbstbeobachtung, der Selbsterforschung und des achtsamen Handelns ein. Unbewusst ablaufende Denk- und Verhaltensmuster, die Stress auslösen, gelangen ins Bewusstsein und sind einer Bearbeitung zugänglich.
Achtsamkeit ist zugleich eine praktische Methode, die sich auf jede Tätigkeit im Alltag anwenden lässt.

Alltagsstress macht sich gerne in Form von Verspannungen bemerkbar, die vor allem im Schulter-Nacken-Bereich, im Ober- und Unterkiefer sowie der Stirn festsitzen. Will man die Verspannungen lösen, muss man sie zuerst einmal bemerken und erkennen, dass sie da sind. In der Achtsamkeitsmeditation lenkt man z.B. die Aufmerksamkeit in den Körper, nimmt Verspannungen wahr, beobachtet zentrale Funktionen wie die Atmung, Körperempfindungen und Denkabläufe. Auch lernt man Spannungs- und Entspannungszustände zu unterscheiden und weiß, wie es sich anfühlt, völlig entspannt zu sein.

Meditationsformen

Man kann konzentrative und rezeptive Meditationsformen unterscheiden.

Bei den rezeptiven Formen akzeptiert die praktizierende Person einen Zustand der Ziellosigkeit und gestattet es jedem Gedanken und jedem Bild, ins Bewusstsein zu gelangen. Die Zen-Meditation ist nach dieser Einteilung eine typische Form der rezeptiven Meditation.

Die konzentrative Meditation ist die im Westen bekanntere und im therapeutischen Kontext häufiger eingesetzte Form der Meditation. Der Praktizierende konzentriert sich z. B. auf einen Klang, auf eine Silbe oder ein Wort (Mantra-Meditation), auf die Atmung, ein inneres Bild oder auf etwas anderes. In der Konzentration auf die Atmung können die Atemzüge gezählt werden oder der Atem wird an einer bestimmten Körperstelle wahrgenommen. Auch hier gibt es viele verschiedene Techniken.

Natürliches Mandala

Allen Formen ist die rezeptive Grundhaltung gemeinsam: Der meditative Zustand kann nicht erzwungen werden – man muss ihm Raum geben.

Mandalas

Kreative oder künstlerische Beschäftigung regen die assoziative Art des Denkens an. Um ein Gleichgewicht zwischen logischem und assoziativem Denken zu erreichen, ist die Gestaltung eines Mandalas gut geeignet. Durch die geometrischen Formen des Mandalas wird auch die logisch-analytische Denkart aktiviert. Physiologen haben herausgefunden, dass Mandalas beruhigend auf das Sehzentrum wirken. Der kreisförmig-symmetrische Aufbau von Mandalas entspricht der inneren Struktur der Netzhautzellen, die die ankommenden Signale zum Sehzentrum übertragen. Gestaltpsychologen verwenden dafür den Begriff Isomorphie: Wahrnehmungsstrukturen und die Struktur des Objektes der Wahrnehmung stimmen überein.
Beim Betrachten eines Mandalas wird der zunächst unstete Blick ganz intuitiv durch den äußeren Rand begrenzt. Es geschieht eine unwillkürliche Sammlung, eine Konzentration, die sich immer mehr auf den Mittelpunkt ausrichtet. Die harmonische Ordnung und der symmetrische Aufbau des Mandalas wirken sich auf psychischer Ebene als Konzentrationsfindung und Gedankenberuhigung aus.

Das Wort »Mandala« kommt aus der indischen Sanskrit-Sprache und bedeutet »Kreis«, »Ursprung«. Mandalas in der Urform des Kreises gibt es in allen Kulturen. Der Kreis als Urform symbolisiert im Mandala den Kosmos, das Leben, die Schöpfung. Das schon in prähistorischen Kulturen verbreitete Sonnenrad ist ein uraltes Mandala, das für den unendlichen Kreislauf des Lebens steht.

Auch im Tanz, eine der ältesten Ausdrucksformen der Menschheit, taucht die Kreisform auf. Folkloristische und meditative Kreistänze haben einen imaginären Mittelpunkt, der ein Baum, ein Brunnen, ein Feuer oder eine andere gemeinsame Idee sein kann. Sich in einem Tanzkreis zu bewegen oder um einen runden Tisch herum zu sitzen, vermittelt Geborgenheit und Aufgehobensein.

Diese mit der Kreisform verbundenen Bilder und gefühlsmäßigen Assoziationen sind bei Menschen rund um den Erdball anzutreffen. C. G. Jung, der bekannte Psychoanalytiker, hat in seinen langjährigen Forschungen belegt, dass Menschen verschiedener Kulturen und Zeiten die ganzheitliche Kraft der Mandalas erfahren haben. Er schreibt, dass in gemalten Mandalas seelische Strukturen zum Ausdruck kommen, die über das Individuelle hinausgehend einen archetypischen Symbolgehalt haben. Seine Erfahrungen im Umgang mit Patienten haben gezeigt, dass die Beschäftigung mit der äußeren Ordnung des Mandalas zu innerer Ordnung führt.

Mandalas werden heute vielfältig eingesetzt. Sie haben Eingang in Therapien, in die Bereiche Gesundheit und Erwachsenenbildung und in die Schulen gefunden. Bei Kindern und Erwachsenen ist das Ausmalen und Gestalten von Mandalas – frei vom Leistungsprinzip – gleichermaßen beliebt.

In einer Zeit der unendlich vielen Reize und Informationen bieten Mandalas eine einfache Möglichkeit, die Erfahrung von Ganzheit und Sammlung zu machen. Für manche Menschen sind Mandalas ein Weg in die eigene innere Mitte.

Fragebogen zum Kohärenzsinn

(nach Antonovsky, Quelle: Aaron Antonovsky: Salutogenese. Hrsg. v. Alexa Franke, DguT, Tübingen 1997, S. 192–196)
Die folgenden Fragen beziehen sich auf verschiedene Aspekte Ihres Lebens. Auf jede Frage gibt es sieben mögliche Antworten. Bitte kreuzen Sie jeweils die Zahl an, die Ihre Antwort ausdrückt. Geben Sie auf jede Frage nur eine Antwort.

1. Wenn Sie mit anderen Leuten sprechen, haben Sie das Gefühl, dass diese Sie nicht verstehen?

habe nie dieses Gefühl	1	2	3	4	5	6	7	habe immer dieses Gefühl

2. Wenn Sie in der Vegangenheit etwas machen mussten, das von der Zusammenarbeit mit anderen abhing, hatten Sie das Gefühl, dass die Sache …

keinesfalls erledigt werden würde	1	2	3	4	5	6	7	sicher erledigt werden würde

3. Abgesehen von denjenigen, denen Sie sich am nächsten fühlen – wie gut kennen Sie die meisten Menschen mit denen Sie täglich zu tun haben?

Sie sind Ihnen völlig fremd	1	2	3	4	5	6	7	Sie kennen sie sehr gut

4. Haben Sie das Gefühl, dass es Ihnen ziemlich gleichgültig ist, was um Sie herum passiert?

äußert selten oder nie	1	2	3	4	5	6	7	sehr oft

5. Waren Sie schon überrascht vom Verhalten von Menschen, die Sie gut zu kennen glaubten?

Das ist nie passiert	1	2	3	4	5	6	7	Das kommt immer wieder vor

6. Haben Menschen, auf die Sie gezählt haben, Sie enttäuscht?

Das ist nie passiert	1	2	3	4	5	6	7	Das kommt immer wieder vor

7. Das Leben ist …

ausgesprochen interessant	1	2	3	4	5	6	7	reine Routine

8. Bis jetzt hatte Ihr Leben …

überhaupt keine klaren Ziele oder einen Zweck	1	2	3	4	5	6	7	sehr klare Ziele und einen Zweck

9. Haben Sie das Gefühl, ungerecht behandelt zu werden?

sehr oft	1	2	3	4	5	6	7	sehr selten oder nie

10. In den letzten zehn Jahren war Ihr Leben …

voller Veränderungen, ohne dass Sie wussten, was als nächstes passiert	1	2	3	4	5	6	7	ganz beständig und klar

11. Das meiste, was Sie in Zukunft tun werden, wird wahrscheinlich …

völlig faszinierend sein	1	2	3	4	5	6	7	todlangweilig sein

12. Haben Sie das Gefühl, in einer ungewohnten Situation zu sein und nicht zu wissen, was Sie tun sollen?

sehr oft	1	2	3	4	5	6	7	sehr selten oder nie

13. Was beschreibt am besten, wie Sie das Leben sehen?

Man kann für schmerzliche Dinge im Leben immer eine Lösung finden	1	2	3	4	5	6	7	Es gibt keine Lösung für schmerzliche Dinge im Leben

14. Wenn Sie über Ihr Leben nachdenken, passiert es sehr häufig, dass Sie …

fühlen, wie schön es ist zu leben	1	2	3	4	5	6	7	sich fragen, warum Sie überhaupt da sind

15. Wenn Sie vor einem schwierigen Problem stehen, ist die Wahl einer Lösung ...

immer verwirrend und schwierig	1	2	3	4	5	6	7	immer völlig klar

16. Das, was Sie täglich tun, ist für Sie eine Quelle ...

von tiefer Freude und Zufriedenheit	1	2	3	4	5	6	7	von Schmerz und Langeweile

17. Ihr Leben wird in Zukunft wahrscheinlich ...

voller Veränderungen sein, ohne dass Sie wissen, was als nächstes passiert	1	2	3	4	5	6	7	ganz beständig und klar sein

18. Wenn in der Vergangenheit etwas Unangenehmes geschah, neigten Sie dazu, ...

sich daran zu verzehren	1	2	3	4	5	6	7	zu sagen: *Nun gut, sei's drum, ich muss damit leben und weitermachen*

19. Wie oft sind Ihre Gefühle und Ideen ganz durcheinander?

sehr oft	1	2	3	4	5	6	7	selten oder nie

20. Wenn Sie etwas machen, das Ihnen ein gutes Gefühl gibt, ...

werden Sie sich sicher auch weiterhin gut fühlen	1	2	3	4	5	6	7	wird sicher etwas geschehen, das das Gefühl verdirbt

21. Kommt es vor, dass Sie Gefühle haben, die Sie lieber nicht hätten?

sehr oft	1	2	3	4	5	6	7	selten oder nie

22. Sie nehmen an, dass Ihr zukünftiges Leben ...

ohne jeden Sinn und Zweck sein wird	1	2	3	4	5	6	7	voller Sinn und Zweck sein wird

23. Glauben Sie, dass es in Zukunft i m m e r Personen geben wird, auf die Sie zählen können?

Sie sind sich dessen ganz sicher	1	2	3	4	5	6	7	Sie zweifeln daran

24. Kommt es vor, dass Sie das Gefühl haben, nicht genau zu wissen, was gerade passiert?

sehr oft	1	2	3	4	5	6	7	selten oder nie

25. Viele Menschen – auch solche mit einem starken Charakter – fühlen sich in bestimmten Situationen wie ein Pechvogel oder Unglücksrabe. Wie oft haben Sie sich in der Vergangenheit so gefühlt?

nie	1	2	3	4	5	6	7	sehr oft

26. Wenn etwas passiert, fanden Sie im allgemeinen, dass Sie dessen Bedeutung ...

über- oder unterschätzten	1	2	3	4	5	6	7	selten richtig einschätzten

27. Wenn Sie an Schwierigkeiten denken, mit denen Sie in wichtigen Lebensbereichen wahrscheinlich konfrontiert werden, haben Sie das Gefühl, dass ...

es Ihnen immer gelingen wird, die Schwierigkeiten zu meistern	1	2	3	4	5	6	7	Sie die Schwierigkeiten nicht werden meistern können

28. Wie oft haben Sie das Gefühl, dass die Dinge, die Sie täglich tun, wenig Sinn haben?

sehr oft	1	2	3	4	5	6	7	sehr selten oder nie

29. Wie oft haben Sie Gefühle, bei denen Sie nicht sicher sind, ob Sie sie kontrollieren können?

sehr oft	1	2	3	4	5	6	7	sehr selten oder nie

Stresslandkarte

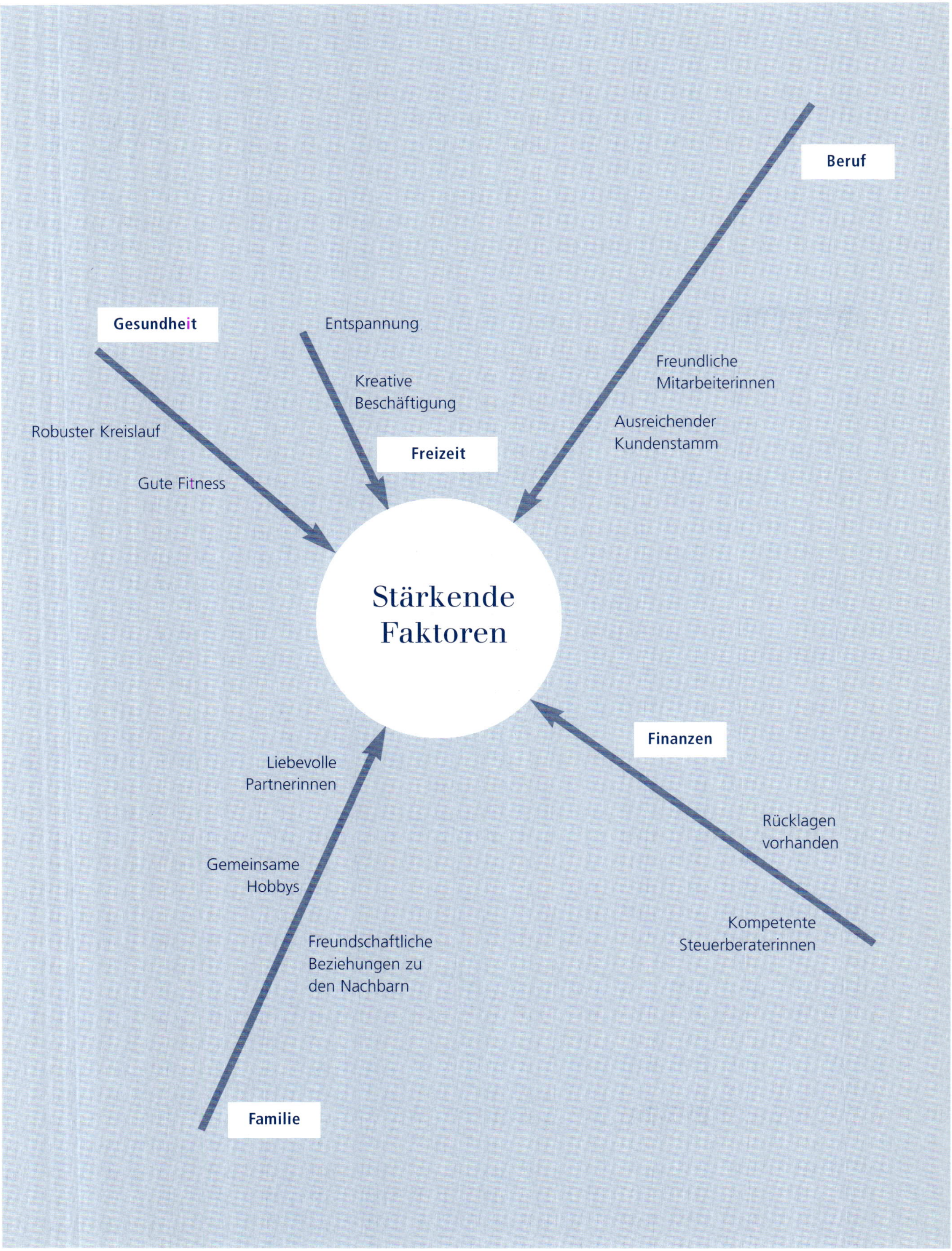

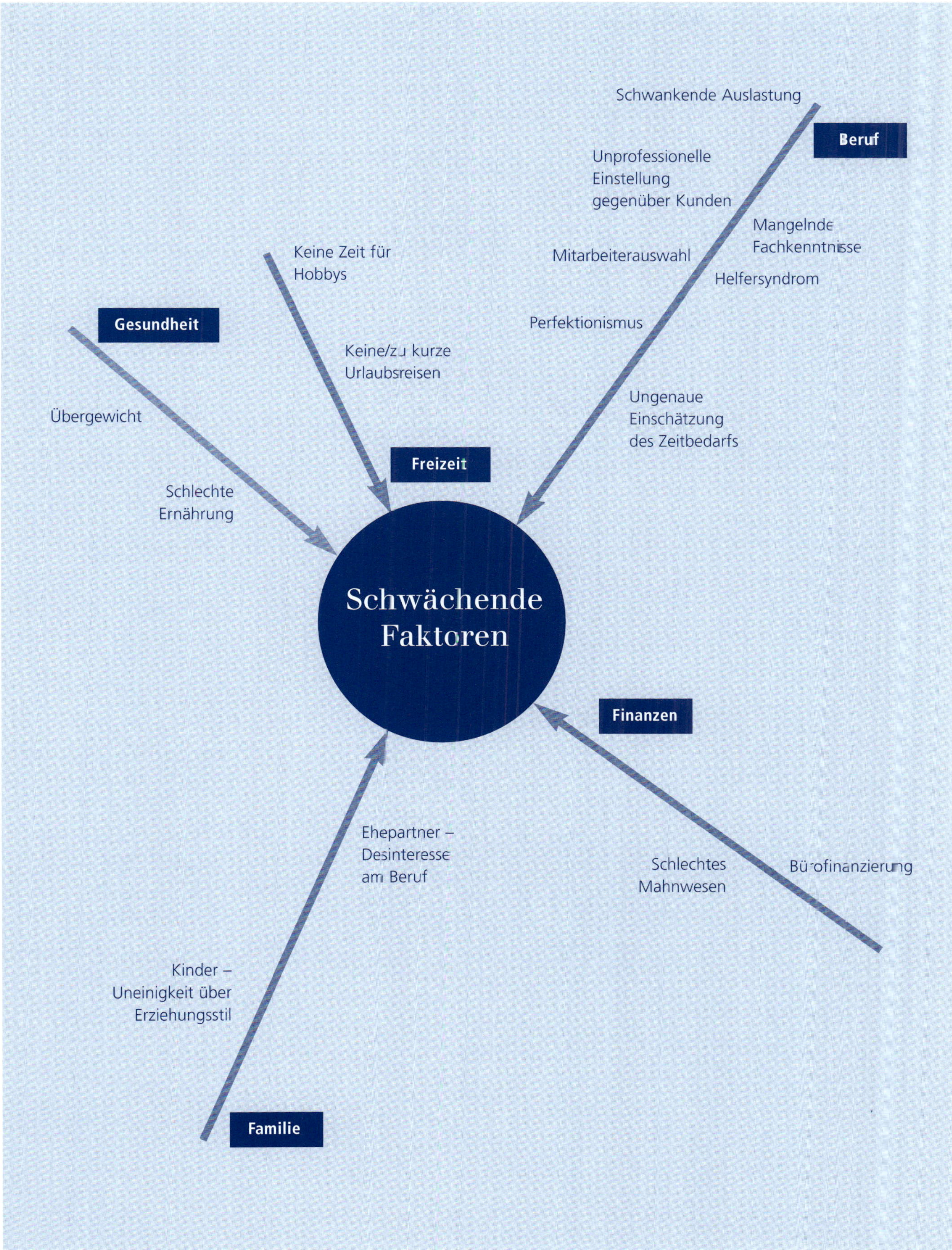
Schwankende Auslastung
Beruf
Unprofessionelle Einstellung gegenüber Kunden
Mangelnde Fachkenntnisse
Mitarbeiterauswahl
Helfersyndrom
Perfektionismus
Ungenaue Einschätzung des Zeitbedarfs
Keine Zeit für Hobbys
Keine/zu kurze Urlaubsreisen
Freizeit
Gesundheit
Übergewicht
Schlechte Ernährung
Schwächende Faktoren
Finanzen
Schlechtes Mahnwesen
Bürofinanzierung
Ehepartner – Desinteresse am Beruf
Kinder – Uneinigkeit über Erziehungsstil
Familie

Psychosomatik in Sprichworten

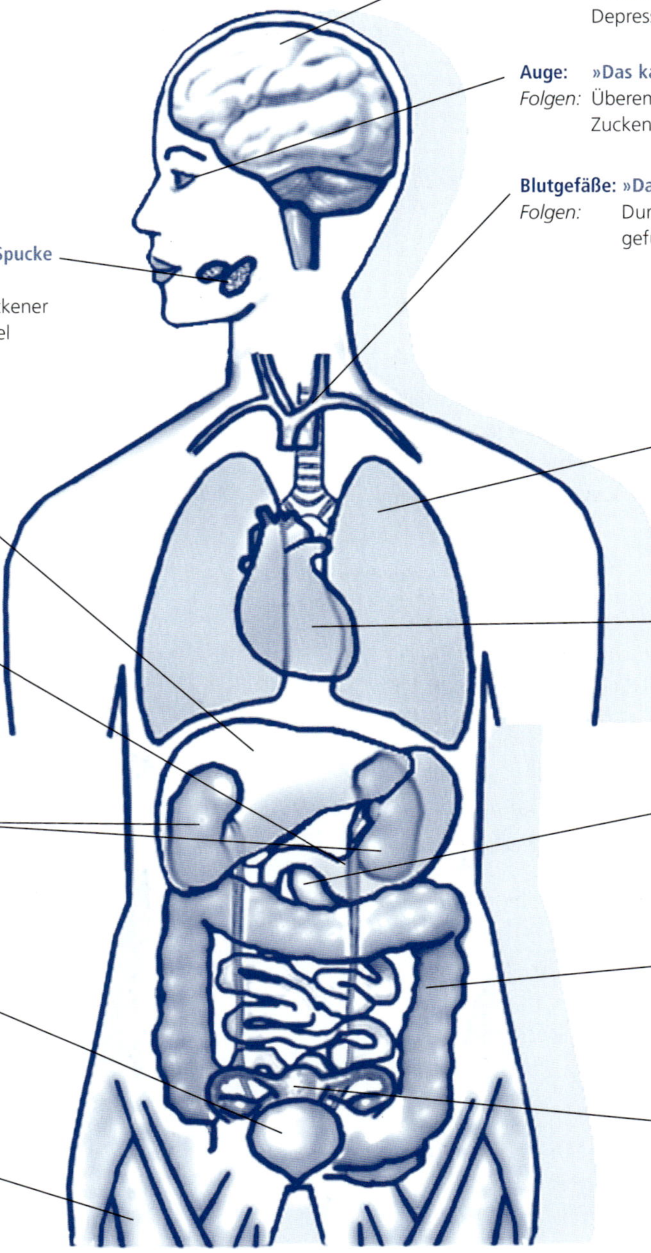

Speicheldrüse: **»Vor Schreck bleibt mir die Spucke weg.«**
Folgen: Ständiger Kloß im Hals, trockener Mund, bei zu wenig Speichel Verdauungsstörungen

Galle und Leber: **»Mir läuft vor Wut die Galle über.«**
Folgen: Erhöhte Leberwerte, Gallenblasenentzündung

Magen: **»Hab mir vor Wut ein Loch in den Bauch geärgert« oder »Bei mir schlägt alles auf den Magen.«**
Folgen: Magenschleimhautentzündung, Geschwüre

Nieren: **»Alles geht mir an die Nieren.«**
Folgen: Klopf- und Druckschmerzen, Nierenbeckenentzündung, Bluthochdruck

Blase: **»Das schlägt mir auf die Blase.«**
Folgen: Harndrang, Schmerzen beim Harnlassen, Entzündungen, Infektionen

Muskulatur: **»Ich bin vor Schreck wie gelähmt.«**
Folgen: Allgemeine Abgespanntheit, Krampfneigung, Rückenschmerzen

Gehirn: **»Alles steigt mir zu Kopf.«**
Folgen: Migräne, Kopfschmerzen, Konzentrationsstörungen, Schlafstörungen, Depressionen

Auge: **»Das kann ich nicht mehr ansehen.«**
Folgen: Überempfindlichkeit gegen grelles Licht, Zucken und Schleier vor den Augen

Blutgefäße: **»Das Blut gefriert mir in den Adern.«**
Folgen: Durchblutungsstörungen, Schwindelgefühle, kalte Hände oder Füße

Lunge: **»Etwas schnürt mir die Kehle zu.«**
Folgen: Atemnot wegen Sauerstoffmangel, zu schnelle flache Atmung (nach Luft schnappen), Asthmaanfälle

Herz: **»Ich dachte, ich krieg' einen Schlag.«**
Folgen: Herzrhythmusstörungen, Schmerzen und Stiche im Brustbereich, Angstgefühle wegen Infarktgefahr

Bauchspeicheldrüse: **»Der Stress frisst mich auf.«**
Folgen: Hungergefühl, Schwäche, Schweißausbruch, Unterzuckerung

Darm: **»Ärger schlägt mir auf den Darm.«**
Folgen: Stuhldrang, Blähungen, chronische Verstopfung, Durchfälle

Geschlechtsorgane: **»Ich habe zu nichts mehr Lust.«**
Folgen: Menstruationsbeschwerden, Verlust der Libido, Impotenz

Arbeitsbogen: Die Sichtweise verändern

Wer ist gestresst? – Sechs Reaktionen, ein Stressor
(*vgl. Kursbuch*)

Versetzen Sie sich in folgende Situation:
In einem Mehrfamilienhaus wohnt eine junge Familie mit einem drei Monate alten Säugling, der jeden Abend zur gleichen Zeit eine Stunde lang schreit. Er leidet unter für dieses Alter typischen Blähungen. Der gleiche Reiz, in diesem Fall das Schreien des Säuglings, löst ganz unterschiedliche Reaktionen aus.

A Die Mutter hat alles Mögliche getan, um das Baby zu beruhigen. Sie ist völlig übermüdet und erschöpft, weil sie unter Schlafmangel leidet. Während sie das Baby herumträgt, wird sie immer nervöser und denkt: *Jetzt ist Frau B. bestimmt sauer, sie grüßt mich kaum noch in letzter Zeit.*

B In der Wohnung nebenan sitzt Frau B. an ihrem Schreibtisch und ist dabei, die längst fällige Steuererklärung zu machen. Als der Säugling zu wimmern anfängt, wird sie nervös und fühlt sich bei der Arbeit gestört. Sie denkt: *Nicht schon wieder! Das ist ja zum Wahnsinnigwerden! Das lasse ich mir nicht länger gefallen!*

C Über der jungen Familie wohnt eine alte Dame, die in eine spannende Lektüre vertieft ist. Als das Baby zu schreien anfängt, erinnert sie sich an die Zeit, als ihre Kinder klein waren. Sie denkt: *So etwas gab es früher nicht. Der Lärm ist unzumutbar bei der hohen Miete. Ich werde mich beschweren!*

D Als der junge Vater nach einem arbeitsreichen Tag das Haus betritt, hört er schon im Treppenhaus den weinenden Säugling. Sein erster Gedanke ist: *Das halte ich nicht aus.*
Am liebsten würde er auf der Stelle umkehren und das Haus wieder verlassen.
In der Wohnung sagt er seiner Frau: *So geht das nicht weiter. Wir bekommen noch die Kündigung. Außerdem verwöhnst du den Kleinen doch nur, wenn du ihn immer herumträgst. Lass ihn einfach mal schreien, dann ist das Problem in zwei Tagen vorbei.*

E Als der Hausmeister den Säugling schreien hört, denkt er: *Wenn ich das vorher gewusst hätte, hätte ich dem Hauswirt eine andere Familie empfohlen. Die Mutter kann noch nicht einmal ihr Kind beruhigen; außerdem versperrt der Kinderwagen den ganzen Eingang.*

G Die auf der gleichen Etage wohnende Klavierlehrerin fühlt sich beim Unterrichten gestört und denkt: *Jetzt kann ich noch nicht einmal mehr in Ruhe meine Stunden geben. Wenn das so weitergeht, laufen mir noch die Schüler davon.*

Welche Gedanken würden die einzelnen Hausbewohner entlasten? Welche Lösungsmöglichkeiten tun sich für die Beteiligten auf?
Versuchen Sie jetzt aus der Perspektive der sechs verschiedenen Personen die erlebte Situation umzudeuten, so dass die Situation eine andere Bewertung erhält und dadurch der Stressreiz entschärft wird. Notieren Sie Ihre Überlegungen neben den sechs Beispielen.

Übungsbeispiele für das Paraphrasieren

1. *Seit ich hier Abteilungsleiter bin, hat sich für mich schon einiges geändert. Die ehemaligen Kolleginnen und Kollegen sind doch recht zurückhaltend geworden; es kommt auch vor, dass ein Gespräch unterbrochen wird, wenn ich den Raum betrete. Dabei bemühe ich mich sehr, nicht den Vorgesetzten herauszukehren und allen Mitarbeitern gleich und fair zu begegnen.*

2. *Früher haben wir in der Freizeit noch regelmäßig etwas gemeinsam unternommen. Aber seitdem mein Mann diese neue Stelle angenommen hat, ist das ganz anders geworden. Er kommt abends schlecht gestimmt nach Hause, redet kaum noch mit mir und setzt sich vor den Fernseher, vor dem er dann meistens einschläft.*

3. *Ich arbeite jetzt schon seit fünf Jahren mit ihr in derselben Abteilung. Anfänglich hat die Zusammenarbeit gut geklappt. Aber jetzt überlege ich schon seit längerem, ob ich mich versetzen lassen sollte. Es kommt immer wieder zu Reibereien, weil sie mir vorschreiben will, wie ich meine Arbeit zu machen habe. Dabei habe ich viel mehr Erfahrung mit der Tätigkeit.*

4. *Am Anfang haben wir alle wichtigen Angelegenheiten in unserer Wohngemeinschaft gemeinsam besprochen und geregelt. Das hat sich aber nicht erhalten. Seit einiger Zeit kümmern sich die einzelnen Mitbewohner fast nur noch um ihre eigenen Dinge; ein gemeinsames Interesse gibt es kaum noch. Und da frage ich mich, ob ich nicht für mich etwas ändern müsste.*

5. *Ich weiß gar nicht, ob ich die Einladung annehmen soll. Er ist ja auch ganz freundlich und erkundigt sich nach meiner Frau und den Kindern. Dann gibt es aber auch immer mal wieder Situationen, in denen ich mich mit ihm überhaupt nicht verstehe und wir uns besser aus dem Wege gehen. Momentan haben wir eher Funkstille.*

6. *Ich mache diesen Job jetzt schon seit mehr als zehn Jahren und eigentlich macht er mir auch immer noch Spaß. Wir sind aber nur noch halb so viele Kolleginnen und Kollegen wie vor einigen Jahren, und die Anforderungen steigen immer noch. Etliche von uns haben sich schon eine andere, ruhigere Stelle gesucht. Eigentlich möchte ich hier nicht weg, aber ich weiß nicht, wie es weitergehen wird.*

7. *Wenn es möglich wäre, würde ich kein elektronisches Spielzeug kaufen. Nur wünschen es sich meine Kinder so sehr; ich will natürlich nicht, dass sie die einzigen sind, die dann nicht mitreden können. Und ich weiß auch nicht, ob es dann wirklich so schadet wie man oft lesen kann.*

Initialsätze für Ich-Botschaften

Trotz wiederholter Bitten, es zu schließen, lässt der Sacharbeiter in dem gemeinsamen Büro regelmäßig das Fenster offen stehen.
Sein Kollege sagt zu ihm: »…«

Während einer Autofahrt ist eine Frau nicht einverstanden mit den aus ihrer Sicht riskanten Überholmanövern.
Die Frau wendet sich an ihren Mann: »…«

In der Straßenbahn setzt sich eine ältere Dame auf einen leeren Platz neben einen Jugendlichen, der laute Musik hört.
Die Dame sagt zu dem Jugendlichen: »…«

In einem Betrieb lässt ein Kollege häufig sein schmutziges Geschirr in der Kaffeeküche stehen.
Eine Kollegin stört sich daran und sagt: »…«

Frau B. wird am Arbeitsplatz von ihrem Chef jedesmal richtig angeschrien, wenn sie einen Fehler macht.
Sie möchte das nicht hinnehmen und sagt: »…«

Herr N. bringt gerne abends unangekündigt noch etliche Freunde und Bekannte mit nach Hause.
Seine Frau ist damit nicht einverstanden und sagt: »…«

Eine Frau regt sich immer darüber auf, dass ihr Mann durch das Fernsehprogramm »surft« und sie keine Sendung zu Ende schauen kann.
Sie sagt zu ihm: »…«

Frau Z. ist aufgebracht darüber, dass sich ihre 16jährige Tochter nicht an der Hausarbeit beteiligt und alles herumliegen lässt.
Sie sagt zu ihrer Tochter: »…«

Ein Mitarbeiter fühlt sich bei der Urlaubsplanung in seinen Wünschen übergangen, obwohl er seinen Urlaub als Erster angemeldet hat.
Er sagt zum Vorgesetzten: »…«

Südamerika

Indianer

Tibet

Afrika

Mauren

Kelten

Antonovsky, A.: Salutogenese. Zur Entmystifizierung der Gesundheit. dgvt-Verlag, Tübingen 1997

Bamberger, G.: Lösungsorientierte Beratung. Beltz Verlag, Weinheim 1999

Blättner, B.: Gesundheit lässt sich nicht lehren. Professionelles Handeln von KursleiterInnen in der Gesundheitsbildung aus systemisch-konstruktivistischer Sicht. Klinkhardt Verlag, Bad Heilbronn 1998

Brand-Hetzel, C.: Autogenes Training. Heyne Verlag, München 1992

Brenner: Das große Buch der Entspannungstechniken. Humboldt Verlag, München 1989

Brüner/Hanewald: Yoga und Ayurveda. Düsseldorf 1994

Dalesi, E./Kersten, R.: Zen im Gehen. Benziger Verlag, Düsseldorf 1996

Ellis: Rational Emotive Therapie. Pfeiffer Verlag, München 1993

Ellis: Grundlagen und Methoden der RET. Pfeiffer Verlag, München 1997

Faller, R.: Autogenes Training. Falken Verlag, Niedernshausen 1993

Forschung und Praxis der Gesundheitsförderung Band 6: Was erhält Menschen gesund? Bundeszentrale für gesundheitliche Aufklärung, Köln 1998

Fromm, E.: Von der Kunst des Zuhörens. Heyne Verlag, München 1991

Grove, C.: Wie geht's? Wie steht's? – Körpererfahrung im Alltag. VHS-Handbuch und VHS-Kursbuch Ernst Klett Verlag, Stuttgart 1999

Handbuch der Salutogenese: Ullstein Medical Verlag, München 1998

Hatzelmann: Keine Macht dem Stress. Humboldt Verlag, München 1997

Höfler, H.: Atemtherapie und Atemgymnastik. Thieme Verlag, Stuttgart 1991

Kabat-Zinn: Gesund durch Meditation. Barth-Verlag, München 1995

Kabat-Zinn: Im Alltag Ruhe finden. Herder-Verlag, Freiburg 1998

Kriz, J.: Grundkonzepte der Psychotherapie. Beltz Psychologieverlagsunion, Weinheim 1994

Lamprecht/Johnen: Salutogenese. VAS, München 1997

Langen, D.: Autogenes Training für jeden. Gräfe und Unzer Verlag, München 1992

Luby: Hatha-Yoga. Rowohlt Verlag, Hamburg 1991

Lüder/Lühr: Das Stresslexikon. Hüthig Verlag, Heidelberg 1998

Molcho, S.: Körpersprache. Mosaik/Goldmann Verlag, München 1983

Müller, E.: Du spürst unter deinen Füßen das Gras. Taschenbuch-Verlag, Frankfurt a. Main 1983

Ohm, D.: Progressive Muskelentspannung. Thieme Verlag, Stuttgart 1992

Olschewski, A.: Atementspannung. Haug Verlag, Heidelberg 1995

Petersen, E.: Das Yogaübungsbuch. Heyne-Verlag, München 1984

Pfannstiel: Handbuch Yoga. dtv, München 1997

Psychologie heute compact: Lebenskunst Nr. 4, 1999

Pullig/Schatz: Yoga für den Rücken. Thieme Verlag, Stuttgart 1994

Rogers, Carl: Gesprächspsychotherapie. Hogrefe-Verlag, Göttingen

Rohr/Rohr: Meditation. Econ, Düsseldorf 1996

Röcke: Yoga. Südwest Verlag, München 1995

Schaadt, S.: Mandalas der Völker. Droemer, München 1999

Schell, J.: Yoga – Schlüssel zur Stressbewältigung. Verlag Via Nova, 1998

Schneider- Wohlfahrt, U. / Wack, O. G.: Entspannt sein. Energie haben. Achtzehn Methoden der Körpererfahrung. Verlag C. H. Beck, München 1994

Schulz v. Thun, F.: Miteinander reden. Rowohlt Verlag, Hamburg 1994

Siwananda, R.S.: Geheimnis Hatha-Yoga. Bauer-Verlag, Freiburg 1991

Siwananda Yogazentrum: Yoga für alle Lebensstufen. Gräfe und Unzer Verlag, München 1985

Spektrum der Wissenschaft: Dossier: Stress. 3/99

Tausch, R.: Hilfen bei Stress und Belastung. Rowohlt Verlag, Hamburg Reinbek 1997

Thich Nhat Hanh: Lächle deinem eigenen Herzen zu. Herder Verlag, Freiburg 1995

Thich Nhat Hanh: Die Sonne mein Herz. Herder Verlag, Freiburg 1988

Thich Nhat Hanh: Ich pflanze ein Lächeln. Goldmann Verlag, München 1992

Thich Nhat Hanh: Das Glück, einen Baum zu umarmen. Goldmann Verlag, München 1997

Thich Nhat Hanh: Schritte der Achtsamkeit. Herder Verlag, Freiburg 1998

Thich Nhat Hanh: Das Leben berühren. Herder Verlag, Freiburg 1999

Unger/Unger: Yoga und Psychologie. Verlag Ganzheitlich leben, Ahrensburg 1999

Vaitel, D./Petermann, F. : Handbuch der Entspannungsverfahren, Band 1 und 2. Beltz Psychologie Verlagsunion, Weinheim 1993

Verma, V.: Ayurveda. Urania Verlag, Neuhausen 1997

Von Schlippe, A./Schweitzer, J.: Lehrbuch der systemischen Therapie und Beratung. Vandenhoeck & Ruprecht Verlag, Göttingen 1998

Watzlawick, P. u.a.: Menschliche Kommunikation. Verlag Hans Huber, Bern 1969